日本における言語社会化ハンドブック

クック峯岸治子・高田明 編

ひつじ書房

Japanese Handbook of Language Socialization

目 次

総 論

第 1 部　翻訳 編

第 2 部　論文編

総論

日本語・日本文化に関する言語社会化研究概観

高田明

クック峯岸治子

1. 言語社会化理論

　本書は、人類学、社会学、言語学、心理学などが交叉する領域で近年発展し、注目を集めている言語社会化アプローチについて知るために編まれた。言語社会化アプローチを主導してきた Ochs and Schieffelin (2012) によれば、言語社会化の研究は、子どもを始めとする文化的な新参者が「文化の文脈」と関連させながら「状況の文脈」をどのようにとらえ、実行に移すのかについて検討する。これにより言語社会化の研究は、ディスコースの研究と民族誌を書くことに用いられる手法を統合し、新参者と他者が具体的に関わるときに用いる記号論的な形式、実践、イデオロギーにまつわる社会的な構造と文化的な解釈をとらえようとする (Ochs and Schieffelin 2012: 1)。これは、本書の随所で繰り返されているように、「言語を使うための社会化」、すなわち言葉の使い方や語り方を習得すること、および「言語を使うことを通した社会化」、すなわち社会規範、アイデンティティ、イデオロギー、感情、知識、道徳性などを習得することの双方を結びつけながら追究することにつながる (Schieffelin and Ochs 1986: 163)。

　言語社会化アプローチは、既存の研究分野に対するいくつかの批判的な考

察や革新的な運動を通じて形成されてきた。ここではまず、そうした動向を紹介することで、言語社会化研究の理論的な特徴について概観することにしよう。まず、言語社会化アプローチがもっとも直接的な批判を展開してきたのが、心理学や認知科学から生じてきた言語獲得（習得）研究である。初期の言語獲得研究では、様々な文法を理解し、言語を操る生得的な基盤としての普遍的な言語能力（e.g., Chomsky 1957, 1975）を想定し、子どもがその能力を発現していく過程として言語獲得をとらえてきた。こうしたパースペクティブからは、言語獲得の過程は方法論的個人主義に基づく実験的手法やコンピュータを用いた計算モデルによって明らかにされるものと考えられ、自然場面での言語の使用にまつわる文化的な変異は、表層的あるいは周辺的な現象と見なされた。しかし、その後の研究を通じて、子どもが言語を話すようになるためにはそれまで想定されていた以上に周囲の人々からの支援を必要としていること、さらには、人間は生物学的に文化的な存在であり、言語使用を含む人間の特徴について論じるためにはそれがいかに文化的な手段によって媒介されているかを明らかにするべきであることが認識されるようになった（e.g., Bruner 1983, 1990; Rogoff 2003）。こうした認識の上に立脚して、言語社会化アプローチは自然場面での観察を重んじ、ディスコースの研究と民族誌的な手法を統合することで「言語を使うための社会化」と「言語を使うことを通した社会化」を結びつけて論じるようになっていった。

　言語学の中で言語の使用にまつわる諸問題を扱う領域として生じてきた社会言語学や語用論も、言語社会化アプローチとの関わりが深い。これらの創始者の一人である Hymes は、先に見た Chomsky の言語能力に対する批判的な考察から「コミュニケーション能力」という概念を提唱した。Hymes（1972: 269–285）によれば、子どもは文を生成できるようになる時、言語能力によって感知される文法的な正しさだけではなく、社会的・文脈的な適切さについての知識を獲得する。後者の背後に想定される、いつ、何を、誰に、どこで、どのように話すべきかを理解する力がコミュニケーション能力である。コミュニケーション能力は、言語についての態度、価値観、動機と不可分であり、言語とそれ以外のコミュニケーション・コードの関係に関する能力や態度とも切り離せない。また、子どもはコミュニケーション能力を発達させること

　　高田明　クック峯岸治子

で、発話行為のレパートリーを増やし、発話イベントに参与し、他者の発話を評価できるようになると考えられた。Hymes はこのコミュニケーション能力を重視し、多様な文化における言語使用についての経験的なデータに基づいて人間性を探求するための学際的フィールド（「ことばの民族誌」あるいは「コミュニケーションの民族誌」と呼ばれた）を開拓しようとした。言語学の分野では、こうした動きは言語哲学などと結びつきながら、言語の使用とその文脈にまつわる構造的な側面に焦点をあてる、社会言語学や語用論（e.g., Levinson 1983）として発展していった。

　Hymes はまた、自らが提唱した学際的フィールドにおいては言語学と社会人類学（広義には、社会・文化的な領域を扱う人類学全体を指す）はとりわけ重要な貢献を行うことができると考え、さらには「人類学の文脈の中で発話と言語の研究を行うこと（Hymes 1963: 277）」を推奨した。このアプローチは、Hymes らの直接の影響を受けて成立した言語人類学に発展的に継承されている。中でもペンシルバニア大学の大学院で Hymes に師事した言語人類学者である Ochs やその盟友の Schieffelin は、そうした Hymes の構想と Hymes の同僚であった Goffman の相互行為論（e.g., Goffman 1964, 1981）や社会学から生じてきた会話分析（e.g., Schegloff 2007; Ochs, Schegloff, and Thompson 2010）の手法も取り入れつつ、子どもを始めとする文化的新参者の社会化という領域で大きな成果を上げるようになっていった。

　こうして言語社会化研究は、おもに米国の言語人類学者の間で 1980 年代頃から始まり、それから数十年を経て、日本を含む世界の各地に広がってきている（e.g., Duranti, Ochs, and Schieffelin 2012）。そこで以下では、日本における言語社会化研究について概観する。

2. 初期の研究

　日本においては、言語使用とその社会・文化的な文脈を関連づけて体系的に論じる「コミュニケーションの民族誌」（e.g., Gumperz and Hymes 1972）の影響が言語学、民族学・文化人類学のいずれにおいても限定的だったため（cf. Shibamoto 1987）、「コミュニケーションの民族誌」から派生した言語社会化研

究は盛んではなかった。日本語関係の言語社会化研究は、ほとんどがアメリカ人またはアメリカで学んだ日本人の学者によってなされてきた。しかしながら、言語と社会文化的知識は同時に習得されるという言語社会化理論の主張を鑑みると、ある意味で日本語は言語社会化研究には理想的言語ということができる。何故ならば、日本語は敬語、丁寧語、人称代名詞、終助詞など社会文化的意味がはっきり認識できる語彙が多いからである。このような言葉の習得は社会文化的知識の習得と結びついていることが理解しやすいのである。

1970年代には、西欧のコミュニケーションスタイルとの比較という観点から書かれた、日本文化、日本人の心理的特徴などについての本が英語でも出版され、諸外国で話題となった (e.g., Doi 1973; Lebra 1976)。思いやり (Lebra 1976)、甘え (Doi 1973)、察しなどの間接的なコミュニケーションは日本独特のコミュニケーションのスタイルであると主張された。これらの本は、西欧の人類学、心理学、社会学、言語学においても、日本人の行動やコミュニケーションのスタイルに関する理論の構築に多大な影響を与えた。

このようないわゆる日本的コミュニケーションのスタイルはどのような言語社会化のプロセスを経て習得されるのであろうか。この疑問に最初に答えた論文は、本書翻訳編の第2章でも訳出されている Clancy (1986) である。Clancy の論文は、思いやり、甘え、察しなどの間接的コミュニケーションのスタイルがどのように習得されるかを実際の相互行為のデータに基づき解明することで日本語の言語社会化研究に多大な貢献をした。Clancy は、3組の2歳児とその母親の相互行為を観察し、録音したデータを細かく質的に分析した。Clancy の研究で、日本の母親は間接的、直接的行為指示を両方駆使し、間接的行為指示を子どもが理解しないと、すぐに同じ行為指示を直接的表現で行うという方略をとって、間接的行為指示の意味を分からせていることが判明した。こうして、日本の子どもは2、3歳のころから、間接的表現を学んでいるのである。Clancy の論文はどのように、子どもが察しを理解するようになるかも記述している。日本の母親は、第三者が何も言わなくても、その人の感じているだろうこと、思っているだろうことを子どもに言って聞かせることが多々あった。例えば、Clancy とアシスタントの前で、子どもが一人で

　　高田明　クック峯岸治子

ミカンを食べていると、Clancy もアシスタントも何も言っていないにもかかわらず、母親は、「お姉さんたちも食べたいって」と子どもに言った。この母親の発言は相手が何も言わなくても、相手の気持ちや欲望等を察することの重要性を教えるものである。また、Clancy は、子どもに言うことを聞かせる場合、日本の母親は自分の権威を直接表すことはせず、権威は外の第三者に託す方略をとっていることもデータで示した。例えば、泣き止まない子どもに母親は自分の権威で泣き止むよう命令を下すのではなく、「人に笑われる」という表現で、外の第三者に権威を与える方略を取ることが多かった。この方略は子どもに恥ずかしいという感情を起こさせ、第三者の目を気にするように仕向けると論じている。さらに、子どもの行動を批判する外部の第三者を想定することで、母親は自分と子どもの関係を近いものにし、このような子どもと母親の非常に近い関係が甘えの土壌になっていることも示唆した。

Clancy（1986）と同様、Cook（1990）も日本の親は子どもをしつける場合、自分の権威を表に出さず、社会、その他の第三者に権威を与える方略を取ると主張した。Cook（1990）は、0〜7歳の子どもを持つ3家族の相互作用を録音した。文字起こししたデータを質的に分析し、文末に付く形式名詞「の」がどのように子どもの言語社会化の言語資源となっているかを考察した。子どもとの相互作用において養育者は、社会的規範や社会の成員が常識として知っている事柄を教える場合に「の」を使用する頻度が高いことが明らかになった。例えば、食事中に子どもがテーブルを叩くと、養育者は「テーブルを叩かないの」と「の」を文末に付けた表現で行為指示をする。「の」が付いた表現は事実（fact）を表すと分析されている（Aoki 1986）。事実は社会、コミュニティ、グループ等の成員の一致した見解で成立するので、「の」は社会、コミュニティの基準、グループの基準を指標する。つまり、「テーブルを叩かないの」という養育者の指示表現の中の「の」はこの行為指示は養育者自身の個人的意見ではなく、社会の一致した意見だという意味を指標していることになる。つまり、「の」を使った行為指示により養育者は、発言が個人的見解ではなく、社会的基準であるというスタンスを示すのである。

1970年代に人類学、心理学等の分野で出版された研究は、日本文化、日本人の心理に特徴的であるといわれるコミュニケーションのスタイルを記述し

たが、一方、このようなコミュニケーションのスタイルはどのように習得されるかということまでは言及しなかった。初期の言語社会化研究は、このギャップをうめ、養育者と子どもの相互行為を録音し、文字起こししたデータを質的に詳細に分析をすることにより、実際にどのような言語社会化の過程を経て、日本的なコミュニケーションのスタイルが習得されるかを明らかにした。

3. 主要な研究

3.1 日本語母語話者の言語社会化研究

　1990年代以降日本語の言語社会化研究は、研究の対象を広げ、i）感情、ii）敬語と丁寧さ（ポライトネス）、iii）ジェンダー、iv）リテラシー（読み書き能力）とナラティブ、v）教室における相互行為の言語社会化を考察してきた。それにともない、言語社会化が家庭のみならず学校でも観察されるようになった。以下、これらの領域に関する主要な研究を紹介する。

3.1.1 感情

　語彙、音韻組織、文法構造などは、感情を伝える言語資源である。感情はアイデンティティ、さらには丁寧さやポライトネス・ルーティンなどを構築する基礎になっているので、言語を使い、いかに文化的に適切な仕方で感情の表現を習得するのかは言語社会化研究にとって重要な課題である（Ochs and Schieffelin 1989）。

　日本の母親は感情を表す語彙を子どもが幼いときから使用する。Clancy（1999）は、日本の2歳児が「怖い」という言葉で社会化される様子を観察した。母親が子どもの行動を「怖い」と評価することで、子どもはどのような行動がネガティブに評価され、また子ども自身が他人の感情的評価の対象となることを学んでいく。Suzuki（1999）は、2歳児と母親の相互行為を検証し、母親がアスペクトを表す接尾辞「―ちゃう」を使うことによって出来事や行動に対してネガティブな感情を込める様子を報告している。また、Burdelski and Mitsuhashi（2010）は、保育園での相互行為のデータを基に、「かわいい」

　高田明　クック峯岸治子

という言葉の使用を観察し、どのような行動、物体が「かわいい」のかを園児に理解させるプロセスを記述した。この研究によると、保育園の先生は園児の行動や持ち物をノンバーバルなしぐさとともに「かわいい」という言葉を使って評価し、園児は3歳までには、自分たちも玩具や動物を「かわいい」という言葉を使って評価するようになる。先生の「かわいい」という言葉の使用により、園児は「かわいい」と評価された物、人への共感、思いやりの気持ちを持つようになっていくことが示唆される。

またClancy（1986）は、「恥」という感情による言語社会化について論じている。Clancy（1986）によれば、日本の母親はしばしば、子どもが望ましい行動を行うことを促すため、他者の気持ちに言及することで、子どもの共感性、あるいは思いやりを育てる訓練を行っている。さらに、他者の気持ちに寄り添うことは同調の圧力をもたらすので、共感と同調は同じコインの表と裏のような関係にある。母親は子どもの同調性を訓練するため、子どもに他者から笑われることに対する恐れを植え付ける。例えば子どもが不適切な行動をとった場合、その子は「恥ずかしい」と感じることが期待される。Clancy（1986）によれば、母親はそういうとき、たいてい主語を明示せず、単に「恥ずかしい」と言う。これは、母親がその子どものことを「恥ずかしい」と感じていることを伝えるとともに、その子自身が同じように感じるべきだという主張を含意しているという。

Takada（2019）はこうした議論を受けて、「恥ずかしい」という感情語彙が用いられる文脈についてさらに検討している。Takada（2019）が0〜4歳児とその養育者の相互行為を分析したところ、「恥ずかしい」という語がよくみられたのはまず、子どもが適切な行為を行うことをためらっていると養育者がみなした場合、あるいは養育者が子どもの行った行為を社会的な規範に照らして不適切であるとみなした場合であった。こうした文脈で用いられた「恥ずかしい」という語は、その行為はその場の状況によって生じた一時的な感情によるものだという説明の候補を提示している。これによって子どもは、次の行為をその場の文脈に照らしてより適切なものとする（例えば、先行する行為を正当化する、あるいは修正する）機会を与えられる。これによって、「恥ずかしい」という語は、子どもの言語社会化にとって有用な道具として働くことが

できる。

　「恥ずかしい」という語がひんぱんに生じていたもう 1 つの文脈は、からかいであった。これと関連して、すでに Clancy（1986）は子どもの同調性を訓練するためにからかいが用いられると指摘している。ただし、Takada（2019）のデータでは、からかいとしての「恥ずかしい」はもっぱら遊戯的な文脈で用いられており、その場の相互行為を協調的かつ楽しい雰囲気で進めていくことに動機づけられていた。したがって、同調性を訓練するためにからかいとしての「恥ずかしい」が用いられるのは、子どもが「恥ずかしい」の用法にさらに習熟してからのようである（本書第 2 部の高田章も参照）。

3.1.2　敬語と丁寧さ（ポライトネス）

　敬語、丁寧語は養育者と子どもが日常的に行う相互行為では使用されないと言われてきた。しかし、相互行為を録音、録画したデータを詳しく調べると、敬語、丁寧語（以下「です・ます体」）が使用されている。尊敬語、謙譲語は主に「お帰りなさい」や「いただきます」のような挨拶や決まり文句に用いられる。確かに、このような決まり文句や挨拶を除いて、尊敬語、謙譲語は子どもと養育者が日常行う相互行為ではあまり使用されないのだが、「です・ます体」は日常の相互行為でしばしば養育者、子どもともに使うことがある。どのような場面で養育者が子どもとの相互行為で「です・ます体」を使うかを実際の会話データを基に分析したいくつかの研究によると、本を読んで聞かせる場面、外部の第三者の話を引用する場面、ロールプレイ、行為指示、親としての責任ある行為をする場面であることが分かった（Burdelski 2013a; Clancy 1985; Cook 1997; Nakamura 1996）。Cook（1997, 2008）は、このような用法は、「です・ます体」が必ずしも丁寧さを表すのではなく、姿勢を正したスタンスを表していると分析する。さらに、子どもも 3 歳までには「です・ます体」を姿勢を正したスタンスを表す表現として適切に使うことができるようになる。例えば、ロールプレイや家庭での子供としての責任を果たした場合、また、保育園の園児の発話では、依頼を断ったり、提案に反対したりする際、「です・ます体」が感情の高揚と共起することもみられる（Burdelski 2013a; Cook 1997; Fukuda 2005）。「です・ます体」の適切な使用の習得と同時に、どのような場面で姿

勢を正すことが適切なのかという文化的価値も習得していくことが示唆される（Cook 1997）。

　子どもに礼儀正しい行動を教えることはどの社会でもみられるが、日本社会では、これは特に大切なこととされる。養育者や年上のきょうだいは、prompting（促し）、行為指示、代弁を通して、年少の子どもに何をどのように第三者に伝えるか教える（Burdelski 2012）。Burdelski（2012）によれば、養育者の促しの半分以上が決まり文句であり、子どもは3歳までには、挨拶、感謝、謝罪などの決まり文句が適切に使えるようになる。子どものこのような早期の習得は、決まり文句や挨拶の適切な使用が重要である日本文化の価値観を反映しているものと言えるだろう。さらに、Burdelski（2012）は、養育者の促しの大多数は誘導模倣（＿＿って）であると報告している。誘導模倣は子どもに発話の模範例を提示する。これは、日本の伝統文化における「型」という概念、また「型」を習うことに重要性をおく学びの理論と一致している。また、「ごめん・ごめんなさい」という謝罪表現への言語社会化を考察した Burdelski（2013b）の研究は、養育者や保育園の先生は人間だけでなく動物や植物、さらには石のような無生物にも言語表現としぐさ両方を使って謝罪するよう子どもを促すと報告している。謝罪行為を通して、子どもは人だけでなく、生物、無生物に対しても思いやる心や共感を持つよう社会化される。

　礼儀正しさやポライトネスは言語だけで表現されるものではない。お辞儀、眼差し、笑顔、その他のしぐさも重要である。Burdelski（2012）は、子どもが遊び相手から玩具をもらった時、父親が感謝の表現として、「ありがとう」と言わせると同時に、子どもの背中を押してお辞儀を促した例を報告している。

　第2節で概観した日本文化、日本人の心理的特徴などについての初期の研究では、思いやりや共感性は日本的な価値観、例えば「八百万の神」に対する畏敬の念を反映したもので、さらに日本人の養育者は早くから子どもに人間ならびに生きとし生けるものに対する思いやりや共感性を示すことの重要性を教えようとする、と論じられてきた。その後の研究は、信念と行動との関係がさらにずっと複雑なものであることを示している。例えば Takada（2013）や Takada and Endo（2015）は、養育者が子どもとの相互行為においてしばしばまだ生まれていない赤ん坊や無生物（e.g., 人形や花）を導入することで参与枠

組み（Goffman 1981）を変化させ、その子どもとの相互理解を推進しようとすることに注目している。

　Takada（2013）の事例では、養育者が子どもに行為指示を行う際、しばしば報告発話の一種である「赤ちゃんのために話す（赤ちゃんに代わって話す）」という方法（Schieffelin 1990）を用いてまだ生まれていない赤ちゃんを相互行為に登場させていた。そうした発話は、養育者による行為指示の直接性を和らげ、遊び心のある演劇的な状況を創り出す。これは子どもの面目が侵害されるような状況を回避するために有効である。その結果、子どもは指示された行為を行いやすくなる。いいかえれば、養育者は子どもから目指す行為を引き出すためにしばしばトライアンギュレーション、つまり3者以上の間で達成される相互理解のフォーマットを採用する。ここではまだ生まれていない赤ん坊や無生物はトライアンギュレーションを行うために構造的に必要な要素であり、思いやりや共感性は、こうした手法を実践する「理由」としてというよりは、相互行為の「結果」として生じると考えられる（本書第2部の高田章も参照）。

　以上述べた研究はいずれも、ポライトネス、思いやり、その他文化的に重要な行為への言語社会化は相互行為を介してなされることを明示している。

3.1.3　ジェンダー

　ジェンダーによる言葉の使い分けはどの言語にもあるのだが、日本語は特に顕著に言語の性差が見られる。卑近な例は、一人称代名詞には「あたし」「僕」「俺」のようなジェンダーによる区別がある。また、一般に女性語のほうが男性語より丁寧だと言われている。しかし、実際には必ずしも男性は男性語、女性は女性語を使うと言うわけではなく、コンテクストにより男性もいわゆる女性語で話したり、その逆に女性もいわゆる男性語を使ったりすることがある。では、ジェンダーはどのように言語社会化されるのだろうか。主に保育園の先生との相互行為、仲間同士の相互行為を通してなされ、子どもは3歳までには言語によってジェンダーを指標できるようになることが今までの研究で明らかになっている。Burdelski and Mitsuhashi（2010）は保育園の先生が女の子には「かわいい」、男の子には「かっこいい」という形容詞を使

って子ども自身、子どもの持ち物を評価すると報告している。このようにジェンダーにより異なった言語表現を用いることは、女性、男性というジェンダーアイデンティティの構築につながる。また、ジェンダーの言語社会化に関する疑問の１つは、母親は子どもとの相互行為で男性語をあまり使わないのに、男の子はどのようにして男性語を使うよう言語社会化されるのだろうかということである。Nakamura（2001）は、仲間同士の相互行為を通して子どもは言語の性差を学ぶと主張する。Nakamura の研究では、男の子は母親と相互行為をしている時より、仲間同士で乱暴な遊び方をしている時のほうが、多くのいわゆる男言葉が使われることが分かった。また、女の子も、おとなしく遊んでいる時よりも、やや乱暴な遊び方をしている時のほうが、乱暴な言葉の使用の増加がみられた。Nakamura は、男の子だから男言葉、女の子だから女言葉と、性別によってはっきり使い分けられているわけではなく、アクティビティのタイプなどが関係しており、子どもは仲間同士の相互行為の中で、言語的性差を学ぶと結論づけている。

　こうした研究が示唆するように、日本語において多様な男性語や女性語が見られることは、ジェンダーをめぐる言語イデオロギー（Schieffelin, Woolard, and Kroskrity 1998）と深く関わっている。興味深いことに、話者たちはこうした言語イデオロギーに従うだけではなく、それを逆手にとることで自分たちのアイデンティティや社会関係を調整したり、操作したりすることができる。宮崎（2016）は、日本の関東地方の中学生たちがジェンダーの境界を越えた様々な一人称を使用することで、そうしたメタ語用的解釈（Inoue 2006）を繰り広げている様子を分析している。例えばインフォーマルな場面では伝統的に、女子生徒は「ワタシ」や「アタシ」、男子生徒は「ボク」という一人称を使用することが期待されていると考えられるが、実際には女子生徒たちは「アタシ」以外にも「ウチ」「オレ」「ボク」をよく用いていた。そうした女子生徒たちの間では、「アタシ」は「女っぽすぎる」ため、より男性的に響く「オレ」や「ボク」や、関西弁に由来し、より中性的に響く「ウチ」の方が友だちの間では使いやすく、盛り上がるといった意見が聞かれた。さらに、「ワタシ」はフォーマルで「まじめすぎる」ので、作文や発表の時以外に用いるのはとおかしいと捉えられていた。いっぽう男子生徒の中では、「オレ」を使用

する者が多数派で、男子生徒・女子生徒ともに「ボク」は力がなく、学級において周辺的な位置に置かれている男子が使用するものとして理解されていた。これらの例が示すように、中学生たちは多様な一人称の伝統的なジェンダー言語規範を参照しつつも、そこから一定の距離をとることで、自分たちにふさわしいアイデンティティや社会関係を模索していたのである。

3.1.4 リテラシー(読み書き能力)とナラティブ

　読み書き能力は、どのように習得されるのであろうか。西欧社会においては、中流階級の家庭での相互行為のスタイルが学校でのリテラシーの先駆けとなっていると考えられてきた (e.g., Bernstein 1971)。日本においては、家庭の言葉から学校の言葉へは連続性のあるものとみなされる。Minami (2002) は、母親と4,5歳児のナラティブの構造を検証したところ、日本語における子どもと親のナラティブは文の断片からなる短い発話の頻繁な交替から成っていることが分かった。このナラティブと同様のパターンが本の物語を読んできかせるアクティビティの場合にもみられ、母親が子どもに本の内容についてする質問も、子どもの答えも短く、しばしば完全な文の形をとらず、文の断片であった。この本の物語を読んできかせるアクティビティのパターンは、発話が3回順番交替する学校のクラス相互行為に特徴的なI-R-E (Initiation-Response-Evaluation) パターン (cf. Mehan 1979) と似ている。故に、Minami (2002) は、本の物語を読んできかせるアクティビティのパターンは学校でのリテラシーの先駆けとなっていると分析している。

　家庭における本や絵本の読みきかせは、子どもが話し言葉の能力をどのように発達させるかという点でも興味深い活動である。本や絵本のストーリーを語るときにはしばしば、会話のもっとも基本的かつ根本的な規則だとされる話し手と受け手との間の順番交替がいったん延期され、話し手は複数の単位からなるターンを産出する。話し手はさらに、今ここの状況から離れた出来事について語ることで、より広い文脈と関連づけた文化的知識を相互行為に導入することができる。

　ただし、それは会話の経験の浅い子どもにとって容易なことではない。話し手としても聞き手としても、子どもがストーリーを語るという実践に適切

に参加するためには、養育者からの相当な支援を必要することがわかってきている。例えば Takada and Kawashima（2019）は、家庭における絵本を用いた活動において、2〜3歳の子どもがストーリーの語りを開始、展開、終了することを促すために養育者が用いる方略について検討している。まず開始部分では、養育者が様々なバリエーションの行為指示を繰り返すことで子どもに語りを開始させようとすることが多かった。また展開部分ではしばしば、養育者が子どもの発話ターンを引き取るなどして、子どもと共同で発話を構築するという方略が見られた。いくつかの日本語の文法的特徴（e.g., 主語がしばしば明示されない、自発をあらわす自動詞がよく用いられる）は、こうした発話の共同構築のために有効に働いていた。終了部分では、子どもがストーリーの終結を示唆する慣習的なフォーマットを用いた場合（例えば、「おしまい」と発話した場合）、養育者は、まだスクリプト上ではストーリーが続くことが期待される場合でさえも、それを承認しやすい傾向があった。これらの方略は、ストーリーの語りを開始、展開、終了することを通じて、養育者と子どもの相互行為における注意、感情、および道徳性を組織化し、言語社会化を可能にするための貴重な装置として機能しているといえよう（本書第2部の高田章も参照）。

3.1.5 教室における相互行為

　Minami（2002）は、学校の教室における相互行為に特徴的な参与構造は I-R-E（Initiation-Response-Evaluation）であると論じるが、一方、Anderson（1995）は、日本と北米の小学校の教室での参与構造の違いを指摘する。日本の小学校1,2年生のクラスの相互行為について民族誌的研究をした Anderson は、日本の小学校では、先生と1人の生徒の2者間参与構造の I-R-E よりも3者以上の間の参与構造の I-P-Rx-E（Initiation-Presentation-Reaction x-Evaluation）が好んで使われていると報告している。I-P-Rx-E は、先生の質問（I）に対し、生徒が発表し（P）、それに対して他の生徒達が反応し（Rx）、最後に先生が締めくくる（E）というパターンである。この参与構造の場合、Rx のターンで複数の生徒達が参与し、自分たちの意見を述べることが可能である。この参与構造は、生徒仲間同士の相互行為を促進する生徒主導型の参与構造と言うことができる。生徒主導型の参与構造は、Tobin, Hsueh, and Karasawa（2009）の民族

誌的小学校の研究にも、また小学校クラス相互行為での生徒同士お互いの発言をよく聞く社会化を記述した Cook（1999）にも見られる。3者以上の間の参与構造の I-P-Rx-E は、生徒同士の助け合い、自分達のクラスのことは自分たちで決めるなどの日本の学校の文化的価値への社会化を育成する言語資源と言えるであろう。また上記のとおり、マルチパーティ参与構造は、日本の養育者が2歳児を促して第三者と会話させる日常の相互行為に頻繁にみられる。小学校に入学する前のこのような3者以上の間の参与構造が I-P-Rx-E の先駆けとなっていると言えるであろう。

3.2 第二言語の言語社会化研究

　1990年代半ばから、第二言語としての日本語学習者の言語社会化に関する研究が盛んになった。これらの研究は、いかに第二言語としての日本語学習者が日本語や日本の社会文化的知識に言語社会化されるかに焦点を当てている。研究対象は多くが日本語を学習する大学生であり、北米における大学の日本語クラスと日本の留学先（学校のクラス、ホームステイ先）が主なコンテクストである。

3.2.1 北米における日本語クラス研究

　大学の日本語クラスを対象とした研究のほとんどは、終助詞、スピーチスタイル、相互行為のルーティン、教師の資格に関する論文である。終助詞やスピーチスタイルの習得は外国語としての日本語のクラスだけでは習得が困難とされている（cf. Gumperz 1996）。日本語母語話者の子どもは3歳までには、終助詞やスピーチスタイルを適切に用いることができるようになるのに比較して、大人の第二言語としての日本語学習者はなかなか終助詞もスピーチスタイルも適切に運用できない（e.g., Sawyer 1992）。Ohta（1994）と Yoshimi（1999）は、終助詞習得の難しさについて、日本語クラスでの終助詞使用の頻度の低さ、また日本語と英語の文法的、形態素的違いを挙げている。Ohta（1994）は、アメリカの大学1年生レベルの日本語クラスにおける終助詞の使用を調査した結果、クラスでは教師の終助詞使用頻度が日本語母語話者との日常会話における頻度に比べ低いこと、また教師の終助詞の教え方の方針によって

も頻度が影響されることが原因に挙げられるとしている。「情報の縄張り理論」（Kamio 1997）を用いて、日本語学習者の終助詞「ね」の使用を分析したYoshimi（1999）の研究は、日本語と英語の認識的制約の違いにより学習者が誤って「ね」を使うと分析する。Kamio（1997）によると、英語の場合、新たに受け取った情報はただちに対話者間で共有された情報となるが、日本語の場合は、ただちに共有された情報とはならない。このため、アメリカ人日本語学習者は、新たに受け取った情報をただちに対話者間で共有された情報と誤解し、情報の共有を表すとされる「ね」を使用してしまう。

　言語社会化理論は、新参者は言語を介する定期的に繰り返されるアクティビティに参加することで社会文化的知識を習得すると主張する。この理論的観点からすると、外国語学習者にとっては、学校の外国語のクラスは定期的に繰り返される重要なアクティビティである。第二言語としての日本語学習者についての言語社会化研究は、外国語のクラスがどのように学習者の社会文化的知識の習得に役立つかにも焦点を当ててきた（e.g., Kanagy 1999; Ohta 2001）。Kanagy（1999）はアメリカにおいて日本語イマージョンを行っている幼稚園の英語母語話者の園児が、先生の scaffolding（足場づくり）により、挨拶、出席、自己紹介という日本の幼稚園ではよく定期的に行なわれるアクティビティに徐々に社会化される様子を記述している。

　大学での外国語としての日本語のクラスでも、定期的に行なわれるアクティビティは言語社会化を促進するのに役立っている。アメリカの大学の初級日本語クラスを長期に亘って観察した Ohta（2001）は、いかにクラスで定期的に行なわれる「互いに評価しあう」アクティビティが日本の社会で重要なよい聞き手になるための社会化を促進する言語資源となっているかを明らかにした。ヴィゴツキーの文化歴史理論の枠組みを取り入れた Ohta の研究は、学生同士の相互行為や private speech（私的な語り）が日本語習得に役立つ手立てであると分析する。学生同士でも、日本語のよりできる学生があまりできない学生を助けながら、協力しあって相互行為をしていく様子が見られた。Ohta の研究（2001）は、今まで考えられていたよりも、学校における外国語のクラスが外国語習得、言語社会化にとって重要な場であることを証明した点で、第 2 言語クラスの研究に大きな貢献をしたと言えるであろう。

3.2.2 留学生学習者の研究

　日本への留学生を対象とした言語社会化の研究が取り上げてきた問題は、日本における留学生のアイデンティティ、スピーチスタイル、言語社会化の双方向性などが挙げられる。これらの研究は主に日本語母語話者との相互行為における白人学生の言語行動を扱っている。民族誌的研究である Siegal（1996）や Iino（2006）は、日本人が日本人と外国人に対して抱く異なった社会的基準、期待を記述している。例えば、Siegal（1996）は、大学の日本語の教授が、外国人は日本の習慣を理解しないので、留学生の日本語の誤りは正さないと話したと報告している。一方、留学生と日本人のホストファミリーの相互行為を分析した Cook（2006）は、日本人のホストファミリーも留学生との相互行為のなかで、留学生の物の見方を取り入れ、お互い協力して話を構築し、日本文化特有な見解を変えていく様子を記述している。その一例は、ホストマザーが留学生に日本の花見は桜の木の下で宴会を開き、酒を飲むのが習慣だと話すと、留学生は、酒を飲むより、本を読むほうがロマンティックだと反論する。これに対し、ホストマザーは、酒を飲むのが日本の習慣だという見解を押し付けず、読書もいい考えだと、考え方を変えていく様子が見られた。このように、留学生との相互行為によって、ホストファミリーも新しい見方に社会化される。この留学生とホストファミリーの相互行為は言語社会化の双方向性のよい例である。

　留学生は日本語母語話者と学校の教室外で接触する機会を多く持つので、日本語のクラスでは習得しにくいスピーチスタイルも教室外で習得する機会が増える。特に、ホームステイをしている学生は、毎日のホストファミリーとの相互行為を通して、「です・ます体」と「だ体」を選択するスピーチスタイルの適切な使用に社会化されやすい環境に置かれる（Cook 2008; McMeekin 2006）。McMeekin（2006）は、留学生とホストファミリー5組の相互行為におけるスピーチスタイルを録音し、分析した結果、主に「だ体」を用いて留学生に話すホストファミリーとの相互行為で、留学生は徐々に、「です・ます体」から「だ体」へスピーチスタイルをシフトすると報告している。また、留学生とホストファミリー8組の相互行為におけるスピーチスタイルを録画し、分

析した Cook（2008）も、留学生は明示的にも、暗示的にも適切なスピーチスタイルに言語社会化されていくと述べている。一方、4人の日本留学を経験した日本語学習者の帰国後のインタビューの内容を分析した Iwasaki（2011）は、留学中のスピーチスタイルの習得には個人差があり、学習者は行為主体を発揮し、自分でスピーチスタイルを選択すると示唆している。この選択は日本語母語話者との相互行為で自分がいかなるアイデンティティを構築したいかにかかっており、各学習者個人の社会言語学的知識、個人の性格、考え方が大きく影響しているとの見方を示した。

　留学生の言語社会化の研究は、留学生が日本で遭遇する1つの問題は、外国人というアイデンティティ以外のアイデンティティを構築したり、表現したりすることのむずかしさであると指摘する。また、第一言語の言語社会化の目標に比べ、新参者である日本語学習者の第二言語の言語社会化の目標は多様である。これには、学習者自身の第二言語としての日本語を学習する目的、日本社会の外国人に対する考え方など複雑な要因が影響している。日本語学習者は、日本語、日本文化の色々な基準により制約を受けていることは確かであるが、一方、第二言語の言語社会化の研究は、その制約に縛られているだけでなく、自ら自分のアイデンティティを選択し、表現するということを示唆している。

4. 問題と今後の課題

　言語社会化の研究が様々な領域へと拡がるのに伴って、いくつかの問題にも直面するようになってきた。本節では、今後の課題ともいうべきそうした問題について述べる。まず、日本国内で行われてきた研究、とくに言語学的な研究の成果との接続である。日本語の文法や話し言葉を専門的に扱った研究には、国学や国文法以来の長い歴史がある。しかしこれらの研究は、研究者の作例や既存の文例に基づいて議論を行うことが多く、また大半が日本語で記されてきた。このためその成果は、おもに英語圏で行われ、実際の会話場面で用いられた発話の分析に基づいて議論を展開してきた言語社会化研究にはあまり反映されてこなかったといえよう。そうした成果、とりわけ日本

語において高度に発達している敬語や人称代名詞、助詞や助動詞の体系についての知見を言語社会化研究にとりいれることは、日本語の／による言語社会化の研究、さらには言語社会化アプローチ全体の理論的視野を広げることに貢献することだろう。そうした期待を込めて、この概説でもその一端を紹介してある。

　また、言語の構造はあらゆる次元できわめて複雑かつ多様であり、しかも変化し続けている (Levinson 2019)。それぞれの言語において利用可能な語彙的・文法的な資源が、言語社会化において使用される場合にどのような働きを担っているかについて比較する研究は、まだ端緒についたばかりである。そうした好例として、Sidnell と Enfield（2012）があげられる。Sidnell と Enfield（2012）は、会話分析の最近の研究に基づいて、カリブ海の英語クレオール語、フィンランド語、ラオ語という 3 つの大きく異なる言語の語彙的・文法的な資源が、相互行為における基本的な行為を達成するためのツールとしてどのように提供されるかを分析している。例えば、会話分析では、話し手はしばしば先行する話者による評価（例：ある店のカレーライスがおいしい）に同意を示す際に、その評価された問題に対してさらに高い認識論的な権威を主張する（例：その店には前から何度も通って、カレーライスを食べていた）ことが知られている（Heritage and Raymond 2005）。Sidnell と Enfield（2012）によれば、3 つのいずれの言語でも、これを行うために、それぞれの言語の特徴的な語彙的・文法的な資源を用いていた。これによって、いずれの言語による会話でもその基本的な行為（この例では、先行話者の評価に同意しつつ、さらにアップグレードした評価を行う）が達成されると同時に、それぞれの言語の会話には異なる傍系的な効果（collateral effects）がもたらされ、それによって言語ごとにローカルな相互行為の変化系が生じうることを示している。会話における様々な基本的な行為について、こうした変化系を明らかにしていくことは、言語社会化を含む相互行為の研究に新しく生産的な研究領域をもたらすであろう。

　最後にもう 1 つ、いわゆるパラ言語的／マルチ・モーダルな分析を通じて、言語以外のコミュニケーション・コードが言語社会化に及ぼす影響を検討することを課題としてあげておきたい。第 2 節で述べたように、Hymes はコミュニケーション能力について考える上で言語とそれ以外のコミュニケーショ

ン・コードは切り離せないと考えていた。この点で、言語をまだ十分に使いこなせない文化的な新参者に焦点をあてる言語社会化の研究は、大きな貢献をすることができる。Ochs, Solomon, and Sterponi（2005: 552–553）は、社会グループの一員がどのように子どもと言語的または非言語的な相互行為を行うようになるのかを解明する理論的なツールとして、「子ども向けコミュニケーションのモデル」を提案している。子ども向けコミュニケーションのモデルは、コミュニケーションのモードの範囲を、発話の先へと拡張する。多くの研究が示すように、顔の表情、視線の方向、うなずきやあいづち、指さしといったコミュニケーションのモードは、子どもがことばを話し始めるよりもかなり前から養育者−子ども間相互行為で有効に利用されている。子どもはこれらのコミュニケーションのモードによって相互行為における「今ここ」の状況を示すことができる。言い換えれば、これらのコミュニケーションのモードは、状況に埋めこまれているだけでなく、状況を生み出すことができる（Goodwin 2000）。こうした「発話以前」の言語社会化（Takada 2012）についての研究を進めていくことは、養育者と子どもが、言語以外の様々な記号論的資源（Goodwin 2000）を用いて行為を構成し、それがどのように言語を介したコミュニケーションにつながっていくのかを明らかにすることができる。

　本論集では、これまで述べてきたような言語社会化研究の発展に大きく寄与してきた論文の邦訳とともに、本節で示した課題に応えようとする原著論文も所収されている。次節では、その概要を記すことによって、本章のまとめに代えたい。

5. 本論集の概要

第1部：翻訳編

　第1部では、言語社会化研究ではすでに古典の地位を獲得している4編の論文を邦訳した。第1章（Ochs and Schieffelin 1995; 園田訳）は、言語社会化アプローチを主導してきた著者たちが、文法発達の研究において言語社会化アプローチがどう貢献できるかについて論じたものである。いつ、どうやって、そしてなぜ子どもが様々な文法形式を使用し、理解できるようになるかとい

う問題は、人間の社会性の根幹に関わる問題であり、その検討を推進してきた主要な研究分野として言語獲得研究があげられる。しかしながら、言語獲得研究はたいてい方法論的個人主義の観点からのみ文法能力の発達について論じてきたため、それを可能にする社会文化的文脈には十分な関心が払われてこなかった。これに対して言語社会化アプローチは、言語を用いる人々が関わる種々の社会的活動やアイデンティティ、規範、選好、期待と結びついた社会文化的意味を指標するものとして文法を捉え直す。いいかえれば、ある文法形式が当該の社会における文化的文脈にどのように埋め込まれており、さらにそうした社会文化的文脈をどのように再構築していくのかを、文法形式が用いられる相互行為場面の組織的な分析を通じて明らかにしようとする。著者らの分析によれば、子どもはある文法形式がもつ社会文化的指標性にきわめて敏感であり、特定の文法形式を使用しないことは必ずしもそれに関する文法能力の欠如を意味するわけではなく、むしろその子どもの社会文化的有能さのあらわれである場合がある。これまでの言語獲得研究が採用してきた機能主義的アプローチでは、そうした子どもたちの指標的感受性を理解することは難しい。この点で、言語社会化アプローチは文法発達に関する言語獲得研究の弱点を補うことができる。さらに、文法発達の研究は言語社会化アプローチが人間の社会性にどれだけ迫れるかを試す試金石であるともいえよう。

　第2章（Clancy 1986; 本間訳）は、言語社会化アプローチから日本人の母子間の相互行為を分析したパイオニア的な研究である。日本文化のコミュニケーションのスタイルは、しばしば間接的で直感的だと特徴付けられてきた。本論文では、こうしたコミュニケーションのスタイルを通して、調和と集団といった日本で重視されている文化的価値観を子どもがどのように習得していくのかについての考察が展開されている。具体的には、3組の母親とその2歳前後の子どもとの自然場面での会話を分析し、母親が子どもに他者の気持ちを考えさせたり、自分の行為を恥の気持ちと結びつけたりすることで、子どもの共感性（思いやり）を育んだり同調を促進したりしていると論じている。また、母親による子どもへの行為指示や間接的な言語使用が、子どもの状況に応じた言語の使用と解釈につながることも示唆されている。こうした議論

は、本章の第2,3節で何度も言及されているように、その後の日本における言語社会化の研究に大きな影響を及ぼしてきた。

　第3章（Schieffelin 2014; 金子訳）は、言語イデオロギー、すなわち「人々が認識した言語構造や使用を合理化したり、正当化したりしようとする時に明らかになる言語についての信念の体系」（Silverstein 1979: 193）について、言語社会化アプローチから迫った金字塔ともいうべき労作である。人々が社会化の過程で言語についてどう考えるようになるかという問題は、言語の一般的な性質についての私たちの理解を深めるだけでなく、様々な社会において権力がどのように作用するのかを論じるうえでも強力な経験論的な基盤を提供する。本論文は、パプアニューギニアのボサヴィ社会において福音派キリスト教がどのように導入され、受容されていったのかを、言語イデオロギーとそれにまつわる発話実践に注目しつつ検討する。想像に難くないことだが、欧州の列強に由来する宣教団が伝統的な共同体で宣教活動を展開する際には、その宣教団が言語や文化についてどのようなイデオロギーを伝達し、媒介するかということが決定的な重要性を持ってきた。ボサヴィ社会においては、牧師が聖書を現地語であるボサヴィ語に翻訳するという行為を通じて、現地語の価値を安定させる一方で、現地の文化的実践の多くを拒否するという相反する力を働かせてきた。こうしたボサヴィ社会の事例は、キリスト教の人類学における連続性と不連続性、すなわち布教の過程でキリスト教および現地社会の何が変容し、何が変化しなかったのかに関する議論に大きな貢献を行うことができる。例えば翻訳の過程では、「キリスト教徒／キリスト教徒でない者」あるいは「内部者／外部者」などの二項対立的な言語実践の導入と受容によって、現地の共同体の道徳的な諸言語範疇が再編成されていった。さらに、キリスト教化以前のボサヴィ社会ではローカルな場所と結びついた経験が生活全般において重要であったが、宣教活動の進展に伴って人々や諸活動、記憶、そして場所の間の関係は変容し、その意味を失っていった。こうした「脱－場所化」は、ボサヴィ社会のみならず、パプアニューギニア全土で変異を伴いながら生じ、それらの社会に不連続性をもたらしたのである。

　言語社会化アプローチが扱うのは、伝統的な共同体だけではない。近年ますます注目されてきている研究領域として、グローバル化してきた社会や経

済の中で職場における需要がどのように変化しつつあるかを明らかにすることがあげられる。第4章（Roberts 2010; 中野訳）は、そうした職場における言語社会化について包括的に論じ、それに続く研究の指針ともなっている論文である。現代社会では、国境や言語グループの境界を越え、より貧しく不安定な社会からより豊かで安定した社会へと向かうグローバルな人の流れが加速している。新たな労働の秩序は、新たな言葉の秩序を作り出す。これらの変化は、第二言語の社会化という伝統的な概念に根本的な再考を迫る。多言語が使用される職場は複雑でダイナミックに変化し続けており、そこで労働に従事する移民はしばしば二重の社会化、すなわち、あらゆる新参者が経験する、職場の混淆的なディスコースへの社会化、およびこれらのディスコースを実現する特定の言語的・文化的実践への社会化の必要性に迫られる。こうした職場における新たな言語的な条件は、移民たちを特殊な環境に置き、しばしば労働に従事する上で不利に働く。というのも、こうした職場において労働者の選考過程で要求されるコミュニケーションのスキルは、しばしば実際の仕事で要求されるそれとは異なる、あるいはそれよりも高いものとなるからである。また、多言語が使用される職場における言語社会化は、その職場において支配的な言語への言語社会化に尽きるものではない。それはさらに、創造的で混淆的な言語使用、多数派の話者の行動の変化、そして新たな言語的・社会的秩序をもたらしうる。これらはその職場に関わる人々の言語能力だけではなく、文化的な慣習やハビトゥス、そしてアイデンティティの変化とも関連している。

第2部：論文編

　第2部は6編の原著論文からなる。いずれも、上述してきたような言語社会化研究の展開を受けて、日本語の言語社会化研究を推進している研究者が本書のために書き下ろしたものである。第5章（高田）は、著者らの研究グループが2007年から推進してきた研究プロジェクトの現時点での学術的成果をまとめたものである。この研究プロジェクトは、養育者とその0〜4歳の子どもによる相互行為を可能にする、行為間の関連性（「責任」の基盤ととらえられている）が文化的にどのように形成されていくのかを、言語社会化アプロー

チから明らかにしようとするものである。こうした観点から著者（高田）らの研究グループは、出産前の胎児が養育者－子ども間相互行為にどのように導入され、家族関係を再編していくのか（5.2節）、まだことばがおぼつかない子どもが指さしによってどのように養育者と注意を共有するのか（5.3節）、行為指示をめぐる相互行為の連鎖において、養育者と子どもが用いる文化的に特徴的な方略（5.4節）、相互行為において対象物が移動することによって養育者と子どもの環境がどのように更新されるか（5.5節）、養育者－子ども間相互行為における「恥ずかしい」という感情語彙の使用法とそれによる道徳性の社会化について（5.6節）、養育者が絵本の読み聞かせ場面でどのように子どもによる物語りを促し、それによって注意、感情、道徳性を組織化しようとしているか（5.7節）などについての研究を推進してきた。こうした研究は、子どもが文化的に枠づけられた状況に応じて適切に振る舞うための時間的・空間的な幅を徐々に広げていく過程を解明し、さらにその発話共同体を特徴付ける生活世界がどのように生産、維持、変革されていくかについての理解を深めるであろう。

　言語社会化研究のルーツの一人ともいえるGoffmanは、ある人がそこに「いる」すべての他者のナマの感覚に接近でき、他者たちもその人に接近できることがわかる環境における相互行為をその研究のおもな対象と定めた（Goffman 1964）。しかし現代社会では、このGoffmanの定義に収まりきらない、様々な相互行為の環境が重要になっている。ビデオ電話のような新たなテクノロジーを介したコミュニケーション場面は、その最たるものである。こうした観点から、第6章（砂川）は、日本とアメリカに離れて住む三世代家族によるスカイプ・ビデオ会話における言語社会化実践について論じる。こうした新たなテクノロジーが介在する場面では、「ありがとう」のような典型的、かつルーティン化された感謝表現を使用するにしても、従来型の対面的な相互行為とは異なる時間的・空間的な相互行為の組織化が求められる。著者（砂川）のデータでは、親が子どもの発話を促すだけでなく、子どもの身体位置を調整したり、ウェブカメラの前に広がる操作領域を調節したりすることを通じて、協働的に子どもと祖父母との会話のための環境整備を行っていた。こうした新たな場面における相互行為の分析は、これまでの言語社会化研究の適応領

域を拡張し、その理論的枠組みに再考を迫る。上述の事例はとくに、自分の居る実空間、相手の居る実空間、そして、会話が構築されるバーチャルな空間における参与の構造を複層的に調節することがそうした場面で適切な発話を行うことと深く関連していることを示している。

　言語社会化は、明示的なもの（社会規範や適切な言語の使い方を明示的に教える過程）と暗示的なもの（社会規範や適切な言語の使い方などを暗に伝える過程）の双方を含む。後者の言語社会化に大きく貢献する重要な言語ジャンルとして、物語りがあげられる。物語りはまた、多くの社会において「状況の文脈」と「文化の文脈」（Ochs and Schieffelin 2012）を橋渡しするための効果的な道具を提供する。第7章（武井とバーデルスキー）では、オーストラリアに在住する日本人家族の夕食時の会話における物語りに着目し、日本育ちの両親と外国育ちの大学生の娘で構成される複数の言語を使用する家族にとって、物語りが言語社会化の手段としてどのように機能しているのかを論じる。著者ら（武井とバーデルスキー）のデータでは、日々の体験談（自身の行動、第三者の行動の観察）を話し合うという相互行為のなかで、いかに母親が娘に日本的な規範と道徳性に関する社会化を行おうとするか、また娘がいかに自分が伝統的な日本人グループの成員であるというアイデンティティを構築しようとするか等を分析している。それによって、第三者の規範を逸脱したふるまいの理由付けに関して、異なる文化背景で育った両親と娘が異なる価値観を示す様子、また第三者の行動と自分の行動を比較することにより、自分のアイデンティティは日本人であると構築する娘の様子が描き出されている。海外在住で複数言語を使用して生活する日本人家族が増えるなか、いかに日本育ちの両親と外国育ちの子どもが双方向でお互いを言語社会化するか、という問題はますます重要となっている。本章は、第三者に関する物語りが社会化の資源となること、第三者の行動と自己の行動の対比がアイデンティティ構築に貢献し、言語社会化の重要な手段として機能することを解明している。

　第8章は、言語社会化アプローチから、第二言語を学ぶ場合に学習者の行為主体性が語用論的な能力の習得にどのような影響を及ぼすのかを論じる。第一言語を学ぶ場合と比べて第二言語を学ぶ場合には、しばしば語用論的な能力を習得すること、とりわけ、状況に応じて適当な発話のスタイルを選択し

　　高田明　クック峯岸治子

て使用することが困難だといわれる。そうした観点から著者（池田麻衣子）は、第二言語として日本語を学ぶ学習者の発話のスタイルとそれに対する行為主体性の影響に焦点をあてる。データは、日本人の大学生と外国人の日本語学習者から構成されるグループで約3ヶ月間に亘って行われたコンピュータを媒介とした相互行為（以下CMC）、およびその日本人大学生と日本語学習者に行ったインタビューである。日本人大学生と日本語学習者が使用した発話のスタイルの分析により、日本語学習者は能動的に状況に相応しい発話のスタイルを選択していることが判明した。さらに本研究では、日本語学習者も積極的に行為主体性を発揮し、語用論的な言葉遣いの規範を構築しようとしていることがわかった。しかしながら、そうした規範の構築は、しばしば暗示的な言語使用から生みだされる社会的意味を通じて行われる。そして、第二言語の学習者は社会文化的な知識が十分でないため、母語話者の発話のスタイルから生じるそうした社会的意味をしばしば正確に解釈できず、誤解が生じることも少なくないことも明らかになった。

　日本における言語社会化の研究では、子どもと養育者、生徒と先生の相互行為を扱っているものは比較的多い。これに対して、職場での相互行為を扱っている研究は、そのデータ収集が極めて困難であることなどからまだまだ少ない。第9章と第10章では、そうした貴重な研究を紹介する。第9章（クック）は、東京に拠点をおく2つの会社における新入社員研修での相互行為をデータとして、新参者（新入社員）が該当社会や場面に応じた言語を適切に使えるようになる過程を分析・考察したものである。本研究は、新入社員研修で教えられる社会人に必要な様々な知識の獲得は、学生というアイデンティティを捨てることにより、獲得できるというイデオロギーに支えられていることを指摘する。本章の新入社員研修のデータでは、エキスパートである講師は、新入社員を「何も知らない人」と定義づけ、新しいアイデンティティの獲得に役立てようとしていた。また、社会人と学生を相対する対概念として扱うことや今まで日常生活でなんとなく使ってきた敬語をとらえ直し、仕事の状況に合わせて適切に使用できるよう意識させることで、学生と社会人が非連続的なものであるというイデオロギーを強化していた。一方、新入社員は研修で教えられるままに全てを受け入れるのではなく、講師が提示した

枠組みに対して、自己の見解を主張することもあった。つまり新入社員もまた、社会人への言語社会化に際して、しばしば自らの行為主体性を発揮することが明らかになった。

　第10章（池田佳子）は、外国人留学生のための「キャリア教育」に注目し、留学生という新参者に対してどのような言語社会化が展開しているのかを考察した研究である。外国人留学生のためのキャリア教育は、外国人材の国内雇用につながるとして、昨今注目されている。第9章からも示唆されるように、従来のキャリア教育では、既存の日本企業の文化概念や価値観、商習慣を学び、そのコミュニティに適応するという志向が強かった。しかしながら、日本国内でも社会の多様化、そして企業の国際化の進展が少しずつ進む中、そうした枠組みには収まりきらない多様なキャリア教育の場が設けられるようになってきた。本章は2つの異なるコミュニケーション形態、すなわち座学のかたちをとる教室内学習の場とアクティヴなディスカッションをもとめるフォーカス・グループの場を取りあげている。教室内学習の場では、講師の提供する「日本企業とは」「日本人はこう考える」といったカテゴリー化が、一方向的に行われる傾向があった。これに対してフォーカス・グループの場では、国内の企業における外国人材としての社会的アイデンティティを外国人留学生と共同で構築しようとしていた。また、日本の企業文化・慣習を特徴付けている「メンバーシップ型採用」志向をあえて示すことで、外国人留学生に学びの場を提供するかたちも観察された。こうした新しいキャリア教育の実践は、企業においても「文化」や「社会」は決して静的なものではなく、発話者間の相互行為を通じて新たな価値観が創造されていくダイナミックなものである（Scollon and Wong-Scollon 2001）ことを示している。

　上記の論文の著者たちはいずれも、ことばの使用という謎の多い研究分野に魅了され、言語社会化アプローチに共感してそこに迫ろうとしている。本書の出版がこの新しいアプローチへの関心を喚起し、それを一緒に推進してくれる人が増えることを願ってやまない。

6. トランスクリプションで用いられる記号

　言語社会化論やその隣接分野をその方法論において基礎づけている会話分析では、発話の連鎖がどのように組織化されているのかを論じるため、動画や音声の収集によって得られた会話からトランスクリプションを作成し、それをもとに体系的・経験的な分析を行う（e.g., Schegloff 2007）。トランスクリプションの作成にあたっては、まず動画や音声を何度も繰り返し視聴しながら、聞こえてくるすべての発話についてその発話者を同定し、その内容を先行研究の慣習に従った方法で丁寧かつ厳密に書き取っていく。本書でも、おもに第2、3、6、7、9、10章でこうした手法に沿って作成されたトランスクリプションが登場する。それぞれの研究の興味や関心によって、文字起こしの焦点や求められる精度は変わってくる。以下に、会話分析のために考案され、本書でも用いられている主要な記号について概説する（記号のさらに包括的な解説については、〈http://www.augnishizaka.com/transsym.htm〉を参照のこと）。

：（コロン）は、直前の音が延ばされていることを示す。コロンの数は引き延ばしの相対的な長さに対応する。

h は呼気音や笑い、.h は吸気音を示す。h の数は、その音の相対的な長さに対応する。

¥　¥ 発話が笑いながらなされているわけではないけれど、笑い声でなされているときには、当該箇所を ¥ で囲む。

＿（下線）は、その部分が相対的に強く発音されていることを示す。

.（句点）は、語尾の音が下がって区切りがついたことを示す。語尾の音が上がっていることは？（疑問符）で示される。語尾の音が一端上がったあとまた下がる、もしくは平坦になるとき、それは¿（逆疑問符）で示される。

↑（上向き矢印）と↓（下向き矢印）は、それぞれ音調の極端な上がり下がりを示す。

＝ は、それで結ばれている発話が途切れなくつながっていることを示す。

[ ] で囲まれた隣接する発話は、それらがオーバーラップしたことを示す。

°　° で囲まれた部分は、発話が弱まっていることを示す。

< > で囲まれた部分は、前後と比べてゆっくり発話されていることを示す。

> < で囲まれた部分は、前後と比べて早く発話されていることを示す。

-（半角ハイフン）は、直前の語や発話が中断されていることを示す。

（ ）で区切られた数字（e.g., (0.6)）は、その秒数の沈黙を示す。0.2秒以下の短い間合いは、

（）内にピリオドを打った記号、つまり（.）によって示される。

（　）は、聞き取り不可能な個所を示す。空白の大きさは、聞き取り不可能な音声の相対的な長さに対応する。

（（　））は、その都度必要な注記を示す。

参考文献

Anderson, Fred (1995) Classroom Discourse and Language Socialization in a Japanese Elementary-school Setting: An Ethnographic-linguistic Study. Unpublished doctoral dissertation. Honolulu, HI: University of Hawaii.

Aoki, Haruo (1986) Evidentials in Japanese. In Wallace Chafe, and Johanna Nichols (eds.) *Evidentiality: The Linguistic Coding of Epistemology*, pp.223–238. Norwood, New Jersey: Ablex.

Bernstein, Basil (1971) *Class, Codes and Control: Vol. 1 Theoretical Studies towards a Sociology of Language*. London, UK: Routledge and Kegan Paul.

Bruner, Jerome (1983) *Child's Talk: Learning to Use Language*. Oxford: Oxford University Press.

Bruner, Jerome (1990) *Acts of Meaning*. Cambridge, MA: Harvard University Press.

Burdelski, Matthew (2010) Socializing politeness routines: Action, other-orientation, and embodiment in a Japanese preschool. *Journal of Pragmatics* 42(6): pp.1606–1621.

Burdelski, Matthew (2012) Language socialization and politeness routines. In Alessandro Duranti, Elinor Ochs, and Bambi B. Schieffelin (eds.) *The Handbook of Language Socialization*, pp.275–295. Malden, MA: Wiley-Blackwell.

Burdelski, Matthew (2013a) Socializing children to honorifics in Japanese: Identity and stance in interaction. *Multilingua* 32(2): pp.247–273.

Burdelski, Matthew (2013b) "I'm sorry, flower": Socializing apology, empathy, and relationships in Japan. *Pragmatics and Society* 4(1): pp.54–81.

Burdelski, Matthew, and Koji Mitsuhashi (2010) "She thinks you're kawaii": Socializing affect, gender, and relationships in a Japanese preschool. *Language in Society* 39(10): pp.65–93.

Chomsky, Noam (1957) *Syntactic Structures*. The Hague/Paris: Mouton.

Chomsky, Noam (1975) *The Logical Structure of Linguistic Theory*. New York: Plenum.

Clancy, Patricia (1985) The acquisition of Japanese. In Dan Slobin (ed.) *The Crosslinguistic Study of Language Acquisition, Volume 1, The Data*, pp.373–524. Hillsdale, NJ: Lawrence Erlbaum Associates.

Clancy, Patricia (1986) The acquisition of communicative style in Japanese. In Bambi B. Schieffelin, and Elinor Ochs (eds.) *Language Socialization Across Cultures*, pp.213–250. Cambridge, UK: Cambridge University Press.

Clancy, Patricia (1999) The socialization of affect in Japanese mother-child conversation. *Journal of*

Pragmatics 31: pp.1397–1421.

Cook, Haruko M. (1990) The role of the Japanese sentence-final particle no in the socialization of children. *Multilingua* 9: pp.377–395.

Cook, Haruko M. (1997) The role of the Japanese *masu* form in caregiver-child conversation. *Journal of Pragmatics* 28: pp.695–718.

Cook, Haruko M. (1999) Language socialization in Japanese elementary schools: Attentive listening and reaction turns. *Journal of Pragmatics* 31: pp.1443–1465.

Cook, Haruko M. (2006) Joint construction of folk belief by JFL learners and Japanese host families. In Margaret Dufon, and Eton Churchill (eds.) *Language Learners in Study Abroad Contexts*, pp.120–150. Clevedon, UK: Multilingual Matters.

Cook, Haruko M. (2008) *Socializing Identities through Speech Style: Learners of Japanese as a Foreign Language*. Bristol, UK: Multilingual Matters.

Doi, Takeo (1973) *The Anatomy of Dependence*. Tokyo, Japan: Kodansha International.

Duranti, Alessandro, Elinor Ochs, and Bambi B. Schieffelin (eds.) (2012) *The Handbook of Language Socialization*. Malden, MA: Wiley-Blackwell.

Fukuda, Chie (2005) Children's use of the *masu* form in place scenes. *Journal of Pragmatics* 37: pp.1037–1058.

Goffman, Erving (1964) The neglected situation. *American Anthropologist* 66(6): pp.133–136.

Goffman, Erving (1981) *Forms of Talk*. Philadelphia, PA: University of Pennsylvania Press.

Goodwin, Charles (2000) Action and embodiment within situated human interaction. *Journal of Pragmatics* 32(10): pp.1489–1522.

Gumperz, John (1996) The linguistic and cultural relativity of inference. In John Gumperz, and Stephen Levinson (eds.) *Rethinking Linguistic Relativity*, pp.374–406. Cambridge, UK: Cambridge University Press.

Gumperz, John, and Dell Hymes (eds.)(1972) *Directions in Sociolinguistics: The Ethnography of Communication*. New York: Holt, Rinehart and Winston.

Heritage, John, and Geoffrey Raymond (2005) The terms of agreement: Indexing epistemic authority and subordination in talk-in-interaction. *Social Psychology Quarterly* 68(1): pp.15–38.

Hymes, Dell (1963) Objectives and concepts of linguistic anthropology. In David G. Mandelbaum, Gabriel W. Lasker, and Ethel M. Albert (eds.) *The Teaching of Anthropology*, pp.275–302. American Anthropological Association. Memoir 94.

Hymes, Dell (1972) On communicative competence. In John B. Pride, and Janet Holmes (eds.) *Sociolinguistics*, pp.269–285. Harmondsworth: Penguin Books.

Iino, Masakazu (2006) Norms of interaction in a Japanese homestay setting: Toward two-way flow of linguistic and cultural resources. In Margaret Dufon, and Eton Churchill (eds.) *Language Learners in Study Abroad Contexts*, pp.121–151. Clevedon, UK: Multilingual Matters.

Inoue, Miyako (2006) *Vicarious Language: Gender and Linguistic Modernity in Japan*. Berkeley, CA:

University of California Press.

Iwasaki, Noriko (2011) Learning L2 Japanese "politeness" and "impoliteness": Young American men's dilemmas during study abroad. *Japanese Language and Literature* 45: pp.67–106.

Kamio, Akio (1997) *The Theory of Territory of Information*. Amsterdam/ Philadelphia. John Benjamins.

Kanagy, Ruth (1999) The socialization of Japanese immersion kindergartners through interactional routines. *Journal of Pragmatics* 31: pp.1467–1492.

Lebra, Takie S. (1976) *Japanese Patterns of Behavior*. Honolulu, HI: University of Hawai'i Press.

Levinson, Stephen C. (1983) *Pragmatics*. Cambridge, UK: Cambridge University Press.

Levinson, Stephen C. (2019) Interactional foundations of language: The interaction engine hypothesis. In Peter Hagoort (ed.) *Human language: From Genes and Brain to Behavior*, pp.189–200. Cambridge, MA: MIT Press.

McMeekin, Abigail L. (2006) Negotiation in a Japanese study abroad setting. In Margaret Dufon and Eton Churchill (eds.) *Language Learners in Study Abroad Contexts*, pp.225–255. Clevedon: Multilingual Matters.

Mehan, Hugh (1979) *Learning Lessons: Social Organization in the Classroom*. Cambridge, MA: Harvard University Press.

Minami, Masahiko (2002) *Culture-specific Language Styles: The Development of Oral Narrative and Literacy*. Clevedon, UK: Multilingual Matters.

宮崎あゆみ（2016）「日本の中学生のジェンダー―一人称を巡るメタ語用的解釈：変容するジェンダー言語イデオロギー」『社会言語科学』19（1）: pp.135–150.

Nakamura, Keiko (1996) The use of polite language by Japanese preschool children. In Dan Slobin, Julie Gerhardt, Amy Kyratzis, and Jiansheng Guo (eds.) *Social Context and Language: Essays in Honor of Susan Ervin-Tripp*, pp.235–250. Mahwah, NJ: Lawrence Erlbaum.

Nakamura, Keiko (2001) Gender and language in Japanese preschool children. *Research on Language and Social Interaction* 34: pp.15–44.

西阪仰（2008）トランスクリプションのための記号　http://www.augnishizaka.com/transsym.htm

Ochs, Elinor, Emanuel Schegloff, and Sandra A. Thompson (2010) *Interaction and Grammar*. New York: Cambridge University Press.

Ochs, Elinor, and Bambi B. Schieffelin (1989) Language has a heart. *Text* 9: pp.7–25.

Ochs, Elinor, and Bambi B. Schieffelin (1995) The impact of language socialization on grammatical development. In Paul Fletcher and Brian MacWhinney (eds.) *Handbook of Child Language*, pp.73–94. Malden, MA: Blackwell.

Ochs, Elinor, and Bambi B. Schieffelin (2012) The theory of language socialization. In Alessandro Duranti, Elinor Ochs, and Bambi B. Schieffelin (eds) *The Handbook of Language Socialization*, pp.1–21. Malden, MA: Wiley-Blackwell.

Ochs, Elinor, Olga Solomon, and Laura Sterponi (2005) Limitations and transformations of habitus in child-directed communication. *Discourse Studies* 7 (4–5): pp.547–583.

Ohta, Amy S. (1994) Socializing the expression of affect: An overview of affective particle use in the Japanese as a foreign language classroom. *Issues in Applied Linguistics* 5: pp.303–325.

Ohta, Amy S. (2001) *Second Language Acquisition Processes in the Classroom: Learning Japanese*. Mahwah, NJ: Lawrence Erlbaum.

Roberts, Celia (2010) Language socialization in workplace. *Annual review of applied linguistics* 30: pp. 211–227.

Rogoff, Barbara (2003) *The Cultural Nature of Human Development*. Oxford, UK: Oxford University Press.

Sawyer, Mark (1992) The development of pragmatics in Japanese as a second language: The sentence-final particle *ne*. In Gabriele Kasper (ed.) *Pragmatics of Japanese as a Native and Foreign Language* Technical Report No. 3, pp.83–125. Honolulu, HI: University of Hawaii at Manoa, Second Language Teaching and Curriculum Center.

Schegloff, Emanuel A. (2007) *Sequence Organization in Interaction: A Primer in Conversation Analysis, vol.1*. Cambridge: Cambridge University Press.

Schieffelin, Bambi B. (1990) *The Give and Take of Everyday Life: Language Socialization of Kaluli Children*. Cambridge: Cambridge University Press.

Schieffelin, Bambi B. (2014) Christianizing language and the dis-placement of culture in Bosavi, Papua New Guinea. *Current anthropology* 55: pp. 226-237.

Schieffelin, Bambi B., Kathryn Woolard A., and Paul V. Kroskrity (eds.) (1998) *Language ideologies: Practice and theory*. New York: Oxford University Press.

Scollon, Ronald, and Suzanne W. Scollon (2001) *Intercultural communication: A discourse approach (2nd edition)*. Oxford: Blackwell.

Shibamoto, Janet S. (1987) Japanese sociolinguistics. *Annual Review of Anthropology* 16: pp.261–278.

Sidnell, Jack, and Nick J. Enfield (2012) Language diversity and social action: A third locus of linguistic relativity. *Current Anthropology* 53(3): pp.302–333.

Siegal, Meryl (1996) The role of learner subjectivity in second language sociolinguistic competency: Western women learning Japanese. *Applied Linguistics* 17: pp.356–382.

Silverstein, Michael (1979) Language structure and linguistic ideology. In Paul R. Clyne, William F. Hanks, and Carol L. Hofbauer. (eds.) *The Elements: A Parasession on Linguistic Units and Levels* pp.183–247. Chicago, IL: Chicago Linguistic Society.

Suzuki, Ryoko (1999) Language socialization through morphology: The affective suffix *–CHAU* in Japanese. *Journal of Pragmatics* 31: pp.1423–1441.

Takada, Akira (2012) Pre-verbal infant-caregiver interaction. In Alessandro Duranti, Elinor Ochs, and Bambi B. Schieffelin (eds) *The Handbook of Language Socialization*, pp.56–80. Malden, MA: Wiley-Blackwell.

Takada, Akira (2013) Generating morality in directive sequences: Distinctive strategies for developing communicative competence in Japanese caregiver-child interactions. *Language and Communication* 33: pp.420–438.

Takada, Akira (2019) Socialization practices regarding shame in Japanese caregiver-child interactions. *Frontiers in Psychology* 10: 1545. Frontiers Media.

Takada, Akira, and Tomoko Endo (2015) Object transfer in request-accept sequence in Japanese caregiver-child interaction. *Journal of Pragmatics* 82: pp.52–66.

Takada, Akira, and Michie Kawashima (2019) Caregivers' strategies for eliciting storytelling from toddlers in Japanese caregiver-child picture-book reading activities. *Research on Children and Social Interaction* 3(1–2), 196–223.

Tobin, Joseph, Yeh Hsueh, and Mayumi Karasawa (2009) *Preschool in Three Cultures Revisited: China, Japan, and the United States.* Chicago, IL: The University of Chicago Press.

Yoshimi, Dina (1999) L1 language socialization as a variable in the use of *ne* by L2 learners of Japanese. *Journal of Pragmatics* 31: pp.1513–1525.

第 1 部　　翻 訳 編

第 1 章

言語社会化が
文法発達に
もたらす影響

エレノア・オックス

バンビ・シェフェリン（園田浩司訳）

Ochs, Elinor, and Schieffelin, Bambi B. (1995) The impact of language socialization on grammatical development. In Paul Fletcher and Brian MacWhinney (eds.) *Handbook of Child Language*, pp.73–94. Oxford, UK: Blackwell.

要旨

　言語獲得研究は、子どもが、いつ、どのように様々な文法形式を使用し、理解するようになるのかといった文法発達の仕組みの解明を主要な関心ごととしてきた。一方、言語社会化研究は、もっぱら文化に関わる共同体の実践や活動に焦点を当て、子どもの社会化を検討してきた。本論ではこの言語社会化研究が、言語獲得研究が進めてきた文法発達の議論に何をもたらすかを論じる。

　子どもの文法発達は、言語理解の促進を意図して設けられた単純化された言語環境に、彼らが参与することによってのみ引き起こされるわけではない。乳児や幼い子どもを会話の相手とみなさないコミュニティでは、子どもは文法的複雑さに満ちた会話の立ち聞き者として、他者との相互行為に参与する傾向にある。しかしこうした言語環境においても、子どもは文法能力を備え

た話し手−聞き手として育つ。

　また、子どもは、性差や社会的役割が特定の文法構造に紐づけられていることを理解しており、そのうえで特定の文法形式をコミュニケーション資源として用いている。したがってある文法形式が、子どもが置かれた言語環境で広く使われ、彼らが頻繁に耳にしたとしても、子ども自身によって産出されないことがある。文化的価値はこのように、ある文法構造の獲得や不獲得に影響を及ぼす。

　以上のように、言語社会化アプローチは、特定の文法がどのような社会的活動やアイデンティティを指標するのかを明らかにし、また諸々の社会的状況における成員の行為や思考を組織する文化的規範、選好、期待と、文法構造とがどのように複雑に結びついているのかを評価する分析枠組みを提供する。言語を獲得する子どもの社会文化的風土を適切に分析することなくして、文法発達は十分に説明されえない。

1. 提案

　幼い子どものトークにみられる文法発達の構造は、言語獲得研究の主要な関心ごとである。言語獲得研究は、過去数十年にわたって、人生の早期にある子どもが、いつ、どのように、そしてなぜ様々な文法形式を使用し、理解するようになるのか説明することを重要な課題としてきた。一方、言語社会化—ある共同体で言語を使用することを通して、また言語を使用するために社会化されていくプロセス（Ochs and Schieffelin 1984）—については、文法発達のダイナミクスには触れず、もっぱら文化に関連する共同体実践や活動に焦点をあてて検討が進められてきた。本論では、この指向を反転させ、言語社会化が文法能力の獲得に果たす役割に直接焦点をあてる。

　言語社会化の視点は、文法発達研究に何をもたらすことができるのか？　それはより洗練された文法発達モデルである。そのモデルは、幼い子どもが様々な文法形式を使用し、理解する時期や方法、理由に影響を与えている特定の文化的現実に調律されている。この文法発達モデルでは、子どもの文法形式の使用や理解を組織する力となる、イデオロギーや社会秩序に着目する。言

語社会化（という視点）がもたらす豊かなモデルは、社会文化的コンテクストを、数値化された、子どもの文法パターンと相関した何らかの「入力」とみなす還元主義的な見方を認めない。私達の豊かな言語社会化モデルは、子どもの文法発達をめぐるコンテクストについて、その子がおかれた言語環境で生起する文法形式の出現頻度に還元するのではなく、むしろその文法形式が持っている指標的意味の観点から説明する。このアプローチは、次のような仮定に基づく。つまりどのようなコミュニティであれ、各種の文法形式は、その文法形式が用いられる文化的に組織された状況と密接に結びついており、したがってそうした状況を指し示すと仮定されている。さらに、それらの文法形式に込められた指標的意味は、子どもがこれらの文法形式を産出し、理解することにも影響していると考えられている[1]。しかしこのアプローチでは、子どもを取り巻く言語環境で、ある文法形式が頻繁に出現することが、その子がその文法形式をうまく扱えることと大きく関係しているのかは分からない。後で論じるように、ある文法構造を子どもがよく耳にしていたとしても、その子がかなり成長してからでないとその文法構造を使わないということもある。反対に、子どもの周囲にいる大人やその他の人々がめったに使うことのない文法形式が、その子の発話に頻出することもある。

　言語社会化がもたらす豊かな文法発達モデルでは、子どもは文法形式の指標的意味へと調律されていくとみなす。例えばある指標的意味は、ある文法形式と対話者の社会的アイデンティティとを結びつける。たとえ頻繁に耳にする文法形式であっても、それを指標として使うことが子どもにとって不適切ならば、彼らはそれを使うとは限らない。またあまり耳にしない文法形式であっても、それを指標として使うことが適切ならば、子どもは使うことだろう。子どもがある文法形式を使用しないことは、その子の指標的感受性を反映しているのかもしれないのであって（Ochs 1988; Peirce 1938–58; Silverstein 1993）、彼らの文法能力や自覚の欠如を映し出しているとは限らない。頻度を集計したり相関係数を算出したりするやり方では、社会文化的に有能であるからこそ生じる（ある文法形式の）不使用と、能力がないゆえに生じる不使用とを区別することはできない。これを区別するための情報は、様々な文法形式の指標領域を十分に理解することでしか得られない。

では文法発達をめぐる、既存の機能主義的アプローチと言語社会化アプローチではどのように異なるのだろうか？　まず機能主義的アプローチは、文法形式が持つ直接的な情報や行為のコンテクストのレベルで調査を終える傾向があり、子どもの文法形式の使用と理解を、例えばその文法形式情報の前景化／後景化された部分、あるいは発話行為に関連づけるに留まる。これに対して言語社会化アプローチでは、子どもの文法形式の使用と理解を、複雑でありながら秩序だった、何度もくりかえされる特質、選好、信念および知識体系と関連付ける。これらは社会的に認知された状況で、情報を言語的にパッケージ化し、さらに言語行為の遂行を組織している。

　言語社会化アプローチは言語相対論の更新を促し、子どもの文法形式の使用と理解は文化再帰的である (culturally reflexive) と主張する。つまり、子どもの文法形式の使用と理解は、指向や感情、知識、（相互）行為、社会的人格の投影、関係構築についてのローカルな見方と多岐にわたって結びついていると考えるのである。それとともに言語社会化アプローチは、文法形式と社会文化的秩序との関係は、普遍的な側面を持つとの考えを促す (Ochs 1990, 1993)。言語社会化は、ローカルなコミュニティの境界を超えて、子どもに言語と文化を理解する能力をもたらす。子どもは世界中でよく似た文法資源を用いて、思考や感覚、知識、アイデンティティ、行為、活動を指標するように社会化されるが、これは生物学的、認知的様式化であるだけでなく、人類共通の産物としての文化が持つ普遍的特徴にも由来している。

　本章では、言語社会化アプローチが子どもの言語獲得現象をめぐる既存の説明をどのように補強するのか、その方法を明確にする。このアプローチは、文法能力を下支えする学習能力や生得的メカニズムをめぐる論争からは（いずれの立場にも与しないという意味で）独立しているが、文法発達を精神や脳、経験と関係づけるあらゆる理論とは非常に関わりが深い。私達の議論は、文法発達言説を、人を超えて、正確には、日常的に相互行為する者同士や、独自の歴史と未来を備えたコミュニティに属する者同士の間に存在する秩序領域へと開くものである。

　本章で主張する言語社会化アプローチは、文化に根差した言語の普遍的属性とローカルな属性とを統合する。とりわけこのアプローチは、文法発達に

　エレノア・オックス　バンビ・シェフェリン（園田浩司訳）

関する文化的に組織された手段－目的モデル（culturally organized means–ends model）
を提供する。このモデルは、さまざまな文化の中で、その成員がよく似た言
語的手段を使ってよく似た社会目的を達成している可能性を分かりやすく示
してくれる。情動的な強度を示すのに数量詞を用いるのは、その好例である
（e.g.「彼はあたり一面にそれをこぼした（He spilled it all over the place）」Labov 1984; Ochs and
Schieffelin 1989）。しかし同時に、この目的を、だれが、いつ、どこで、どのくら
いの頻度で適切に達成しようとしているのかといった状況範囲や、感情、個
性、言語をめぐるローカルなイデオロギーの重要性といった観点からすれば、
これらの目的は文化的にも組織されている。したがって、文法資源をどのよ
うに用いるかは、コミュニティ間で類似点と相違点がある。また、子どもの
文法形式理解についても、言語コミュニティを超えて類似点と相違点が存在
する。ある社会目標がコミュニティ間で言語的によく似たかたちで実現され
ることが、ヒト同士のコミュニケーションを可能にしている。しかし他方で、
そうした社会目標が文化ごとに異なるかたちで組織化されていることが、文
化間の交流を妨げ、異なるコミュニティで第二言語を習得するという課題を
いっそう難しくもしている[2]。

　この文化的に組織された手段－目的という視点は、幼い子どもの文法発達
を説明する3つの質問に適用される：

1.　文法発達は、子どもが単純化された言語環境に参与するかどうかに依存
　　するのか？
2.　信念、知識、社会秩序の文化システムによって、幼い子どもの文法構造
　　獲得をある程度説明できるのか？
3.　信念、知識、社会秩序の文化システムによって、言語的に異質なコミュ
　　ニティで起こる幼い子どもの言語獲得（と不獲得）をある程度説明できる
　　のか？

　では、これらの質問に答えていこう。

2. 言語を獲得する者の文化的風土

　言語獲得研究にとって重要な問いは、子どもの文法能力とは、彼らの言語の使用と理解を促すように単純化されたコミュニケーションに、彼らが参与することで得られる成果なのかということだ。これに対する私達の回答は「否」である。この結論は、次のような観察に基づいている。一般的に子どもはみな早い段階で、文法構造を生み出し理解する一定の能力を獲得するが、それでも文化が子どもとどのようなコミュニケーションを組織するかは、コミュニティによってかなり異なる (Clancy 1985, 1986; Crago 1988; Heath 1982; Miller 1982; Ochs 1985, 1988; Ochs and Schieffelin 1984; Philips 1983; Schieffelin and Ochs 1986a, 1986b; Schieffelin 1986, 1990; Scollon 1982 をとくに参照のこと)。文化に光をあてながらこの現象について探究するために、私達は、文化が子どもに向けて（子どもを受け手として）、また子どもを介して（子どもを話し手として）いかにコミュニケーションを組織しているかに注目する。

2.1 （受け手としての）子どもに向けた発話の文化的組織化

　どのような社会であれ、その成員は自分の意図を子どもに分からせたいものである。これは人間文化の普遍的傾向であり、このことは世代を超えた文化的志向の伝達に欠かせない。さらに成員が、自分の意図を子どもに分からせるという目標を設定したとき、彼らはコミュニティを問わず同様の方法で言語を変化させる傾向がある。大人、年長のキョウダイ、その他の者が、言語形式や発話内容を単純化して、乳児や幼い子どもとコミュニケーションを取ろうとする傾向が多くの文化で見られる。子どもに向けた発話を特徴づけるよくある単純化 (simplifications) に、子音連結の減少、畳語、韻律曲線の誇張、ゆっくりとしたペース、文の短縮、複雑でない文、今・ここへの時空間的志向、文の反復や置き換え、などがあげられる (Ferguson 1964, 1977, 1982)。

　もし、受け手である子どもに意図を伝えることは普遍の目的で、そこで単純化が、普遍の手段とは言わないまでも、広く普及しているとの考えを推し進めるなら、文法発達は子どもが単純化されたスピーチにさらされることで発生するわけではないという結論は、どうやって正当化されるのだろうか？

そこで単純化されたスピーチをめぐる文化的に組織された手段 – 目的アプローチは、次のことを検討する必要がある。あるコミュニティでは、どのような目的で子どもに意図を伝えようとするのか、また、いったんその目的が定められたらどのような単純化がおこなわれるのかについてである。民族誌的観察は、話し手がその目的を設定するさい、そのコンテクストがどのくらいの広がりを持ち、また単純化プロセスがどのくらい広範囲にわたるのかは、文化によってかなり違いが見られること、さらにこのような違いが、子どもや社会秩序、文法能力発達の道筋をめぐる文化的な見方と結びついていることを示唆してくれる。

　では、子どもに意図を伝えるという目的は、異なるコミュニティにおいてどのように実現されるのだろうか？　どのようなコミュニティであれ、子どもは受け手として他者との相互行為に参与する。しかし彼らがどの発達段階において、こうした役割を担うようになるかはコミュニティによって異なる。アメリカ合衆国やカナダの白人中産階級のようなコミュニティでは、子どもは出生時からこの役割を与えられ、母親は乳児にあいさつをしたり、会話をしようとしたりする（Bates, Camaioni, and Volterra 1979; Bloom 1990; Ochs and Schieffelin 1984; Stern 1977）。未熟な乳児にこちらの意図を伝えるという目的がいったん設定されると、話し手は、乳児に理解され応答されたいという骨の折れる仕事を抱えることになる（Brown 1977 を参照）。実際、新生児にこちらの意図を伝えようとする場合、養育者は（例えば、高いピッチの誇張された抑揚を通して）新生児の注意を獲得し、注意を持続させようとすることに労を惜しまないだけでなく、子どもの応答そのものを自ら声に出したり演じたりしなくてはならなくなることもある（Lock 1981; Stern 1977; Trevarthen 1979）。しかしなかには、子どもがこのように幼い時期にはそうした目的を設定しない（i.e. むしろ子どもの方から理解し、応答するようになることを期待する）コミュニティもある。多くの社会では、言語的に認識可能な言葉を発することができるようになるまでは、乳児は受け手とはみなされない。例えば、キチェ・マヤでは、「とくに親の経済階層の違いによってある程度のヴァリエーションは見られるが、乳児と親との間での発声を伴う相互行為は最小限に抑えられている。…キチェの親が幼児を会話のパートナーとみなすのは、幼児が話すことを学んでからである」（Pye

1992: 242–243)。同様に、合衆国サウスカロライナ州のピエモント「トラック　トン」タウンのアフリカ系アメリカ人労働者階級の家族は、「赤ちゃんや幼い子どもを日常会話に適したパートナーとはみなさない。他の大人を差し置いて、言語獲得前の乳児を会話のパートナーに選ぶことは、無礼かつ奇妙な行動と受け取られるだろう」(Heath 1983: 86)。ジャワでは農村と都市のどちらのコミュニティでも、大人が赤ちゃんに話しかけることはまれである。Smith-Hefner (1988: 172–173) は次のように述べている：

西洋の観察者の目を引くのは、子どもは明らかに誇りと愛情の対象でありながら、ジャワの人々が赤ちゃんにあまり話しかけないことだ。赤ちゃんへの話しかけについて私が最初に質問したときも、養育者達はしばしば、小さな赤ちゃん (durung ngerti)（そして幼い子どもでさえ）は、「まだ（言葉が）分からない」と評した…幼い赤ちゃんを抱っこする最もありふれた方法は、その子を腰に乗せて、外部に対して自然に目を向けさせるか、母親の腕の中で半分隠すようにすることである。私達は観察するあいだ、母親が対話を促すように、子どもを対面姿勢で抱えているところを一度も記録したことがなかった。

　このような記述は、伝統的な西サモアのコミュニティ (Ochs and Schieffelin 1984; Ochs 1982, 1988) や、パプア・ニューギニアのカルリ (Ochs and Schieffelin 1984; Schieffelin 1990) における乳児への話しかけについての説明と一致している。
　こうした社会では、乳児が好ましい受け手として選び出されることはない。むしろ乳児は、単純化されていない会話の立ち聞き者として、他者との相互行為に参与する傾向にある。このことは、伝統的社会や、その他多くの社会においては、子どもが通常、多人数による相互行為のコンテクストのなかで社会化されていることを前提としている。しかし、合衆国やヨーロッパの上流中産階級世帯では、幼い子どもは主に一人の大人 (e.g. 母親) と一日を過ごすので、単純化されていない会話の立ち聞き者としての役割を担う機会を持たないかもしれない。実際、上流中産階級世帯のコミュニケーション生態は、子どもを受け手として組織する重要な要素となるだろう。そうした世帯で、一人の大人が一日中独り言を言うなどということはしそうにない。そこで、どんな年齢であれ子どもをコミュニケーションのパートナーと見定め、かなり

単純化されてはいても意味を持ったやりとりをしようとする状況が一般的になっているかもしれない。

　乳児や幼い子どもを会話のパートナーとみなさないコミュニティでも、子どもは、文法的複雑さに満ちた、有能な対話者を対象にしたコミュニケーション環境で言語知識を発達させ、やがて文法能力を備えた話し手－聞き手に育つ。コミュニティのなかには、例えば子どもが文法能力を身に付けるには、言語的に複雑で単純化されていないスピーチを聞く必要があるといった考えに重点を置くなど、言語獲得についてはっきりとしたイデオロギーを持つところもある。カルリの大人は、アメリカの親達が幼い子どもを前にベビートークをする姿に驚き、子どもはそれでどうやって正確な言語を学ぶのかと不思議がっていた（Schieffelin 1990）。

　設定する目標のほか、言語をどの程度単純化し、またいつ子どもに向けて発するかも文化によって異なる。タミル（Williamson 1979）やイヌイト（Crago 1988）、アメリカ、ヨーロッパの労働者中産階級（Cross 1977; Newport, Gleitman, and Gleitman 1977）のようなコミュニティでは、単純化は音声学的、形態統語論的、談話的変形を伴う。他方、サモア（Ochs 1988）、トラックトンのアフリカ系アメリカ人労働者階級（Heath 1983）、ルイジアナ（Ward 1971）、ジャワ（Smith-Hefner 1988）、そしてカルリ（Schieffelin 1990）のようなコミュニティでは、単純化は主として談話、しかも初期発話の反復に限定されるようである。反復を通した単純化と、音声学的・文法的調整を通した単純化との重要な違いは、前者は大人の発話形式が持つ全体性を保とうとするが、後者はそうではない点である。この違いを理解するために、幼い子どもを伝統的ダンスに参加させるという目標を設定したときのことを考えてみよう。やるべきことを子どもに理解させる1つの方法は、ダンスパフォーマンスをくりかえし、中断することなく見せることである。こうしてダンスの全体性は保たれ、単純化はそれを何度も見せることによっておこなわれる。その他の方法としては、ダンスを諸要素へと解体し、子どもがそのステップを理解したことを示すまで一度に1つの要素だけをくりかえし提示することである。この単純化の方略では、子どものダンスへの参与をガイドしようとして、ダンスの慣習的な型と遂行の仕方を変形させるのである（Rogoff 1990）[3]。

興味深い可能性の 1 つとして、子どもに話しかけるさいに、主に反復でもって単純化をおこなう文化に比べ、言語構造のあらゆるレベルで単純化をおこなう文化のほうが、会話のパートナーである子どもに、活発かつ中心的にやりとりに参与するよう期待された受け手の役割を与えやすいということがあげられる。似たような点が Brown（1977: 12）によって提起されている。Brown は、養育者のベビートークは、子どもに話し方を教えるのではなく、むしろ彼らとコミュニケーションをとるために使われると論じている。「大人が子どもに BT（訳注：ベビートーク）を用いておこなおうとしていることは、子どもとコミュニケーションをとり、彼らを理解し、また彼らから理解され、両者の精神が同じトピックに焦点をあて続けることであろう」。Brown の結論は、子どもの言葉に効果を及ぼす母の発話の 62 からなる規定要因を捉えた Cross（Cross 1977: 166–167）の研究に影響を受けたものである。

母親発話の研究者の中に、母親の発話調整の主な動機が、言語学習中の子どもに言語レッスンを提供することにあると主張する者はほとんどいない。むしろそうした発話調整は、言葉で意味を表現したり受け取ったりはできるが、言語能力が発達していない聞き手と会話をしようとして、付随的に発生するもののようだ。

　かなり単純化されたベビートークの言語使用域が見られる文化では、比較的頻繁に子どもを会話のパートナーとして扱うかもしれないが、これはつまり、（言語的諸側面の）広範囲に単純化をおこなう文化では、主に反復によってしか単純化をおこなわない文化と比べて、より幼い頃から子どもが能動的に会話の中心的参与者になるように期待している可能性を示している。このような可能性を実証するにはさらなる経験的証拠が求められるが、子どもに語りかける話し手があまり単純化をおこなわず、また主として反復しかしない文化では、幼い乳児を拡張された会話に参加させようという関心はほとんど見られないようである。例えば Heath（1983）と Ward（1971）によると、サウスカロライナやルイジアナの農村地域に暮らすアフリカ系アメリカ人労働者階級の大人の家族成員は、乳児を会話のパートナーとして好まないばかりでなく、幼い子どもに対して自らの発話を単純化することをめったにしないと

いう。同じことは伝統社会のサモア（Ochs 1988）やカルリ（Schieffelin 1990）、ジャワ（Smith-Hefner 1988）の家族成員にもあてはまる。アフリカ系アメリカ人労働者階級、サモア、カルリ、そしてジャワのコミュニティの視点に立てば、広範囲の単純化に頼る文化の成員は、子どもに早い時期からコミュニケーションの中心的役割を任せたがっていることになる（このことに気をもんでさえいる）。これに対して、アフリカ系アメリカ人、サモア、ジャワ、そしてカルリといったこれらのコミュニティでは、身近な社会的やりとりのなかで、子どもに能動的かつ中心的な役割を負わせるプレッシャーは低いようである。むしろ、幼い子どもが、一養育者の背中、膝や腰に抱かれるか、並ぶかして一、観察者や立ち聞き者として養育者のそばにいることが好まれているようだ[4]。

　要約すれば、多様な文化を見渡すと、幼い頃から能動的なコミュニケーターであることを期待される子どもはしばしば、かなり単純化された発話で話しかけられ、そして会話のパートナーの立場に立たされていることが分かる。一方、やや遅い時期になってからコミュニケーションへの能動的参与が期待されるようになる子どもの場合、もっぱら単純化されていない発話を聞くのみで、会話のパートナーとみなされることはあまりない。しかしこの議論の結末は次の通りだ。つまり、これらの子どもの社会化において、ある社会的状況で他者に向けて演じられる社会的役割への期待とそれに必要とされる認知的スキル（e.g. 立ち聞き者の役割が、観察技術を高めるかもしれない）は異なるものの、**最終的に獲得される文法能力という観点からみれば、2つの文化的方略の結果に実質的な違いはない**。どちらの場合にしても、これらの文化で育つ子どもの多くは、2歳になるまでには文法構造を産出、理解している。例えば西サモアでは、19か月になる子どもは、複数の形態素からなる発話を産出するばかりでなく、2つの音声学的言語使用域をうまく用いていた（Ochs 1985）。また20〜24か月のカルリの子どもは、命令形や宣言形の動詞活用、一人称・二人称代名詞、所格、所有格、さらに否定形のいくつかの形式や談話辞を用いる（Schieffelin 1986）。

2.2　（話し手としての）子どもによる発話の文化的組織化

　コミュニケーション環境が言語獲得にもたらす影響をめぐって重要な焦点

となるのは、子どもが意図したメッセージを正確な文法で大人の発話形式へと再定式化する養育者実践が、子どもの文法能力発達をどの程度促すのかという点である。この実践は「拡張」として知られている（Brown et al. 1968）。拡張は通常、幼児の比較的曖昧なメッセージに対する養育者の応答として用いられ、確認の要求や修復の開始として機能する（Schegloff, Jefferson, and Sacks 1977）。拡張が文法能力発達に効果をもたらすと言われるが、これは子どもの意識にある意図と、大人によるその意図されたメッセージの定式化を、子ども自身が一致させることを前提にしている（Brown et al. 1968; McNeill 1970）。

　文法構造獲得への拡張の効果は、心理言語学において広く議論されてきた。その結果は賛否両論だが（例えば、Cazden 1965; Cross 1977; Newport et al. 1977; Shatz 1983）、ここでの焦点は拡張の文化的組織化や位置づけにある。つまり、大人か子どもかにかかわらず、曖昧だったり、部分的に理解できなかったりする対話者の発話に対し、社会成員の応答を組織する文化的イデオロギーや社会秩序システムのなかに、拡張を位置づける議論をするということだ。文化的に組織された手段 – 目的アプローチによって、他者の曖昧な意図を定式化しようとする目標がどの程度文化的に実行されうるのかを調査する。さらに、文化が、さまざまな年齢の子どもを、話し手、とくに発話の作者としてどのように組織していくかについても探る。

　乳児や幼い子どもは一般的に、一緒にいる者にとって意味が明確でない発話をおこなう。しかし、一緒にいる者も大概、次のような方略のうちいくつかを用いてそれに応じる。(1) 発話を無視する、(2) 意味が不明確であると子どもに伝える（e.g. 理解していないことを主張したり、子どもに発話をくりかえすように指示したり、不明確であることについて子どもをからかったりする）、(3) 理解の候補や再定式化した発話を子どもに提示する（i.e. 子どもの言ったことを推量する）。子ども発話が不明瞭であることや、それに応じることは普遍的であるが、これら3つのうちどの方略が好まれるかは、イデオロギーや社会秩序の違いに応じて、コミュニティごとに異なる。とくに子どもの意図を解読するという目標は、それぞれのコミュニティで異なった仕方で組織化される。あるコミュニティでは、成員は種々の状況のなかで、乳児や幼い子どもが意図していそうなことを声に出し、明らかにしようとするが、別のコミュニティでは、非常に限定

　エレノア・オックス　バンビ・シェフェリン（園田浩司訳）

された状況でしか、成員が子どもの意図していそうなことを明らかにしよう
とはしない。

　子どもの意図を分かろうとすることの文化的組織化を調査するには、この
目的に関するいくつかの前提をひもとく必要がある。この目的の根底にある
前提の1つは、子どもは実際に意図的に行為し、さらにその発話の作者であ
るということだ。さまざまな文化において、子どもは単に発声や身振りをお
こなうだけでなく、それによってコミュニケーションをおこなおうとする意
図を持った存在として扱われるようになる。ただし、発達上のどの時期にそ
う扱われるようになるかは文化によって異なる。これについて文化的ヴァリ
エーションを考えるもう1つの方法は、子どもを発話の作者としてどう見る
かが文化によって異なるということである。コミュニティのなかには、子ど
もの身振りや発声には意味があり、彼らは乳児期の早い段階からコミュニケ
ーションをしているとみなすものがある（英国中産階級の養育者が、幼い乳児をこの
ように扱うとする、Trevarthen（1979）の分析をとくに参照のこと）。これらのコミュニテ
ィの養育者は、まるで幼い乳児が意図的に彼らに面と向かっているかのよう
にその行動に応答し、またそうすることで子どもを対話者に仕立て上げるだ
ろう（Lock 1981）。アメリカやヨーロッパ中産階級のコミュニティでは、乳児
を（発話の）作者と見立てる実践は、乳児を受け手とみなすことに対応してお
り、これらを組み合わせることで、乳児は会話のパートナーとなるのである。

　私達の多くは、養育者と乳児がこのようなやりかたでふれあうことを当然
とみなし、多くのコミュニティで乳児が作者とみなされていないことに驚く
かもしれない。しかし他の者からすれば、乳児の身振りや発声は、意図を持
ったコミュニケーション的行為とみなされない。例えばワルピリでは、2歳
になるまで「子どもの『発話』は言語と解釈されず、初期発話の拡張も言い
直しもおこなわれない」（Bavin 1992: 327）。同様にイヌイトの養育者は、幼い子
どもの発声・非発声的行為にめったに応答しない。Crago（1988: 210–211）は2
歳に満たない2人のイヌイトの子どもとのやりとりを描き出している：

スーシとジニは、映像で記録を始めた頃、4人のなかで最も幼い子ども達だった。記録
したビデオテープには、何を言っているか分かりにくい発声を彼らが頻繁に発すると

ころが捉えられていた。これらの発声のほとんどは無視されていた。親達はそれらにほとんど取り合わず、子どもに目をやることさえなかった。［中略］理解できない発声を解明しようとする姿は、ビデオテープには映っていなかったのである。幼い彼らの理解できない発声に何らかの意図が読み込まれることはなかったし、またほとんどの事例において、子ども達が養育者から応答を引き出すことはなかった。

　たとえあるコミュニティで、大人や年長のキョウダイが乳児や幼い子どもの発声を意図的なものとみなすとしても、子どもの意図したメッセージを、拡張候補を使って明らかにしようとすることがまったく好まれないといったことは依然としてあるかもしれない。例えばカルリ（Schieffelin 1990）と西サモア（Ochs 1988）では、養育者はめったに子どもの発話を理解しようとしない。というのも、これらのコミュニティでは、口に出されていない他者の心理状態を推量することが、一般にまったく好まれないからである。カルリは他人が何を考えているかなど、誰にも分からないと言う。サモアの人々は、子どもの曖昧な発話をめったに拡張しないだけでなく、他者の心の中にはいずれ明らかになる何らかの考えがあるとみなし、ある行為の動機を推測したり、謎を解いたり、質問したりすることはめったにしないのである（Ochs 1982）。
　西サモアの伝統的コミュニティでは、社会秩序に関する問題が、子どもの曖昧な発声や身振りの拡張に対する非選好に影響している。とくに、子どもの曖昧な行為に対する3つの応答—無視する、曖昧だと伝える、子どもの意図した意味への理解の候補を提示する（拡張／推量）—を比較すると、これらは対話者がどの程度子どもの視点を取ることを必要とするかという点で異なっている。無視は、（相手の）視点の取得をほとんど必要としないし、また曖昧さを伝えるいかなる手段（e.g. くりかえすよう求めたり、からかったりする）を用いるにしても、（こちらの視点を）脱中心化する必要はほとんどない。他方で、拡張を用いて子どものメッセージについての理解の候補をあげる場合は、子どもが何を意図しているかを知る手がかりを、子どもの対話者は探すことになる。つまり、子どもが何をしているのか、どこを見ているのか、たったいま子どもが何をしていて、また何を言ったのか、その他、意図性にたどりつくための状況的手がかりに、目を向ける必要があるのである。この認知的調整の広

範さは、社会的に非対称な養育者と子どもの関係をめぐるサモアの考えとは相いれない。他の社会でもそうであるように、伝統的サモアのコミュニティのキョウダイや大人の養育者は、自分達が世話を焼いている子どもが自分達に対して合わせるように期待するし、またそうするように社会化する。キョウダイも大人の家族成員も、まだ幼い時期から子どもを社会化しようと躍起になるが、その社会化とは、子どもが自身の視点を脱中心化して、その場にいる、自分よりも成熟した発話相手の視点を取ることなのである。こうした理由からサモアの養育者は、一緒にいる人々のコミュニケーション上のニーズを満たすよう子どもに努力させることで、子どもの曖昧なメッセージに応答しようとする。したがって彼らは、子どもが何を意図していたか定式化してみたり、またそれを子どもに確認、否認してもらったりするよりは、無視したり、「何?」と言ってみたり、あるいはからかったりする可能性のほうがずっと高い。

最後に、その成員は、子どもが意図を持って話している可能性を考慮はするが、その意図が何かを立証しようというよりは、むしろ社会規範に沿った意味を子どもの発話にあてはめようとするコミュニティもある。先に述べたように、心理言語学の議論では拡張が言語獲得を促すと言われている。というのも、拡張は子どもの個人的な意図に立脚しつつ、子どもの発話意味を大人のメッセージ形式に一致させるからである。これとは対照的に、コミュニティのなかには、ある状況において社会的に適切なことが何かをめぐって成員の考えを配慮するあまり、子どもの個人的な意図についてしばしば二の次になってしまうところもある。例えば Scollon（1982）は、アサバスカの大人は、子どもの曖昧な発話に文化的「グロス（逐次訳）」をつけると報告している。これは社会的に適切な翻訳であり、状況に即してはいるが、子どもの表現しようとしたことを無視したものである。

大人はそれと知らず、子どもの身振りや発話に文化的グロスを押し付けているかもしれないという点では、文化的グロスの利用は思ったよりはるかに広範囲に見られる。例えば初語は、子どもが伝えたいことに関して、彼らの文化的期待を反映したり、構築したりするかもしれない。多くのコミュニティにおいて、初語は高度に慣習化されている。例えばカルリでは、「お母さ

ん」「おっぱい」といった単語は、すべての人にとっての初語であると認識されている。伝統的サモアのコミュニティでは、子どもの初語はののしり言葉の「くそくらえ！」の一部である。パプア・ニューギニアのガプンでは、

子どもの初語は一般に、ki（行く＋非現実状態）として表れる。これはタイアプの土着語意で、おおよそ「ここから出ていくよ」の意味である。生後2か月の乳児に使われているこの言葉は、赤ちゃんが他者の望みを気にすることなく、「自分がしたいことをし」、[中略] 行きたい場所に行くといった、大人の信念を要約している（Kulick 1992: 101–102）。

アメリカ、ヨーロッパの白人中産階級や日本人家庭の養育者は、拡張が子どもの発話意図を捉えるのだという信念に基づいて行動しているが、やはりその拡張は、子どもの欲求についての文化的理解を反映しているのではないかとも考えられる。例えば Clancy（1986）や Cook（1988, 1996）によると、日本の中産階級の母親はしばしば、子どもの発話を文化的に受容できるかたちへと再定式化するという。

多様なコミュニティに見られるこれらの実践が示しているのは、成員の主な目標が、乳児を文化的に適切な人物へと社会化することにあって、この目標は、個性的なメッセージの作者となるよう子どもを誘い出し、正当化するどんな目標よりも優先されるということである。このような場合、他の成員達が積極的に、メッセージの作成に参加する。彼らが子ども発話の作者になることは、促し（prompting）実践でもよく見られる。促し実践では、発話の作者（二者間相互行為の場合）、あるいは第三者（三者間相互行為の場合）に向かってその発話をくりかえすよう子どもに促し、成員は文化的に適切なメッセージを加える。この種の拡張された促しは、カルリ（Schieffelin 1990）、サモア（Ochs 1988）、メキシコ系アメリカ人（Eisenberg 1986）、白人労働者階級アメリカ人（Miller 1982）、ソト（Demuth 1986）、ジャワ（Smith-Hefner 1988）、それにクワラエ（Watson-Gegeo and Gegeo 1986）など、さまざまな社会で実践されている。成員が子どもの発声を先取りする文化的実践のさらに極端な例が、言語獲得前の子どもを使った代弁に見られる。あたかも乳児が言っているかのように成員がしゃべり、さらに他の者がそれに応答するのである。例えばカルリの養育者は、第三者の

受け手と向かい合うよう乳児を抱っこし、高いピッチの鼻音化された言語使用域を用いて、その受け手に話しかける（文法の単純化はおこなわない）。ここでは、乳児は発話の作者としてではなく、話し手として提示されている。

　個人メッセージの拡張に代わるこうした数多くの実践（つまり、発話を無視する、曖昧だと伝える、文化的グロスをつける、促しや代弁を用いるといったもの）は、その場の社会的状況に順応するように子どもを社会化する。対照的に、子どもが意図した意味を拡張する試みは、他者の方が子どもに順応していることを示している。つまり、心理言語学者によって論じられるその種の拡張は、子ども中心的な社会化スタイル（心理言語学者が関わってきたコミュニティに特有のスタイル）を反映している。一方、その他の実践は、状況中心的な社会化スタイルを反映している（Ochs and Schieffelin 1984; Schieffelin and Ochs 1986a）。同様に、受け手の子どもに向けて、文法が単純化された発話を広く使用することは、子ども中心的な志向性を反映している。一方、より限定された単純化の使用は、状況中心的な志向性を反映している。したがって子どもは、子ども中心的なコミュニケーション実践と状況中心的なコミュニケーション実践の連続体であるコミュニティに暮らしながら文法を獲得するのだから、文法発達そのものを、子ども達が関わる単一の発話実践群から説明することはできない。

3. 子どもの文法形式にかかる文化的風土

　文法能力の達成それ自体は、なんら特定の文化事情に依拠しているとは言えないが、特定の文法構造の獲得は、言語の文化的組織化に深く影響を受けている可能性がある。子どもは、ある程度その文化的重要性に従い、他でもない特定の文法構造を産出したり、理解したりするようになるのである。先述したように、文法構造は諸々の社会的状況のなかで成員がどのように行為し、考え、感じるかを組織する規範や選好、期待と複雑に結びついている。この意味で、子どもの文法構造獲得とは、言語能力の獲得であり、文化的能力の獲得でもある。さらに文法構造は、社会秩序、文化的信念、価値、知識とも体系的に深く結びついているため、その形式的特徴とともに獲得される社会文化的意味を伝えるのである。以下では、社会文化的な組織化が特定の文法

形式の産出や理解に影響を与える、3つの状況について考える。

(1) ある文法形式が子どもを取り巻く言語環境で広く使われているが、その文法形式が社会的に不適切であるため、言語獲得の初期段階にある子ども自身によっては産出されない状況
(2) ある文法形式が子どもを取り巻く言語環境ではほとんど使われていないにもかかわらず、その文法形式が社会的に適切であるため、子どもの初期言語のレパートリーの一部となる状況
(3) 子どもの言語環境で、特定のスタンスや発話行為を表出するために用いられるある文法形式が、それらのスタンスや発話行為自体の獲得の一部として、早期に獲得される状況

3.1 頻出するが、子どもの使用には不適切な文法形式

　子どもの言語環境における文法形式の知覚的顕著さ（訳注：子どもにとっての知覚のし易さ）や出現頻度、概念的複雑さは、子どもがその文法構造をいつ獲得するかに影響する一方、これらの変数は、それぞれの文法構造がよって立つ社会文化的な土台と照合して評価される必要がある。例えば、知覚的顕著さを持ち、出現頻度が高く、概念が比較的単純な形式であるにもかかわらず、発達のかなり遅い時期にならないと、子どもの言語レパートリーに登場しないということが起こりうる。この場合、子どもがある形式を産出しないということは、その形式が、社会的ステータスや社会関係、スタンス、行為、その他の状況的次元を表出するための社会文化的資源であると子どもが理解していることを示す。それとともに、とりわけ、子どもがその形式を使用するのは不適切だという、子ども自身の理解を反映しているかもしれない。

　広く使われていて、比較的単純であるのに、言語発達初期の子どもには産出されない文法形式の例が、サモアの直示動詞 *sau*「来る」である。「〜を与える」「〜を持って来る」といった動詞に比べ、一連の直示動詞の中でも「来る」は概念的により単純であるとされ（Clark and Garnica 1974）、前者のようなより複雑な形式より先に、幼い子どもに産出され、理解される傾向にある。サモアの子どもが、発達初期（19か月まで）には *sau*「来る」を理解していること

を示す証拠がある。にもかかわらず、彼らは *sau* よりも、直示動詞 *'aumai* を先に産出するどころか、はるかに頻繁に使用している（Platt 1986）。この言語獲得の順序はどのように説明されるのか？ なぜサモアの子どもは、彼らが習慣的に聞き、適切に応答している文法形式を口にしないのか？

　伝統的サモアのコミュニティでは、身体的移動は比較的低位の人物と結び付けられる。高位の人物は自らを優位に置き、身体的移動を伴う行為は低位の人物にさせることが多い。例えば幼い子どもに対して、命令形の *sau* はしょっちゅう用いられる。子どもが言語を使い始めると、この動詞の社会的指標性に気付くようである。家庭のなかでは、子どもがたいてい最も低位にいるため、子どもがこの動詞を適切に用いる機会などほとんどない。子どもが命令形の *sau* を使うのは、動物や乳幼児のキョウダイなど、（訳注：自分よりも）低位にいる者に動くよう指示するときである。場合によっては、年長者がある子どもに自分のもとへ来るよう促すのに際して、それを知らせようと、より年少の子どもがその子に *sau* を使って呼びかけることがあるだろう（例えば、母：「イウリアナに来るように言って」*Vala'au Iuliaga e sau* […]、子ども：「イウリアナ、おいで」*Ana sau*）。対照的に、子ども達は自由に食べ物やものを乞うてよいことになっている。動詞 *'aumai*（くれ／持ってこい）は、物乞い実践の慣習的な文法構造（命令形）である。この動詞の命令形は、19 か月以上の子どもの発話には広く見られた（Platt 1986; Ochs 1988）。

　子どもの言語環境において大人に広く使われ、かつ比較的単純な文法構造のもう 1 つの例が、カルリの命令形動詞 *elema*（（そんなふうに）言って）である。すべての子どもの言語環境に浸透しているにもかかわらず、この文法構造は言語獲得段階にあるカルリの幼い子ども達の一部でしか産出されない（Schieffelin 1990）。*Elema* は促しの連鎖で使われる。養育者を務める年長の子どもや大人が、言葉を学ぶ幼い子どもに、第三者に対して何を言うべきかを伝えた後に、この命令形 *elema* が続くのである。すでに述べたように、すべてのカルリの子どもは、多様な促し連鎖に活発に参与している。

　子ども達自身による *elema* の使用には性差が顕著に見られる。幼い女の子（2～4 歳）だけがこの文法形式を用い、自分よりさらに幼い子どもに「そんなふうに言って」と指図する。彼女達はこれを、自信に満ちた声と適切なメッ

セージ形式を伴った適切な態度でおこなう。命令形動詞はその後に続く。さらに、幼い女の子は母親を遊戯的なルーティンに巻き込み、「そんなふうに言って」という自らの要求に（対話形式でもって）応答させる。一方、男の子も、こうした社交的な相互行為場面では、くりかえし受け手や応答者として振る舞ってはいたものの、*elema* を口にすることはなかった。彼らはこの形式を、子どもの世話全般に責任を持つ女性や姉の会話と結びつけていた。実際、父親はごくまれにしか子どもに *elema* を使うことはなかった。この意味で、男の子の言語レパートリーに *elema* がないことは、性差に適した行動に対する彼らの理解を映し出すものであり、決して明言されることのなかった社会的知識の一形式なのである。したがって大人の男性が、幼い子どもが参与しない社会的活動において *elema* を使うことは注目すべきである。男の子もやがては、これらの活動環境のなかで *elema* を使うようになるからだ。

　さらに、「そんなふうに言って」の命令形動詞だけが性差と結びついている点で、性差と *elema* の関係についての幼い子どもの理解はしっかりと調律されていることも注目に値する。他方で、この動詞のその他の活用形は、子どもの言語環境でも男女を問わず広く使われ、少年少女ともにさまざまな屈折語尾や叙法とともにこの動詞を用いる―例えば、自身の発話にだけでなく、他人の発話の報告にもこれらは用いられる。カルリのような言語では、子どもが性差と社会的役割を理解していることが、明確に指標されている。つまりカルリ語では、それぞれの動詞の語幹が時制と叙法によって形態学的に区別され、命令形（*elema*）のような特定の形態学的形式が、例えば性差を示すための言語指導といった社会的意味を持つことがあるのである。

　私達が主張しようとしているのは、動詞の形式が形態統語論的コードによって帯びる社会文化的指標性に、子どもが敏感であるという点である。命令形の社会文化的コンテクストがとくに顕著に見えるのは、それらが、要求や物乞い、促しといった様々な発話行為に利用されているからである。これはおそらく、これらの行為が欲望や抑制の問題に関わるからであり、また最も重要なことは、コミュニティの他の成員によって、ある種の行為が理解される必要があるということだろう。このような行為への理解があれば、子どもやその他の成員がその文法形式を使うことに対して、直ちに、また際立った

形で社会文化的に正当化したり、制裁を加えたりすることができる。

　ある動詞の活用形が、どういった社会的情報をコード化しているのかを聞き分ける子どもの調律された感受性がどれ程のものかは、カルリの子どもが複合動詞 omina（噛んだなら、ちょうだい）を習得する様子からも明らかである。子どもはしばしば、この動詞のさまざまな屈折した形式を耳にする。例えば、一人称現在形疑問文の「噛んだから、それあげようか?」(ge omiyolo?) である。ところが、子ども自身はこの複合動詞を現在命令形 (ge)omina（ねえ、噛んだならちょうだい）のかたちで使う。これはその子どもがまず両親や年長のキョウダイに（その子どものために）食べ物をしっかり噛んでもらった後で、それを自分に差し出すよう要求するためのものである（Schieffelin 1986）。その際、幼いカルリの子どもは適切な役回りを演じている。彼らは食べ物を噛み砕いてもらってから、もらうよう（訳注：両親や年長のキョウダイに）求めることは期待されているが、彼ら自身が噛み砕いて他の人にそれをあげることは期待されてはいないのである。

3.2　頻出しないが、子どもの使用には適切な文法形式

　文法発達にかかる言語社会化アプローチは、なぜ幼い子どもが、彼らの言語環境では比較的珍しい形式を産出するのかを説明する一助にもなる。例えば、すでに述べたように幼いカルリの子どもは、カルリ語の複合動詞（噛んだなら、ちょうだい）の命令形を産出する。しかし、先ほど指摘していなかったのは、子どもの言語環境において、彼ら以外の者がこの形式を使うことがほとんどないということだ。というのも、大人や年長の子どもは、彼らのために食べ物をかみ砕くよう誰かに要求する必要がないからだ。この現象によって私達は次の事実に気が付く。つまり、子どもの言語レパートリーは、彼らが周囲のやりとりのなかで [5]、単に何を聞き、何を聞いていないかを反映したものではなく、むしろ子どもは自らのニーズに最も有益で、その社会的ステータスにふさわしい言語を構築するうえで、積極的な役割を担っているということである。

　子どもの言語環境ではそれほど頻出しない文法形式で、生産的に用いられている別の興味深い例としては、サモアの子どもが用いる情動的に有標な一

人称代名詞 *ta ita*（かわいそうなわたし）がある。この形式は形態学的に見ても生産的で、さまざまな場面に登場する。さらに所有格成分として使われる場合には、数や固有／非固有、あるいは譲渡可能／不可能な所有に応じて語形変化する。つまり、この形式は一義的でもないし、慣用的な語彙形式でもないということだ。子どもも（立ち聞き者か、その他の役割を担う者として）参与する家庭内での相互行為を見ると、この情動的代名詞の出現頻度は、中性形の一人称代名詞 *a'u*「わたし」に比べてはるかに少ない。しかし、それでも幼い子ども自身は早期から（19か月）これを用いるし、さらにその頻度は中性形をしのぐほどである（Ochs 1988）。とくに幼い子どもは、この情動的代名詞を受益者格（*ia te ita*「かわいそうなわたしのために」）として用いる。この文法形式は物乞いの発話行為の中でも中核にあたり、2節でも示したように、幼い子どもが用いることが期待され、また適切なのである。このようにサモアの子どもは、食べ物などをめぐって彼らの欲望を満たすよう手助けする言語構造を、言語環境から引っ張り出し、さらに戦略的に展開しているようである。

　3.1 節と 3.2 節では、以上のように、比較的顕著な状況について見てきた。このような状況では、子どもの言語環境で見られる文法形式の使用頻度や複雑さから、子どもの文法レパートリーを予測することは簡単にはできなかった。むしろ言語発達のある時期に、子どもが特定の文法形式を使用することは、社会文化的な規範や期待、選好と深く結びついている。しかしこれらは明示的でもなければ、簡単に検出されたり、数え上げられたりするものでもないのかもしれない。子どもは、社会において成人になる一環として文法形式を獲得する。子どもはこうした文法形式をコミュニケーション資源として用い、社会的状況に参与したり、自らの考えや感情を表現したり、社会的および個人的な目標を達成したりする。言語社会化理論は、社会文化的目的の達成に向けて、子どもがどうやってそうした形式を使うかを議論するための枠組みを提供する。言語社会化研究では、以下のように考える。コミュニティの成員（言語獲得中の子どもを含む）は発話行為を組み立て、スタンスを表現するために文法形式を使う。そして、これらはまた、さらに複雑な社会的アイデンティティや社会的活動の一部をなしている（Ochs 1993）。したがってカルリでは、*elema*（そんなふうに言って）のような文法形式は、促しという発話行為

　エレノア・オックス　バンビ・シェフェリン（園田浩司訳）

を組み立てるとともに、少女のジェンダー・アイデンティティを確立するための一助となっている。他方で *omina*（噛んだなら、ちょうだい）は要求という発話行為を組み立てながら、幼い子どもの世代のアイデンティティを確立する一助となっているのである。同様にサモアでは、*sau* はこちらに来るように指示を出すのに用いられるのと同時に、受け手よりも比較的高位にあるという話し手のアイデンティティ形成にも一役買っている。文化と特定の文法形式の獲得との接点をめぐる上記以外の例について、他の研究者による今後の解明がまたれる。

4. 子どものコード選択をめぐる文化的風土

　ここまで、特定言語の獲得に文化がどう影響するかに焦点をあててきた。一方で、言語的に異質なコミュニティにおける複数言語の獲得には注目してこなかった。言語社会化の視点は、このようなコミュニティで起こるコード獲得について説明してくれる。コミュニティや家庭内で見られるコード選択の社会的分布と意味について検討し、コード選択と獲得パターンをめぐる言語イデオロギー・モデルを構築することで、それは示される。子どもによる特定の文法形式の獲得について、子どもを取り巻く言語環境でその形式がどの程度出現するかという観点からだけでは説明されえないように、子どもの特定コードの獲得についても、子どもにとって親密な環境に、そのコードが存在するというだけでは説明できない。言語社会化の視点は、子どもの両親が、子どもにある言葉を話せるようになってもらいたいと言っているにもかかわらず、多言語環境にいる子どもが、なぜ、そしてどうしてそれらの言語を獲得しないのかについて説明してくれる。一方、二言語の同時獲得についての心理言語学研究の多くは、複雑な言語イデオロギー、つまり多言語コミュニティに特徴的に見られるそれぞれのコードに付随した価値や、そうしたコミュニティにおけるイデオロギーと言語実践との関係について、綿密な民族誌的分析をおこなってはいない（Kulick 1992; Schieffelin 1994）。

　二言語の同時獲得（つまり、5歳以下のバイリンガル能力）に関する心理言語学研究は、幼い子どもは、（両言語の特徴を統合した）単一に分けることのできない言

語システムを発達させるのか、それとも文脈に応じて使い分けられる2つの異なるシステムを発達させるのか、という問題に焦点をあててきた（Genesee 1989; Romaine 1989; De Houwer 1990 のレビューを参照）。これに対して多くの心理言語学者は、Weinrich（1953: 73）が次のように述べたのと同様のバイリンガル能力を仮定した。「理想的なバイリンガルは、発話状況のしかるべき変化にしたがって、ある言語から別の言語へと切り替える。しかし、発話状況が変わらない場合や、ましてや単文においては切り替えをおこなうことはない」。「理想的な」バイリンガル状況（話し手が特定のコードを特定の状況と結びつける状況）が二言語獲得を促す一方、単一の状況で、とりわけ単独の話し手がおこなうコード・ミキシングは、二言語獲得を妨げると広く考えられている（McLaughlin 1984）。

　二言語獲得の過程でコードを区別する問題についても2つの研究タイプがある。1つ目は、合衆国（例えば南西部）のスペイン語–英語話者コミュニティで、子どもの二言語獲得について検討するものである。それらのほとんどはある1つの実験計画を用いている。それは、調査者は一言語しか理解しないので、他の言語を使わないよう子どもである話者に伝えるというものだ。2つ目は、親の少なくともどちらかがバイリンガルであるが、モノリンガルなコミュニティに暮らす子どもの二言語獲得について検討するものである（例えばイタリアに暮らすドイツ語-イタリア語のバイリンガルである親をもつ子ども）（Volterra and Taeschner 1978）。調査者は、このような家庭での大人–子どもの会話をテープに記録する。

　特定世帯で見られる、バイリンガルのコード使用についての規範を解明しようとする研究者の多くが依拠するのは、もっぱら、幼い子どもに対する親の発話実践報告であった [6]。上記で示したどちらのタイプの研究でも、親の報告によると両親は一人一言語の規則（グラモンの規則 [Ronjat 1913]）にしたがっており、子どもに話しかけるときは言語を混交させないと主張していた。言語社会化の視点から見ると、この応答は二言語の語彙および／あるいは文法の混交が教育の混乱や欠如を表し、さらに不純な言語であるとの烙印を押されるという、多くの社会に広く浸透した信念を映し出している。研究者がさらに民族誌的方法を用いて、子どもの聞き取り環境で見られる自然発話に注

目し、バイリンガル能力を調査して気付いたのは、報告の中では「一人一言語」と言っていた親達が、言語実践では度重なるコード・スイッチをおこなっていたことだった（Goodz 1989; De Houwer 1990）。これらの自然主義的研究は、バイリンガル能力の獲得にコード・ミキシングがどう影響するのかを分析していないし、また他の心理言語学研究も、家庭内でのバイリンガル能力の実践について調査をしていないため、どのようなタイプのバイリンガル言語実践（一人一言語か、言語混交か）が個別コードの獲得を促すのか、現時点では充分に答えることができない。

いずれにしても、二言語獲得が単一の過程であるかそれとも区別される2つの過程なのかという問いに対する1つの帰結は、幼少期のコード・スイッチ獲得という、重要な現象それ自体を研究者が軽視してきたということである。学齢期の子どものコード・スイッチ行動に関する社会言語学的研究はかなりあるものの（Auer 1988; Genishi 1981; McClure, 1977; Zentella 1990）、その後の人生において子どもを二言語使用へと導くコード・スイッチ能力の獲得過程を描いた研究はない。文法発達を解明するであろう問いには次のようなものが含まれる。コード・スイッチは子どもの発達過程でどう変化するのか？　幼い子どものコード・スイッチ実践は、所属する発話コミュニティの大人のそれと同じように、語彙や文法上の制約を受けるのか？　幼い子どもは語用論上の目的を達成するために、どのようにコード・スイッチを使うのか？

バイリンガル能力の獲得過程とその成果を理解するにあたって、見過ごされてきたもう1つの重要な問いは、特定コミュニティの言語を支えるローカルな言語イデオロギーが、どのようにして幼い子どもの言語獲得に作用するのかである。すべての言語が等しく価値を与えられるわけではない。あるものは威信のあるコードと見なされるが、あるものはコミュニティや子どもの家族成員から無価値とみなされ、烙印を押されることだろう。威信のあるコードは学歴、社会移動、経済移動と結びつけられる一方、威信のないコードは伝統的価値としばしば結びつけられる。特定言語をめぐるこれらのイデオロギーは、コードそのものと連動して、ただしときおりほとんどそうとは分からない方法で社会化される。あるコードに、他と比べて高い価値が置かれた場合、高い価値を持つコードには時代を越えて、個々の幼い子どもの言語

レパートリーや、コミュニティのレパートリーの一部として生き残るチャンスが与えられる。

　多言語獲得から単一言語獲得への移行を引き起こすイデオロギーの役割を示す劇的な例は、パプア・ニューギニア、ガプンのコミュニティに関するKulick の言語社会化研究である。そこでは、タイアプ言語に加え共通語のトク・ピシン語（Tok Pisin）が、他の村の現地語と同様、活発に使われていた（Kulick 1992）。このコミュニティでは、現地語であるタイアプが、言語獲得期の子どもの言語レパートリーから急激に消失しつつある。これはタイアプの価値が明白に引き下げられたからではなく、言語社会化実践を通して暗黙のうちに引き下げられたことに由来する。タイアプの大人は、子どもに現地語を習得してほしいと主張し、トク・ピシン語を好みタイアプを拒否する子どもの意志に、タイアプ語消失の責任を負わせる。しかし言語社会化実践が示すのは、養育者が自覚しているよりもはるかにトク・ピシン語へのコード・スイッチを彼ら自身がおこなっていることであり、養育者は幼い子どもを社会化するにあたって、トク・ピシン語を現代性やキリスト教信仰、そして教育と、他方で、タイアプを後進性や異教信仰と結びつけていたのである。以下はその結果である。「村にいる 10 歳以下の子どもで、現地語を活発かつ自由に操る者はいないが、5 歳から 10 歳の子どもの多くがタイアプをよく聞き取り理解する能力を有している」（Kulick 1992: 217）。

　イデオロギーがバイリンガル能力の獲得にどう影響するかを示したその他の例として、ニューヨーク市に暮らすハイチの家族を描いた Schieffelin の言語社会化研究がある（Schieffelin 1994）。このような家庭の幼い子どもは、ハイチのクレオール語、英語、ときにフランス語の会話に参加するが、大方は英語を用いている。大人達は、ハイチの子どもはみなクレオール語を学ぶものと考えている。クレオール語は、ハイチ人のアイデンティティと一体なのである。他方で英語は、学校での成功やアメリカ社会への参与を成功させるために欠かせないとされている。クレオール語とは対照的に、英語には配慮と明示的な指導が必要と考えられている。こうしたイデオロギーは、子どもとの言語社会化実践に見られる。そこでは子どもが英語を話すときに、大人自身はクレオール語を使って子どもをほめるのである。さらに大人は、クレオ

ール語で発された自分や子どもの発話を英語で言い換えるコード・スイッチ
をくりかえしおこなうことで、このイデオロギーを伝えている [7]。

5. 文法発達の文化生態学に向けて

　本章の一貫した主張は、言語を獲得する子どもの社会文化的な風土を適切
に分析することなくして、文法発達は十分に説明されえないということであ
る。私達は、文法発達が以下の 2 つの主要な社会文化的コンテクストの所産
であることを見てきた。(1) 社会文化的に組織された活動に、子どもが頻繁
に参与している、(2) 獲得される言語（群）に高い価値が置かれ、子どもはそ
れ（ら）を学ぶよう促される、というものである。

　1 つ目の点は、単純化された文法のような特別な言語形式は子どもの文法発
達に必要ないことを含意している。唯一求められるのは、コミュニティの社
会的ネットワークや、そのコミュニティを支える日常活動に、子どもが日々
関わることである。生まれてすぐの幼い子どもにコミュニケーション上の役
割を担うよう期待することを含め、ある種の言語的調整は、子どもをめぐる
文化的概念の所産なのではないかと、私達は提起した。乳児や幼い子どもが、
受け手や話し手としてコミュニケーション上の中心的役割を担うようたびた
び期待されるコミュニティでは、成員はかなりの社会的、認知的、言語的支
援を提供する。例えば、乳児や幼い子どもを受け手として選ぶ場合、成員は
子どもに応答させようとして文法を単純化するかもしれない。あるいは、子
どもを話し手に選ぶ場合であれば、成員は、代弁や促し、メッセージの拡張
などを通して、子どものタスクを単純化するかもしれない。他方、乳児や幼
い子どもにしばしば、立ち聞き者のような、より**周縁的な役割**を割り当てる
(Lave and Wenger 1991) コミュニティの場合だと、子どもは複雑な言語活動への
参与者となる。どんなコミュニティであれ、子どもはさまざまなコミュニケ
ーション上の役割を引き受けるものの、それが発達の**どの時期**で、**どのよう
な社会的状況**においてか、はたまた**どうやって**それをやるのかはコミュニテ
ィによって異なる。文化的に組織された手段 – 目的モデルは、このパターン
を説明してくれる。なぜならこのモデルは、（子どもに話しかけるといったような）

社会的目標を達成するための言語的手段に見られる文化間の類似性を考慮に入れる一方、ある社会的目標が状況的に顕在化する点においては（例えば、成員が文化的に適切な方法で応答する受け手として、子どもを扱い始める発達の時点）、文化的なヴァリエーションがあるという可能性も考慮するからである。

　2つ目の点は、単にある言語にさらされることが、その獲得を十分には説明しないということを含意する。言語的に異質なコミュニティにおける文法発達の分析は、そうしたコミュニティに浸透している言語イデオロギーを含めて、文化の観点から説明される必要がある。さらに、先述したように分析者は、成員自身やその他の者の発話行動に関する報告だけに頼って、これらのイデオロギーを評価するわけにはいかない。イデオロギーとは、しばしば意識されないものであることから、発話実践の体系的な分析を通して調査されなければならない。例えば多言語コミュニティでは、コード・スイッチの実践は、それぞれのコードと結び付いた価値を明らかにする。しかし、コミュニティの成員が構造化されたインタビューでこれをはっきりと述べることはない。歴史的、文化的コンテクストに応じて、コードはそれぞれ価値づけられるだろう。成員は日常の発話実践のなかで、コードのうちの1つかそれ以上のものに、相反する感情を示すこともあるだろう。私達の要点は、言語を獲得しつつある子どもは、コード選択に関わる社会的活動への参与を通じて、それぞれのコードに結び付いた価値を獲得するとともに、さらにこの文化的知識が、彼らのコード獲得そのものに影響を与えるということである。世界中でディアスポラ・コミュニティが増え、国際語や識字能力が普及するなか、少数民や先住民による言語の獲得や維持は、ますます難しくなってきている（Dorian 1989）。子どものバイリンガル能力の獲得を扱う心理言語学研究は、文法発達が世界の言語市場で起きているという事実に注目する必要がある。そこでは、それぞれの言語が、他の文化的商品と同様にそれぞれの経済的・政治的価値を運ぶのである。

　要約すると、文法発達は単純化された言語環境に依存しないが、特定のコードに付随した文化的価値は、そのコードの獲得（や不獲得）に影響を及ぼす。さらに、信念や知識、社会秩序をめぐる文化システムは、特定の文法構造獲得に深く作用する。幼い子どもでさえ、あるコードに含まれる文法構造がど

んな社会的アイデンティティを指標するのかに敏感であることを、3節で示した。というのも、幼い子どもは「子ども」、「男性」、「女性」、または「食べ物などを乞う者」といった適切な役割を実行する者として、自らのアイデンティティを適切に構築する文法形式を選択するからである。言語社会化アプローチは、文法が指標する社会的活動やアイデンティティ、さらにはそれらを定義する文化的規範、選好、期待について評価する分析枠組みを提供する。

　今回の分析では、主に民族誌的研究に依拠して、驚くほど微細に、しかし体系的に、文化が文法発達に影響を与えているのだということを述べた。文法発達についての多くの説明から、文化はいまだに抜け落ちてしまっており、今後さらに文化に配慮した説明が可能になるまでは、子どもの発達期間を通して、文化が話し手、受け手、聴衆として振る舞う子どもの言語形式や実践をどの程度組織するのか推測するほかない[8]。文法の文化生態学がよりよく理解されるまでは、文法発達はこのまま、非文化的なプロセスだと見なされ続けるだろう。社会生活や文化的知識を構築するうえで言語は普遍的な資源であり、また成員は子どもが社会生活に参与し、文化的知識を身につけることに深く関わっていることから、子どもの文法産出と理解の分析にあたって、社会文化的に普遍の特質について真剣に受け止め、言語をめぐる社会生活の複雑さを捉えるために民族誌的手法を取り入れることは、道理にかなっているのである（Sankoff 1980）。

注

1──出来事の構造に基づく子どもの語義理解に関する研究（Nelson 1986; Sell 1992）は、幼い子どもが人生の早期から、言語と状況的コンテクストとを体系的に結びつける概念構造を発達させていることを示している。

2──Gumperz（1982a, 1982b）と彼の協力者による民族間コミュニケーションや「話の誤解（cross-talk）」（訳注 1）についての調査は、こうした困難の多くについて詳述している。

3──私達は、これらが初学者に対してダンスを単純化してやる唯一の方略であると提案しているのではない。Lave と Wenger（1991）や Rogoff（1990）が示唆するように、例えば、子どもはそのダンスのなかで限られた役割を割り当てられ、すべてのルーティンを修得する必要がないこともある。言語でいえば、子どもがあるメッセージの一部を理解し、応答／反応するよう期待することにあてはまる。

4 ── Rogoff（1990）は、一日の大半を互いに身体接触させる子どもと養育者は、体の動きを通して非言語コミュニケーションをする機会があるという、興味深い仮説を提示している。乳児が不快感を伝えると、養育者は身体的な手段を通じて、乳児を操作できるという。

5 ── 助格や与格が大人の発話には浸透しているにもかかわらず、子どもの早期発話には見られないことを述べた Bloom（1970）の議論では、この点がはっきりと示された。

6 ── 例外的に De Houwer（1990）と Goodz（1989）は、どちらも親の報告だけではなく、家庭内での発話実践についても検討している。

7 ── Schmidt（Schmidt 1985）と Bavin（Bavin 1989）はそれぞれ、オーストラリアのジルバルとワルピリの若者や子どもに焦点をあて、言語イデオロギーと言語シフトを関係づけて論じた。その他、言語シフトを広く扱った研究として、Dorian（1989）、Gal（1979）、それに Hill と Hill（1986）を参照のこと。

8 ── Slobin（1992: 6）は、言語獲得に関する通言語的研究のなかで次のように解説している。「Ochs と Schieffelin（1984）がまさに論じたように、言語獲得は常に文化や人間関係のコンテクストのなかで起きるのだということをいまこそ覚えておくときであろう。『異国情緒漂う』言語を描いた各章の民族誌的内容は、より身近な環境で起こる言語獲得の説明から、どれだけ多くの民族誌が失われているかを示している。」

注

本章のドラフトにコメントしてくださった Lois Bloom、Patrick Gonzales、Brian Macwhinney に深謝する。

訳注1

言葉の抑揚や定式表現の意味が文化によって異なることから生じる話の誤解をクロストーク（cross-talk）と言う。

参考文献

Auer, Peter J. (1988) "A conversational approach to code-switching and transfer." In Monica Heller (ed.) *Code-switching: anthropological and sociolinguistic perspectives*, pp.187–213. Berlin: Mouton.

Bates, Elizabeth, Luigia Camaioni, and Virginia Volterra (1979) "The acquisition of performatives prior to speech." In Elinor Ochs, and Bambi B. Schieffelin (eds.) *Developmental pragmatics*, pp.111–129. New York: Academic Press.

Bavin, Edith L. (1989) "Some lexical and morphological changes in Walpiri." In Nancy C. Dorian (ed.) Investigating obsolescence: *studies in language contraction and death*, pp.267–286. Cambridge: Cambridge University Press.

Bavin, Edith L. (1992) "The acquisition of Walpiri." In Dan I. Slobin (ed.) *The crosslinguistic study of language acquisition*, pp.309–372.Vol 3. Hillsdale, NJ: Lawrence Erlbaum Associates.

Bloom, Kathleen (1990) "Selectivity and early infant vocalization." In James T. Enns (ed.) *The development of attention: research and theory*, pp.121–136. B. V. North-Holland: Elsevier Science Publishers.

Bloom, Lois (1970) *Language development: form and function in emerging grammar*. Cambridge, MA: MIT Press.

Brown, Roger (1977) "Introduction." In Catherine E. Snow, and Charles A. Ferguson (eds.) *Talking to children: language input and acquisition*, pp.1–30. Cambridge: Cambridge University Press.

Brown, Roger, Courtney Cazden, and Ursula Bellugi (1968) "The child's grammar from I to III." In John P. Hill (ed.) *The second annual Minnesota symposium on child psychology*, pp.28–73. Minneapolis: University of Minnesota Press.

Cazden, Courtney B. (1965) "Environmental assistance to the child's acquisition of grammar." Unpublished Ph.D. thesis. Harvard University.

Clancy, Patricia (1985) "The acquisition of Japanese." In Dan I. Slobin (ed.) *The crosslinguistic study of language acquisition*, pp.373–524. Hillsdale, NJ: Lawrence Erlbaum Associates.

Clancy, Patricia (1986) "The acquisition of communicative style in Japanese." In Bambi B. Schieffelin and Elinor Ochs (eds.) *Language socialization across cultures*, pp.213–250. Cambridge: Cambridge University Press.

Clark, Eve V., and Olga K. Garnica (1974) "Is he coming or going? On the acquisition of deictic verbs." *Journal of Verbal Learning and Verbal Behavior* 13: pp.559–572.

Cook, Haruko M. (1988) "*Sentential particles in Japanese conversation: a study of indexicality.*" Unpublished Dissertation. University of Southern California.

Crago, Martha (1988) "*Cultural context in communicative interaction of Inuit children.*" Unpublished Dissertation. McGill University, Montreal.

Cross, Toni (1977) "Mothers' speech adjustments: the contribution of selected child listener variables." In Catherine E. Snow, and Charles A. Ferguson (eds.) *Talking to children: language input and acquisition*, pp.151–188. Cambridge: Cambridge University Press.

De Houwer, Annick (1990) *The acquisition of two languages from birth: a case study*. New York: Cambridge University Press.

Demuth, Katherine (1986) "Prompting routines in the language socialization of Basotho children." In Bambi B. Schieffelin, and Elinor Ochs (eds.) *Language socialization across cultures*, pp.51–79. Cambridge: Cambridge University Press.

Dorian, Nancy C. (ed.) (1989) *Investigating obsolescence: studies in language contraction and death*. Cambridge: Cambridge University Press.

Eisenberg, Anne R. (1986) "Teasing: verbal play in two Mexican homes." In Bambi B. Schieffelin, and Elinor Ochs (eds.) *Language socialization across cultures*, pp.182–198. Cambridge: Cambridge University Press.

Ferguson, Charles A. (1964) "Baby talk in six languages." *American Anthropologist* 66 (6): pp.103–114.

Ferguson, Charles A. (1977) "Baby talk as a simplified register." In Catherine E. Snow, and Charles A. Ferguson (eds.) *Talking to children: language input and acquisition*, pp.209–235. Cambridge: Cambridge University Press.

Ferguson, Charles A. (1982) "Simplified registers and linguistic theory." In Loraine K. Obler, and Lise Menn (eds.) *Exceptional language and linguistics*, pp.49–66. New York: Academic Press.

Gal, Susan (1979) *Language shift: social determinants of linguistic change in bilingual Austria*. New York: Academic Press.

Genesee, Fred (1989) "Early bilingual development: one language or two." *Child Language* 16: pp.161–179.

Genishi, Celia (1981) "Code-switching in Chicano six year olds." In Richard P. Duran (ed.) *Latino language and communicative behavior*, pp.133–152. Norwood: Ablex.

Goodz, Naomi S. (1989) "Parental language mixing in bilingual families." *Infant Mental Health Journal* 10 (1): pp.25–44.

Gumperz, John (1982a) *Discourse strategies*. Cambridge: Cambridge University Press.

Gumperz, John (ed.) (1982b) *Language and social identity*. Cambridge: Cambridge University Press.

Heath, Shirley B. (1982) "What no bedtime story means: narrative skill at home and school." *Language in Society* 11: pp.49–76.

Heath, Shirley B. (1983) *Ways with words: language, life and work in communities and classrooms*. Cambridge: Cambridge University Press.

Hill, Jane and Kenneth Hill (1986) *Speaking mexicano: dynamics of syncretic language in central Mexico*. Tucson AZ: University of Arizona Press.

Kulick, Don (1992) *Language shift and cultural reproduction: socialization, self, and syncretism in a Papua New Guinean Village*. Cambridge: Cambridge University Press.

Labov, William (1984) "Intensity." In Deborah Shiffrin (ed.) *Meaning, form, and use in context: linguistic applications*, pp.43–70. Georgetown University Round Table on Languages and Literature. Washington: Georgetown University Press.

Lave, Jean, and Etienne Wenger (1991) *Situated learning: legitimate peripheral participation*. Cambridge: Cambridge University Press.

Lock, Andrew (1981) *The guided reinvention of language*. London: Academic Press.

McClure, Erica (1977) "Aspects of code-switching in the discourse of bilingual Mexican-American children." In Muriel Saville-Troike (ed.) *Linguistics and anthropology: Georgetown University round table on languages and linguistics*, pp.93–115. Washington: Georgetown University Press.

McNeill, David (1970) *The acquisition of language: the study of developmental psycholinguistics*. New York: Harper and Row.

McLaughlin, Barry (1984) "Early bilingualism: methodological and theoretical issues." In Michel

Paradis, and Yvan Lebrun (eds.) *Early bilingualism and child development*, pp.19–45. Lisse: Swets and Zeitlinger.

Miller, Peggy J. (1982) *Amy, Wendy, and Beth: learning language in South Baltimore*. Austin: University of Texas Press.

Nelson, Katherine (ed.) (1986) *Event knowledge: structure and function in development*. Hillsdale NJ: Lawrence Erlbaum.

Newport, Elisa L., Henry Gleitman, and Lila R. Gleitman (1977) "Mother, I'd rather do it myself: some effects and non-effects of maternal speech style." In Catherine E. Snow, and Charles A. Ferguson (eds.) *Talking to children: language input and acquisition*, pp.109–150. Cambridge: Cambridge University Press.

Ochs, Elinor (1982) "Talking to children in Western Samoa." *Language in Society* 11: pp.77–104.

Ochs, Elinor (1985) "Variation and error: a sociolinguistic study of language acquisition in Samoa." In Dan I. Slobin (ed.) *The crosslinguistic study of language acquisition*, pp.783–838. Hillsdale NJ: Lawrence Erlbaum Associates.

Ochs, Elinor (1988) *Culture and language development: language acquisition and language socialization in Samoan village*. Cambridge: Cambridge University Press.

Ochs, Elinor (1990) "Cultural universals in the acquisition of language." *Papers and Reports on Child Language Development* 29: pp.1–19.

Ochs, Elinor (1993) "Constructing social identity: a language socialization perspective." *Research on Language and Social Interaction* 26 (3): pp.287–306.

Ochs, Elinor, and Bambi B. Schieffelin (1984) "Language acquisition and socialization: three developmental stories and their implications." In Richard A. Shweder, and Robert A. LeVine (eds.) *Culture theory: essays on mind, self and emotion*, pp.276–320. New York: Cambridge University Press.

Ochs, Elinor, and Bambi B. Schieffelin (1989) "Language has a heart." *Text* 9 (1): pp.7–25.

Peirce, Charles S. (1938–58) *Collected papers*, vols. 1–8, Charles Hartshorne and Paul Weiss (eds.) Cambridge, MA: Harvard University Press.

Philips, Susan U. (1983) *The invisible culture: communication in classroom and community on the Warm Springs Indian reservation*. New York: Longman.

Platt, Martha (1986) "Social norms and lexical acquisition: a study of deictic verbs in Samoan Child Language." In Bambi B. Schieffelin, and Elinor Ochs (eds.) *Language socialization across cultures*, pp.127–151. Cambridge: Cambridge University Press.

Pye, Clifton (1992) "The acquisition of K'iche' Maya." In Dan I. Slobin (ed.) *The crosslinguistic study of language acquisition*, pp.221–308. Hillsdale NJ: Lawrence Erlbaum Associates.

Rogoff, Barbara (1990) *Apprenticeship in thinking*. New York: Oxford University Press.

Romaine, Suzanne (1989) *Bilingualism*. Oxford: Basil Blackwell.

Ronjat, Jules (1913) *Le développement du langage observé chez un enfant bilingue*. Paris: Champion.

Sankoff, Gillian (1980) *The social life of language*. Philadelphia: University of Pennsylvania Press.

Schegloff, Emanuel A., Gail Jefferson, and Harvey Sacks (1977) "The preference for self-correction in the organization of repair in conversation." *Language* 53: pp.361–382.

Schieffelin, Bambi B. (1986) "The acquisition of Kaluli." In Dan I. Slobin (ed.) *The crosslinguistic study of language acquisition*, pp.525–594. Hillsdale NJ: Lawrence Erlbaum Associates.

Schieffelin, Bambi B. (1990) *The give and take of everyday life: language socialization of Kaluli children*. Cambridge: Cambridge University Press.

Schieffelin, Bambi B. (1994) "Code-switching and language socialization: some probable relationships." In Judith F. Duchan, Lynne E. Hewitt, and Rae M. Sonnenmeier (eds.) *Pragmatics: from theory to practice*, pp.20–42. New York: Prentice Hall.

Schieffelin, Bambi B., and Elinor Ochs (1986a) "Language socialization." *Annual Review of Anthropology* 15: pp.163–191.

Schieffelin, Bambi B., and Elinor Ochs (eds.) (1986b) *Language socialization across cultures*. New York: Cambridge University Press.

Schmidt, Annette (1985) *Young people's Dyirbal: an example of language death from Australia*. Cambridge: Cambridge University Press.

Scollon, Suzanne (1982) Reality set, socialization and linguistic convergence. Unpublished Ph.D. thesis. Honolulu: University of Hawaii.

Sell, Marie A. (1992) "The development of children's knowledge structures: events, slots, and taxonomies." *Journal of Child Language* 19 (3): pp.659–676.

Shatz, Marilyn (1983) 'Communication.' In John H. Flavell, and Ellen M. Markman (eds.) *Handbook of Child Psychology, vol. III: cognitive development*, 841–890. New York: John Wiley.

Silverstein, Michael (1993) "Metapragmatic discourse and metapragmatic function." In John A. Lucy (ed.) *Reflexive language: reported speech and metapragmatics*, pp.33–58. Cambridge: Cambridge University Press.

Slobin, Dan I. (1992) *The crosslinguistic study of language acquisition*, vol. 3. Hillsdale, NJ: Erlbaum.

Smith-Hefner, Nancy J. (1988) "The linguistic socialization of Javanese children." *Anthropological Linguistics* 30 (2): pp.166–198.

Stern, Daniel (1977) *The first relationship: infant and mother*. London: Fontana Open Books.

Trevarthen, Colwyn (1979) "Communication and co-operation in early infancy: a description of primary intersubjectivity." In Margaret Bullowa (ed.) *Before speech: the beginning of interpersonal communication*, pp.321–349. Cambridge: Cambridge University Press.

Volterra, Virginia, and Traute Taeschner (1978) "The acquisition and development of language in bilingual children." *Journal of Child Language* 5: pp.311–326.

Ward, Martha C. (1971) *Them children: a study in language*. New York: Holt, Rinehart, and Winston.

Watson-Gegeo, Karen A., and David W. Gegeo (1986) "Calling out and repeating routines in the language socialization of Basotho children." In Bambi B. Schieffelin, and Elinor Ochs (eds.)

Language socialization across cultures, pp.17–50. Cambridge: Cambridge University Press.

Weinreich, Uriel (1953) *Languages in contact*. New York: Linguistics Circle of New York.

Williamson, Susan G. (1979) "Tamil baby talk: a cross-cultural study." Unpublished Ph. D. Dissertation. University of Pennsylvania.

Zentella, Ana C. (1990) "Integrating qualitative and quantitative methods in the study of bilingual code-switching." In Edward H. Bendix (ed.) *The uses of linguistics: annals of the New York Academy of Sciences*, vol. 583, pp.75–92. New York: New York Academy of Sciences.

第 **2** 章

日本語における コミュニケーションの スタイルの習得

パトリシア・クランシー（本間邦彦訳）

Clancy, Patricia (1986) The acquisition of communicative style in Japanese. In Bambi B. Schieffe-lin, and Elinor Ochs. (eds.) *Language Socialization Across Cultures*, pp.213–250. Cambridge, UK: Cambridge University Press.

要旨

　本研究は日本人母子による相互作用を質的に分析し、いかにして間接的で直感的ともいえる日本文化特有のコミュニケーションのスタイルを通して、調和と集団といった日本の文化的価値観を日本の子どもが習得していくのかという言語社会化のプロセスを考察する。幼児に対する母親の発話がもつ潜在的な影響を示唆する先行研究はあるものの、依然としてそのプロセスには数多くの未知の側面が残る。そこで本研究では3組の母とその2歳前後の子どもとの会話をデータとし、母親の戦略的な言語活動、例えば、子どもに他者の気持ちを考えさせたり、怖さや恥の気持ちと結びつけたりすることがそれぞれ、共感性（思いやり）や同調といった感情を育むことを示した。また、母親による子どもへの行為指示や間接的な言語使用等が状況に応じた言語の使用と解釈につながることも示した。こうした母子相互行為の分析から、その

相互行為が子どもに文化的価値を教え込むという目的と密接にかかわっていることを示し、ごく初期の発達段階からみられる社会化のプロセスのいくつかのパターンを明らかにする。

1. 序論

　言語と文化とが出会う場面として特筆すべきものはコミュニケーションのスタイル *1 にみられる。Barnlund（1975）の定義によれば、コミュニケーションのスタイルという概念として含まれるのは、人々が議論する際の話題、相互行為における人々の好みの形式、求められる関与の深さ、情報を運ぶ同じ通信路（チャネル）への依存度、同じ意味レベルに調整される程度といった概念、つまり事実内容に対する感情的内容のような例があげられる。コミュニケーションのスタイルは明らかに「コミュニケーション能力」 *2 の１つの様態であり、とりわけ話し手が文脈の中で適切に言語を産出し、解釈する過程を司る「使用規則」と関連するものである（Hymes 1972）。筆者は本書においてコミュニケーションのスタイルを、言語がある特定の文化において使用、または理解される方法として広義に解釈しているが、これは人々のあり方や対人コミュニケーションの本質に関する基本的な文化的信念を反映、かつ補強するものでもある。Scollon（1982）で論じられているように、子どもがコミュニケーションにおける文化特有のパターンを習得するのは、子どもの社会化において極めて重要な部分を占めるが、それはそのようなパターンが社会的な関係や相互行為における文化的価値を生む１つの主要な情報源としての役割を果たすからに他ならない。このように、コミュニケーションのスタイルの習得は子どもの社会認識の発達の一翼を担うものであり、それを基とする子どもの世界観（Whorf 1956）や「リアリティーセット」（Scollon and Scollon 1981）の形成へとつながるものである。

2. 日本語におけるコミュニケーションのスタイル

　日本人のコミュニケーションのスタイルが、直感的で間接的であることは

広く知られていることだが、アメリカ人のそれと比べるとその差は顕著である。Azuma 他（1980）は、日本人同士の口頭表現は、「文脈への依存度が高く、間接的で、含意に富み、明示的な表現を避ける」としている。このスタイルの根底にあるのは明示的な言語コミュニケーションよりも「共感性（思いやり）」を強調する一連の文化的価値観である。こうした価値観の顕著な例は発話に対する日本人の姿勢そのものに表れている。Ito（1980）が指摘していることだが、日本では古くより冗長さは、とりわけ男性においては、良きものとされてはこなかった。そうした風潮は「いわぬが花」などといった諺にも示されている通りである。日本人は何かを言葉にすること、そして多くを語る者は信頼に値しないとする傾向にあるのだ。Nitobe（新渡戸稲造）は「心の奥にある思いや感情をはっきりと言葉にするということは、そうした思いが深くも誠実でもないという紛れもない兆候として捉えられる。」と記している（Barnlund 1975:133 より引用）。

　Barnlund は、日本人がアメリカ人よりも多くを語らないというのは明らかであるとし、日本とアメリカの多数の学生をサンプルに、アメリカ人が「冗舌」と特徴づけられる一方、日本人はしばしばアメリカ人よりも「寡黙」と特徴づけられることを示した。Doi（1973）は、自らアメリカを訪問した際、アメリカ人が食事中でさえも絶え間なく話し続けることにすぐに気づき、その話しぶりから「重度の躁鬱患者」であるかのように思われたとまで言及している。私自身、日本の規範に馴染もうとしていた数ヶ月を振り返ると、おそらくは話し相手が黙っている間を埋めなければという強い衝動に駆られ、やはり絶え間なく、とにかく話し続けていたように思う。

　実際、言語コミュニケーションにおいては、明瞭さに欠け、間接的な言い回しとなることは多い。その点に関して Doi（1974）は、日本語の言語構造は様々な形で曖昧さを助長すると指摘している。例えば、日本語において、話者は文中で聞き手が（言わなくとも）わかるであろうと考えれば、その要素をはっきりと指す参照（レファレンス）を省略しても文法上差し支えない。そのため、名詞的要素の省略は日本語の談話において頻繁に起こり、英語と比較すると、かなり高い割合で曖昧表現が使われる結果となる（Clancy 1980）。日本語は否定が動詞の接尾辞として位置する左枝分かれ型の動詞帰結型の言語であるので、

話者は、聞き手の表情をみて、最後の最後で発言内容を否定することができる（Doi 1974）。話者はまた、自らの主張をより間接的にすべく、発話が完了せんとする、まさにその時点で文章全体を名詞化し否定することもできる。例えば、述部に置かれる否定表現で、複数の埋め込み節の否定をすることができる。Loveday（1982:4）は、こうした日本語の用法についての西洋人的認識を述べた Gibney の著書より以下のような例を引用している。

「このようなやり方でできないというわけではないのだ。」1 人の日本人が言った。
「もちろん、」その仲間が答えた。「それがなされることがあり得ないということができないだろう、と否定することはできないのではないか。」
「でも、もしそれがなされないということができないなら、」その友人が続けた。「我々がそれをせざるを得ないと認めないことができないわけではないだろう。」

　普通のアメリカ人であれば、この日本語の多数の否定という統語的（文法的）処理に頭を抱え、意見を表明するには苛立たしいほどに遠回しであると感じてしまうであろう。日本語の言語構造と日本語話者による曖昧さや間接表現につながる全ての可能性を見出すことは、アメリカ人が日本人に抱く「控え目」「慎み深さ」「遠回し」といった認識を説明づける重要な鍵となることであろう（Barnlund 1975）。
　日本人は日常の社会的な場面でしばしば間接表現を頼りにし用いるのだが、特に丁寧さを意識する場面ではその傾向は顕著になる。アメリカ人と接したことのある日本人が即座に気づくことは、自分がアメリカ人と比べて間接表現をかなりの度合いで使用しており、それが多くの誤解を生んでいるということである。アメリカにいる日本人訪問者がよく語る例としては、日本では食べ物を勧められた時、その勧めを受け入れる前に 3 回遠慮するのを理想とすべきだという例がある。もちろん主人も客が実は空腹で、その場に合わせて「遠慮」をしているだけであることはわかっているに違いない。私の知人の多くが言うのは、アメリカに来る日本人の大部分がアメリカでは食べ物は 1 回しか勧められないとわかるまではしばらく空腹に悩まされるであろうということ（Doi 1973 参照）、そして 日本に帰るや否や勧められたものをすぐに

食べる自分の無作法ともいえる厚かましさに気づき、やや驚いてしまうこともあるということである。

　日本人の間接性への依存度は彼らの口論の姿勢とも一致している。Barnlundも指摘しているが、日本において会話とは社会調和という目的に向け「人と人とを結びつける情緒的なつながりを築き、それを強めていく手段」となる。それ故、反対意見をあからさまに表現することはタブーとされる。例えば、アメリカでは活発な議論が交わされるはずの会議の場においてでさえも、（日本では）捉えられ方によっては（自分の意見が）取り消されることも採用されることもあると考え、参加者は恐る恐る意見を述べることが多いのである。つまり、同意に至るための共通点を探りつつ、同僚の見方をうかがおうと試みるのである（Barnlund 1975; Doi 1974）。

　しかしながら、同意が重んじられるということが、個人が思いや感情を抱くことを妨げるというわけではない。この現象をDoi（1974）は、ホンネとタテマエとして論じているが、それは「本当に感じていることに対する（社会で）一般に受け入れられている原則」のようなものである。この（ホンネとタテマエの）区別については、私の日本人の友人も指摘しているのだが、外国人のみならず日本人の間でも偽善であると解釈される場合が多い。理想をいえばそれは偽善と捉えるべきものではないのだ。アメリカ人はホンネで話し行動することが個人の誠実さにつながる重大な要素と考える傾向にあるのに対し、Doi（1974）は、日本ではホンネとタテマエの使い分けが、道義上では日本社会のあり方をそのまま反映するものであるとみなされるのが一般的であると論じている。個人がそれぞれの考え方をもっていても、協調性を重んじるあまりに、他人の意見に反対し自己表現をすべきではないと考えられるのである。

　こうした社会システムにより、日本では人が何を考えているのかを理解するのは極めて困難なことになりうる。アメリカ人は、こうした「イエス」か「ノー」を意味する状況の中で、しらずしらずフラストレーションを感じていくのである。実際に他人の意見に異議を覚え、応じることはできないと思いながらも、日本人はそれに反対し、要求を拒むことをためらい、同意の姿勢を示さねばならないというプレッシャーを感じるのだ。Ueda（1974）は「日本

で『ノー』と言うことを避ける 16 の方法」を論じているが、その中で、沈黙、曖昧性、謝罪、後悔、嫌疑の表現、そして嘘や曖昧表現をあげている。Ueda の被験者達は、家庭における直接的な「ノー」は使用するが、公的な場面での使用は非常に稀であると述べている。実際に、頼まれたことを断る際に最も多く使われる手段は嘘をつくことであると上記の被験者たちは述べている。Ueda によれば、「ノー」と言うことを避ける根底には、そうしなければその感情を傷つけてしまいかねない聞き手への共感、また話し手より上の力関係に立つ者からの報復行為のような良からぬ結果への懸念などが理由としてあるのだ。したがって、直接的な疑問や要求に対する返答の解釈には、その返答が意味することを推測することが必要なのである。

　コミュニケーションの日本的なスタイルがうまく機能できるのは、かなり同質的な社会においてのみであるのは明らかである。そうした社会で人々は実際にお互いの要求、要望、応答を予測するのである。日本社会は、実際に極端に均質的で、民族的多様性が非常に大きく個人主義にはるかに高い価値を置くアメリカ社会に比べると、より集団性を重んじる。もちろん、全ての社会化が本質的に子どもに自分が育つ社会集団の期待に沿うための教育の提供と同義なわけではない。しかし、日本においては、個人間のコミュニケーションにおいて、直感や共感性が重要な意味をもち、集団の規範に従うことがコミュニケーションのスタイルに欠かせない要素であると考えられるのだ。このシステムがうまく機能するためには、解釈ができることが必要不可欠であるが、それはつまり、例え明確に述べられた言語表現がなくとも、自分の思考や感覚が他人の想像力、理解力の範囲内に収められねばならないということになるのである。

　同調ということに関して、日本における言語使用で驚くべきことの 1 つは、日常の相互行為で広く使用される決まり文句が実に数多く存在するということである。そうした表現は、英語の決まり文句よりもかなり広い範囲で使用されるのだが、その例としては、何かを食べる前に言うべき「いただきます」（それを受け取ります）や、誰かの家に入る時に言われる「おじゃまします」（じゃまになります）などがある。Loveday（1982）も指摘するように、日本では決まり文句が非常に頻繁に用いられ、そうした表現が話者独自の言い回しではな

いが故、偽善的に捉えられる恐れもないよう思われる。反対に、アメリカ人は個々に異なる表現を好む傾向にある。Lovedayによれば、アメリカ人は誕生日プレゼントをもらって何と言うかという質問に対し、各々で異なる応答の仕方をすると答えるとある。例えば「私の誕生日を覚えてくれていたなんて本当にやさしいですね。」という具合である。また、溺れ死にそうなところを助けてもらったら、その恩人に何と言うかという質問に対しても、「何と言っていいものか…」「どう感謝していいのかわからないくらいです。」などと個々に異なった答え方をするのである。だが、日本人はどちらの場合であっても、同じ決まり文句で感謝の意を表す。アメリカ人は自分の言葉に依存することを手段とし聞き手に自らの思いを伝えるため、言葉としての決まり文句では不十分だと感じているように解釈できる。日本では、特定の感情が期待されるようなコンテクストにおいてでさえも、コード化がなされているようである。したがって、話し手は、正しい決まり文句により、自分たちがその場にふさわしい応答をしているのだと示しさえすればいいのであり、独自の個別化した応答など全く必要とされないのである。日本での社会化において大切な目的とされるのは、言語を通しての同意や共感といった規範の根底にある感情の一致を進めていくことである。

　以上述べたように、日本のコミュニケーションのスタイルの特徴は、言語のやりとりに関する日本人の考え方を明らかにするものであるが、それはアメリカ人の考え方とは大きく異なる。Reddy（1979）は、英語話者のコミュニケーションに対する見解で大切なことは、「導管のメタファー」であり、話し手が自らの考えを、聞き手と「交わし合う」言葉に言語化することなのであるが、その時、聞き手がする作業は単に発せられた言葉から再び元（話し手）の考えを抽出しているにすぎないのだ。したがって、コミュニケーションが成功するための主な責任は話し手にあり、話し手はいかにして「自分の考えを理解させるか」ということを知らねばならないのである。このコミュニケーションに対する見解は、アメリカのポピュラー心理学に広く、はっきりとした形で取り入れられている。例えば、自己主張訓練の目的は、間接的で非言語的な手段に頼るのではなく、むしろ自分の考えや意見を言葉で明確に述べるべく対象者に教えを施すという形で表されているのだ。対照的に、日本

では、理想的な相互行為は、話し手が自らの希望や欲求を十分に表現し、それを聞き手が理解し応じるという形ではなく、言葉が発せられる前でさえも、双方が相手の要求を理解し推し測るという形をとる。コミュニケーションは実際に言語化されても、されなくとも、起こりうるものなのだ。それ故に、（コミュニケーション成立のための）主な責任は、使われる言葉にかかわらず話し手が意図することが理解できるはずの聞き手にあるのだ。コミュニケーションをこの観点から考えると、心を読むということは実現可能で、望ましいこととみなされ、うまく自己表現ができない者が抱く見当違いな期待などというものではない。

　こうした日本のコミュニケーションに対する考え方は「甘え」から生じ、また「甘え」を形成するのであるが、その概念を Doi (1973) は日本における個人心理学と社会心理学の両方の基盤となるものとみなしている。甘えることは誰かの善意に依存し、つけ込むことである (Doi 1974)。甘えを基とする関係の原型は母子関係にあるが、それは雇用主の雇用者に対する家父長的態度のように日本の様々な社会関係のモデルとなるものである。Doi (1974) によれば、日本社会における全ての個人間のコミュニケーションは、「甘え」がもつ感情的な色合いを帯びているのだ。実際に、日本のコミュニケーションのスタイルを分析すると、話し手は自らの意図することに対して、聞き手をそれに協力し、それを際立たせ、それを導き出す意思のある存在とみなし、そこにつけ入るという「甘え」のスタイルが示唆されるのである。このように、日本のコミュニケーションのスタイルは、話し手と聞き手とを、まさに「甘え」に基づいた社会関係の原型に置くのだ。こうしたコミュニケーションの仕方によって反映され高められるこの価値観は、日本文化にとってなくてはならない部分を形成していくのである。

3. 習得

　日本の子どもはどのようにして、この直感的かつ間接的なコミュニケーションスタイルを身につけていくのであろうか。初期の母子相互行為の研究で明らかになったことは、幼児期も極めて早期の段階では非言語的コミュニケ

ーションを重視したパターンがみられるということだ。Caudill and Weinstein（1974）は、3、4か月に及ぶ日本とアメリカ両国の、それぞれ 30 人ずつの幼児の母親との相互行為を対象とし調査をしたが、その調査では日本の母親が子どもに話しかける頻度がアメリカの母親のそれと比べて極めて低く、アメリカの子どもと比べると日本の子どもは「積極的な発話」の率が極めて低いことがわかった。その一方で、日本の母親は、アメリカの母親と比べ子どもと同部屋で過ごす時間ははるかに多く、子どもが眠っている時でさえともに過ごすし、幼児が声に出して何か否定的な意図を示すとすぐに、母親は子どもをなだめ世話をし、その要求に応じるのである。この研究結果は、東京郊外での中流階級の母親を研究した Vogel（1963）のものと一致する。Vogel は、子どもが生まれて母親がまず行うことの 1 つに、自分たちの子どもがどのような状況で泣くのかを見極め、子どもが数秒以上泣かないようにあやすことであると論じている。ここで母親が意図することは、自分の子どもの欲求を思いやることである。そして、これを意図した結果、子どもがあまり発話しなくなる。Caudill and Weinstein（1974: 8）はこの状況を、「まるで、大多数の日本の母子が、『合意』の下で沈黙しているかのようである一方、大多数のアメリカ人の母子は多弁という『合意』に達しているかのようである」と述べている。アメリカと日本の子どもは、わずか 4 か月という幼さで、それぞれに異なったコミュニケーションのパターンに社会化されているのである。

　それよりずっと後期の子どもの成長について、Matsumori（1981）も日本とアメリカのコミュニケーションのスタイルの違いについて興味深く論じている。研究の中で、Matsumori は、日本人とアメリカ人の母親それぞれ 10 人の 3 から 6 歳の子どもとの相互行為を対象とし、母親の行為指示の使用と、その使用が求められるいくつかの仮定状況における母親の反応の仕方に着目した。その結果、アメリカの母親は、「その話し方は好きじゃない（I don't like the way you're speaking）」など、社会的に認めがたい行動に対する反応として、自分の感情や意見を率直に表現する傾向にあることがわかった。個人的な要求に関してアメリカの母親は「Could ／ would you」などの丁寧な表現を使用し、子どもには「please」や「Thank you」のような丁寧な決まり文句を使うよう望んでいることがわかった。それに対して、日本の母親は、「大人の人

にそういう話し方しちゃダメよ」のように不作法を正す言い方をしつつ社会的規範に訴えかける傾向にあることが示された。日本の母親は子どもに私的な頼み事をする際、他人に用いられるような文法形式よりも母子間の親密さを反映する形式での指示を出すのだ。また日本の母親は、子どもは他者に対しては丁寧形を使うべきであるが、母親へは使うべきではないと主張するのだ。Matsumori は、こうした違いは日本とアメリカとの社会構造、そしてそれぞれの文化における母子関係の特徴を反映しているものと結論付けている。Caudill and Weinstein の研究同様、Matsumori の研究は、母親がある特定の文化に依存した価値観へと子どもを社会化していく際の重要な要因がコミュニケーションのスタイルであるという証拠を提示している。

　本論文は、Caudill and Weinstein と Matsumori の研究の中間にあたる成長段階である 2 歳前後に焦点をあてる。この段階は、相当量の母子間のコミュニケーションが言語を通して、または最低でも言語を伴って起こっているが、文法の習得はまださほど進んではいない段階である。幼い子どもに対する母親の発話の研究は長年にわたって取り上げられてきており、意味論上、統語論上の両面において「マザリーズ（母親語）」がもつ潜在的影響が数多く示唆されてきた。しかしながら、文化特有のコミュニケーションのスタイルの習得を助長すると思われる母親の子どもへの発話には依然として未知の側面が多くある。私は本研究で、行為指示を与えることや、子どもに対してノーと言う場合の母親の間接的な言語使用、また共感性や同調を育むための母親の戦略的な言語活動などのコミュニケーションのスタイルの発達に寄与すると思われる日本の母親の発話に焦点をあてる。日本の子どもがこうした言語相互行為にさらされることは、おそらくは日本文化に社会化していくための最も早期かつ重要な媒介の 1 つであると考える。

　本論文のデータは、日本語における初期段階での文法発達研究の一部として、テープに録音した 5 組の母子による会話からなる（Clancy 1986 参照）。その内、以下の 3 人の子どもを対象として論じる。Yoshinobu（以下 Y と表記）: 通常 1、2 週間の間隔で、1 歳 11 か月から 2 歳 4 か月まで、12 回にわたって録音。Masahiko（MK）: 1 歳 11 か月と 2 歳 4 か月に 2 度録音。Maho（M）: 2 歳 1 か月と 2 歳 3 か月で 4 度録音。録音の時点で、M と MK は 1 人っ子であった

のに対し、Yには幼稚園に通う5歳になる姉がいた。3人とも東京郊外に住む大学教育を受けた中流階級の両親をもつ。父はホワイトカラーの職に就いており、母は主婦で職には就いていない。この3人の言語発達は、日本語習得研究で述べられている同年代の子どもの発達状況と変わりはない。

　1回の録音時間はそれぞれ1時間を割いた。子どもと母親との相互行為を録音したが、Yの場合は時として姉との相互行為も含まれる。また、YとMの初期の録音セッションにおいては、本研究の研究助手を務めた若い日本人女性も含まれている。録音セッションの間は、私（研究者）は交流を最小限の参加にとどめ、コンテクストに関するメモをとることに努めた。母親には、通常1人でする時と同じように子どもと接するよう依頼した。録音は、人形やおもちゃ遊び、童話読み、お絵かき、食事、ごっこ遊びなどの日々の活動を含む、様々な活動を対象とした。母子の相互行為において部外者がいるということが主な理由となり、母親が子どもの言語使用とその解釈について教え込む場面が多々みられたが、これは、幼年期初期のコミュニケーションのスタイルを分析するにあたり、ある意味理想的に作用することとなった。興味深いことに、それぞれの母親が本研究における我々の訪問を、家庭外の人々との相互行為の丁寧かつ適切な型への社会化の機会と捉えているようであった。

4. 聴くことと応答

　コミュニケーションのスタイルを特徴づける最も基本的なものの1つに、いつ話し、いつ話さないかということがある。本研究のデータは、文法分析のための発話サンプルを収集することを録音セッションの目的として収集され、できるだけ多く子どもを会話に従事させようとしたものであるため、言語的な相互行為の標準的な頻度を分析するために使用できるものではない。しかしながら、文字起こしされたデータをみると、少なくともある1つの場面がはっきりとした証拠として明らかになった。それは母親が常に子どもに話し方、つまり、人に話しかけられるタイミングについてしつけている場面である。前節で述べたように、日本語のコミュニケーションのスタイルで、うま

くコミュニケーションをとるには、聞き手の側に大きな責任がある。言うまでもなく、良き聞き手として何よりも大切なことは、自らに向けられている発話に気づき注意を払わねばならないということである。さらに、他の国同様、日本でも、疑問、コメント、要求に応答することは丁寧さを高める原則とされている。

　アメリカの子どもを対象とした研究では、子どもは頻繁に他人の発話を無視することや（Wetstone and Foster 1982）、他者の言うことを苦もなく理解するのに十分であるはずの年齢においてでさえも反応をしない（Dore 1978）ことが示されてきた。私のデータにおいても、対象の 3 人の子どもは時折、自らの行動に没頭するあまりに、自分たちを会話に参加させようとする試みに気づかない場合や、あえて応じない場合がみられた。母親は、こうした状況が続くのを良しとせず、応じようしない子どもの注意を話し手に向かわせ、子どもに向けて発せられた発言を繰り返す場面が一貫してみられた。以下にその例を示す（M 2 歳 1 か月）。

((子どもがおもちゃの食べ物で架空の食事をとるふりをしている))

大人：　まほちゃんは何か食べてんの？ここ何が入ってんの？

子ども：　((反応なし))

母親：　何が入ってんのかなあ。お姉さんが何が入ってんのって聞いてるよ [1]。

子ども：　プリン。

　このような繰り返しは、母子の相互行為に頻繁にみられた。

　時として母親によるこうした繰り返しは、特に子どもが初めての大人と接する場合には、子どもの理解を促すのに必要不可欠なものであると考えられ、母親が子どものために発話を簡略化して繰り返す場面もいくつかは確認された。しかしながら、ほとんどの繰り返しは、元々の発話を母親が言い換えたり、簡略化したりしたものではなく、応答を求めたり何かを頼む際の母親の権威を高めることで、子どもからの応答を引き出すことを意としたものであった。返答されないため、質問を繰り返した 3 人の母親全員に共通していたことは、子どもが話しかけられた際の返答の仕方を学ぶことが極めて重要で

あると感じていたことであった。以下にあげるのは、教えようとしている規則に母親が明示的に言及している場面の例である（M２歳１か月）。

大人： ((童話本の中の文字をみて))
これは誰ですか？
子ども： ((返答なし))
母親： 何！ ダメじゃない、答えないで。誰ですかと言うんでしょう。どういうの？はい、と。ひさこちゃんと動物園。

　このように母親は自分の要求をより強調して繰り返すのである。実際に、母親は子どもが要求に即座に従わない場合、かなり心配してその状況に対処する場合が多い。以下の例では、母親が訪問客の望みがかなえられていないことに気づき、それに対しての切迫感、さらには警告までも表現をした場面である（Y２歳３か月）。

筆者： よっちゃんの消防自動車見せて。
子ども： ((返答なし))
母親： 消防自動車だって。
筆者： 消防自動車。
母親： さ、早く。パトリシアさん見せてって言ってるよ。急がなくちゃ。急がなくちゃ。あ！あ！

　またその他にも、私が同様の要求をした時に、Yの母親は「ほら！大変だ！もってこなくちゃ！」と声を荒げることもあった（Y２歳３か月）。そうした場合、母親はたいてい、心配の度合いを誇張することで、子どもにより強い印象を与えるのである。一方で、この見せ掛けの警告を、日本人が訪問客を迎えた時に見せる本心からの心配（気を遣う）や気配りと比較するのは興味深いことである。母親の警告的な応答の裏にあると察知できることは、直接いわれる前に訪問客の必要を満たすことを理想とする日本的な感覚である。
　子どもへ向けられた発話の繰り返しは、これらの母親が自らの子どもを他

人と関わりあう際の規則に向けて社会化するのに使用される1つの方略である。直接向けられた疑問や要求には全て応えられなければならないといわれるが、それはつまり、実際に疑問や要求をした話し手にとっては聞き手の沈黙が何かを意味しているという原則を踏まえてのことなのだ。疑問も要求もともに話し手が何かを必要としていること―情報なり、行動なり―を示すものなので、日本の母親が子どもにそうした発話に注意を払い応じるよう強調するのは初期段階での「共感性を身につける訓練」の一環であると考えられる。

5. 行為指示

　日本語という言語において他人への心遣いが重要であることを考慮すれば、間接表現が日本語の顕著な特徴の1つであることは驚きに値しない。Brown and Levinson（1978）が指摘していることであるが、発話行為というものは本質的には聞き手に対しての「対面の侵害」*3 であるため、話し手の意志を聞き手に課すことを求める行為指示はその典型的な例とされる。言うまでもなく、聞き手に何かをさせようとすることは、「負荷からの自由」*4（Brown and Levinson, 1978）の権利の侵害につながり、それ故、「共感性」という日本の理想から逸脱することとなってしまう。日本や他の諸国において、こうした問題に対する1つの解決法は、命令的意図を伝えるより強制度の低い手段として間接表現を用いることである。ここでは、日本の母親が2歳の子どもに使用する行為指示を観察し、幼い子どもが間接的命令表現にさらされているのか、またその場合、どの程度さらされているのかを探ることとした。

　3人の母親の発話には、多くの種類の行為指示がごく当たり前のようにみられたが、これは母親が使う行為指示の平均頻度が、1時間のサンプルにつき113を数えることからもわかる。行為指示はいくつかの極めて反復的な発話という形で頻繁に起こるが、これは同じ内容のことが、異なった文法形式でその発話ターン内、もしくはターン間で、数回にわたって表されるということを意味する。こうした形の自己反復や言い換えは、相互理解と関連する相互行為のスタイルの1つの特徴のようである。Newport, Gleitman and Gleitman

（1977）と Cross（1977）は、同様のパターンが英語話者の母親にもみられると述べている。彼らの報告によれば、言い換えという行為は行為指示の連鎖にごく一般的にみられるものであり、その連鎖内での確実な理解を促す働きをするが、これは Gleason（1977）がいうところの子どもの行動を導き、指揮する行為にあたる。

表 1 は本研究における母親の発話にみられた行為指示の方略を直接性の高いものから順に大まかにまとめ、それぞれの種類の典型的な例を示したものである[2]。方略は子どもに何らかの行為をさせること狙いとする肯定的行為指示と望ましくない行為を抑える、またはやめるのを目的とする否定的行為指示とに分けられる。表 1 が示す通り、日本の母親が使う行為指示は実に幅広く、子どもがすべきことに対する命令度の強さと明示性の度合いも大きく異なる[3]。それに応じ、この多岐にわたる方略は、Azuma 他（1980）がいうところの、「心理的スペース」、つまり 1 つの行為指示が不履行に至る余地の度合いにおける違いでもあるのだ。表 2 は、3 人の母親の発話における異なった行為指示の方略の頻度を表したものである[4]。母親は概して同じ方略を同様の頻度で用い、その行為指示の使用においては非常に似通った分析結果が示されることとなった。表 2 が示す通り、最も頻繁に用いられた行為指示は最も直接的で強力な指示である「〜なさい」や、より柔らかい「〜て」などの動詞の命令形を使用したものであった[5]。「早く」などの個別の語彙項目もまた、非常に直接的な命令として使用された。例えば「もう少し後ろ行かなきゃダメ」（M 2 歳 1 か月）といった義務的な発話と、「そんな投げたらダメ」（MK 2 歳 4 か月）のような禁止を表す発話も非常に明示的かつ強制的な口調で語られた。しかしながら、そうした表現は子どものある行為に関して、表面的には単に「ダメ」や「いけない」と伝達しているだけで、命令よりはその直接度は低くみなされる。「（あなたは）X をする／しないだろう」"(You) will / won't do x" や「（人が）X をする／しない」"(one) does / doesn't do x" のように表層主語のない文は幾分穏やかな言い回しで、教えや（参考、Matsumori 1981）、そうした教えを伝えるための社会規範を一般化したものとみなされる[6]。総じて、これらの行為指示の方略は、ごく限られた「心理的スペース」を与えるにすぎず、それぞれの母親が子どもに向けた命令的意図を伴った全発話中、

平均で 58.3 パーセントを占める。

　表 1 と 2 における 3 つの方略は返答の自由度がより高いものである。許可／優先に関する発話で、母親は特定の行動のあり方を単に「いい」（良い／大丈夫な）ものであると分類したにすぎない。提案は、（子どもは通常 1 人で行為をすることを期待されるのであるが）「激励鼓舞」を表す動詞の屈折形「〜おう（-oo）」の形や、「〜ば（-eba）」「〜たら（-tara）」などの条件文の形、また表 1 の左側にある「疑問」に属する依頼、通知、提案のような疑問形をとる[7]。望ましい行動に対して、より強い度合いをもつ命令と同じくらい明示的であるにもかかわらず、これらの提案は行為指示に従うべきか否かを子ども任せにしている。子どもは、疑問の形をとる提案に対して、行動に移すか、行動に移すことを拒否するかで返答する場合が多かった。これは、子どもが提案を行為指示として捉えることができているということである。表 2 にあるように、「肯定的」疑問も含めた提案は子どもに対する行為指示のインプットの平均 15 パーセントである。

　母親が使用した行為指示の残りの 27 パーセントは間接的といえる。それは母親が子どもにすべきことをはっきりと述べていない点、また発話が母親から子どもに直接的に向けられておらず、むしろ第三者に起因しているからだ。このように、日本の子どもは 2 歳ですでに間接的な命令を聞き取っている。

　間接的な命令の多くは、疑問という表層形態で表される。「ソーセージありますか」（Y 2 歳 2 か月）のように、疑問文の形をした間接的要求は数例みられた。こうした「状況依存的な常套化した行為指示表現」は、子ども達がすべき行為ではないにしろ、するよう望まれている目的に明示的な言及をしているものであり（Ervin-Tripp 1977 参照）、子どもが難なく理解できるものである。Y と M は食べるというコンテクストで、そうした疑問を自身で使うことまでも始めていた。

　母親が最も高い頻度で使用した間接的疑問文は、否定的行為指示の意図でなされる修辞疑問（反語）である。典型的な例は表 1 の右側にあげられている。こうした疑問が表す否定的態度は様々で、「椅子に乗っけるの？　ブブを」（Y 1 歳 11 か月）という面白がりながら疑いをもつ態度から、「お話し、お歌もなし？」（M 2 歳 1 か月）といった落胆の気持ちを表すもの、そして「まだそれ食

表1　3人の母親による行為指示の方略

	肯定的	否定的
命令形	V-*nasai* 「投げなさい」 （MK 2歳5か月） V-*te* 「脱いで」 （MK 2歳5か月） X-*tte* 「どうぞって」 （Y 1歳11か月）	V-*naide* 「そんなこといわないで」 （Y 1歳11か月）
義務／禁止の発話	V-*nakucha* / -*nakya* (*dame* / *ikenai* / *naranai*) 「パンツ履かなくちゃ」 （MK 2歳5か月） 「ぜんぶ使わなきゃいけないのね」 （MK 2歳5か月）	V-*cha* / -*tara dame* / *ikenai* / *naranai* 「入れちゃいけない」 （Y 2歳0か月） 「そんな投げたらダメ」 （MK 2歳4か月）
教え	V-*u* / -*ru* 「ここで描くの」 （Y 2歳3か月）	V-*nai* 「足でしない」 （M 2歳1か月）
一般化	「ありがとうって言うの」 （M 2歳1か月）	「そんなこといわないの」 （Y 2歳2か月）
許可／優先に関する発話	V-*te* / -*tara* / -*eba ii* 「遊んでいいよ、よっちゃん」 （Y 1歳11か月） 「もって飲んだらいいの」 （M 2歳2か月） … *hoo ga ii* 「それの方がいいわよ」 （Y 1歳11か月）	V-*nakute ii* 「おみかんの皮 もって来なくていい」 （Y 1歳11か月） V-*nai hoo ga ii* 「…今は鳴らさない ほうがいい」 （Y 2歳4か月）
提案	V-*oo* 「まあちゃん、 おしっこしに行こう」 （MK 2歳4か月） V-*tara* /-*eba* 「踊ってあげたら」 （M 2歳2か月）	

疑問	要求：V-*te kureru?* 「貸してくれるの？」 （Y 2歳4か月） 提案：V-*u / ru?* 「ブブ、パンダちゃんに貸して あげるの？」 （Y 2歳2か月） 注意喚起：V-*ta?* 「おいしいって聞いた？」 （M 2歳2か月）	修辞疑問（反語）： 「何してるの？」 （Y 2歳0か月） （＝それをするのをやめろ） 「どうして照れてんの？」 （M 2歳1か月） （＝照れるのをやめろ） 「まだそれ食べるの？」 （M 2歳1か月） （＝それを食べるのをやめろ）
願望に関する 発話	「ママも飲みたいなあ」 （M 2歳1か月）	
必要／問題に 関する発話	「ママお腹すいていますよ」 （Y 1歳11か月）	
擬された 行為指示	「あのお姉ちゃんも 欲しいって言ってるよ」 （M 2歳1か月）	「きこちゃん、 やめてちょうだいって」 （MK 2歳5か月）
感情への 訴えかけ	「とったら痛いよ、 お姉ちゃん痛いよ」 （M 2歳1か月） （＝だからイヤリングをとるな）	「飛行機かわいそう」 （Y 1歳11か月） （＝だからそれを ぶつけるのはやめろ）
論拠／ ほのめかし	「いっぱいあるでしょう」 （Y 2歳3か月） （＝だからいくつかもってこい） 「お目々あるんじゃない」 （Y 2歳4か月） （＝だから絵を描く場所を 見つける）	「お姉ちゃんのでしょう」 （Y 2歳1か月） （＝だからそれで遊ぶな） 「出てこなくなっちゃうよ」 （MK 2歳4か月） （＝だから中に入れるな）

表2　3人の母親の発話における異なった行為指示方略の頻度

	Yの母親	Mの母親	MKの母親
命令形	0.42（423）	0.55（227）	0.39（92）
語彙	0.01（14）	0.01（5）	0.02（4）
義務／禁止	0.10（97）	0.07（29）	0.06（14）
教え／一般化	0.08（81）	0.02（9）	0.02（4）
許可／優先	0.02（25）	0.02（9）	0.004（1）
提案	0.08（83）	0.02（9）	0.13（30）
疑問（肯定的）	0.04（38）	0.07（29）	0.06（15）
疑問（否定的）	0.05（51）	0.05（22）	0.01（3）
願望／必要／問題	0.02（18）	0.04（17）	0.02（7）
他に起因される行為指示	0.03（29）	0.04（18）	0.06（14）
論拠／ほのめかし	0.15（148）	0.10（42）	0.23（54）
総計	（1,007）	（416）	（238）

（　）内は回数

べるの ?」（M 2歳1か月）といった困惑を伴った否認の態度まで、多岐にわた
る。修辞疑問において明示的な言及が伴われるのは、認められない行為の場
合であり、それをどう行動に移すかは子どもによって異なる。もちろん子ど
もの理解が確実に反応に結び付くわけではないが、文脈、母親の明らかな否
定的態度や口調により、子どもが疑問表現を理解するのはそう難しいもので
はないと考えられる。

　母親が使用する中で最も直接度の低い命令表現は「ほのめかし」であった。
ほのめかしは、意図されている行為指示を理解するための推測が必要となる
（Ervin-Tripp 1977 参照）。ほのめかしには母親が単に子どもがしたことに言及す
るだけという点では修辞疑問と非常に似通っており、「またプーしてる」（M
2歳1か月）でみられるように、口調とコンテクストによっても非難の意図が
伝達されるのである。時には、ほのめかしは疑問にとって代わることもある。
例えば、Y（2歳1か月）が誰か他の子どものおもちゃで遊んでいる時、母親は
「これ、よっちゃんのよ」といったほのめかしとそれに付随した疑問である

「よっちゃんのどれ?」という2つの表現をコンテクストに合わせて使用したのだ。以下の例（M2歳1か月）では、Mの母親が、子どもが研究助手にもゲームに加わってもらえるよう、疑問と宣言的なほのめかしとを織り交ぜながら表現している場面であるが、決して直接的な指示は与えていない。

母親：　　まほ、やるの?

子ども：　うん。

母親：　　まほばっかりじゃないの。まほちゃん、フレフレと言ってあげる、お姉さんに。

子ども：　いや。いやだ。

母親：　　お姉さん、いやなの?　どうして?　誰がするの?

子ども：　まほ、する。

母親：　　今度…まほばっかりだね。まほちゃんばっかり。

子ども：　まほばっかりよ。

　最も頻繁にみられる種類のほのめかしは、なぜ子どもがある行為をすべきなのかという理由や、ある特定の行為をすることにより起こりうる否定的な結果を伴う。単独で使用されると、これらの行為指示は単に求められる行動に対する根拠や論拠を述べているにすぎず、子どもに何をすべきで何を慎むべきかを実際に言うこともない。理由の中で最も頻繁に用いられるものは、望み、必要、他者の感情と関係することが多く、後述する共感性と関係する。しばしば、行動の肯定的理由の基とされるのは要求に対する『適切性条件』であり、必要とされる対象の存在、または「知ってる、あなた（=だから歌いなさい）」（M2歳1か月）のような行動を遂行するための知識や能力といったものなのだ。これらは時には極端に間接的である。例えば、Yが母親に、まだ紙に何かを書く余白があるのに、その紙に余白が何もないと言った場合、母親は「お目々あるじゃない」（Y2歳4か月）と返答する。母親は、また、子どもがしていることをやめ、他の行動をとるようほのめかすこともある。その例としては、Yが本を捜すのに同じ場所ばかりみていた際に、母親が「そっち、絵本ないでしょ」（Y2歳1か月）と言った例がある。否定的行為指示を目的とした論拠で最も頻繁に用いられたのは、壊す、落とす、こぼす、ぶつかる、などが原因で対象物が損なわれる可能性に言及することか、傷つく、病

気になる、虫歯になる、などの子どもの身に起こりうる危険性についての警告であった。

　日本的な依存のパターンを社会化的見地から考えれば、母親が子どもに何かするよう勧めるために頻繁に使う論拠として、子どもへ助けの手を差し伸べる、行為を遂行する、また、子どもが1人で行為を遂行するのをただただ見守る、という申し出が含まれているのは興味深いことである。折に触れて、母親は子どもの社会的責任に言及する。例えば、Yが母親に自分のおもちゃの片づけを手伝うよう求めると、「ママも入れるの？　ママ入れなくて、よっちゃんも入れる。よっちゃんが遊んだでしょう？」（Y1歳11か月）と母親は返答する。

　こうした母親の行為指示に対する様々な論拠への訴えかけは、幼年期の子どもでさえもある命令の根拠を理解すれば、進んで協力できる理性ある存在とみなせるという母親の見解を表している。この見方は、都市部に住む中流階級に属す日本人の母親を対象とした研究において、子育ての基本的方略は子どもとの密接な関係を築き、「わからせ」ようと試みることだと論じたVogel（1963）の研究結果と一致する[8]。論拠の使用は子どもに、そして母親自身にも、母親の行為指示がただ単に自分の意図を押し付けるためではなく、むしろ自分の望み以上の確固たる根拠があってのことなのだということを示すのである。

　では、日本の子どもは、こうした多岐にわたる行為指示の方略の解釈をどのように学ぶのであろうか。Ervin-Trippが指摘するように、子どもの行為指示の理解を測ることは極めて困難である。というのも、従わないということが必ずしも理解の欠如につながるわけではないからである。さらに、子どもの命令の解釈は、行為指示の直接性の度合いよりもむしろ、コンテクスト、口調、そして母親の感情の理解によるところが大きいため、従順であることが必ずしも指示行為自体の理解につながるともいえない。本研究では、子どもが様々な形で行為指示の理解をしていることを指し示す、疑問、願望に関する発言、理由、警告のような間接的方略に対する様々な対応、順守の事例がみられた。

　子どもが間接的要求に従わない場合、母親は、その要求をより直接的な表現

へと「言い換える」ことで助け舟を出そうとする。興味深い事例として、研究助手が、M（2歳1か月）とのお食事ごっこ（食事を出すゲーム）を終わらせようとした場面でみられた相互行為を以下にあげる。

大人：　　もういいです。

子ども：　（（食事を出し続ける））

母親：　　もういいって、お姉さん。

子ども：　（（食事を出し続ける））

大人：　　はい。もうお腹いっぱいです。

子ども：　（（食事を出し続けて、ミルクを意味して））ミー。

大人：　　どうもごちそうさまでした。　　あ、今度これはミーですか？

子ども：　スープなの。スープ。スープ。

大人：　　はい、はい、はい。

子ども：　じゃあ、じゃあ、じゃあ。

母親：　　もうお姉さんいやって。もういいってミーは。

　この時点で子どもはゲームをやめた。この連鎖では、子どもに対して連結詞の丁寧形である「です」形を使うことなく母親が「もういい」というフレーズを繰り返し使うことから始まる。より明示的な表現である「もうお腹いっぱいです」と「ごちそうさまでした」という丁寧な表現にもかかわらず、子どもがこれを無視し食事を出し続けると、母親がその会話に再び介入する。発話の最後に母親は研究助手が「いや」と言っているといい、研究助手が「もうほしくない」という意味で非常に強い「ノー」を表明していることを示す。母親はこの表現を、研究助手の最初の発話であり、より直接度の低い表現でもある「もういい」という表現と並べ、「もういい」を「いや」と言うのと同じ意味であると捉えるべきだったことを子どもがわかるよう明確にする。この事例が、より直接的な発話と同じ程度の強い感情と願望を表す他者の間接的で丁寧な発話を子どもがどのように理解するかを教えているものである。

　上記の例が示唆するように、子どもが間接表現の解釈を学ぶためにとる主たる手段は、同じ伝達意図をもつ間接的発話と直接的発話との組み合わせによりなされているといえよう。上述した全ての命令的方略も単独で使用され

るのは、ほんのわずかでしかない。「落ちるよ」のような論拠／警告は11.8パーセントの確率の行為指示内にみられた唯一の表現であり、この数字は間接的命令の中で最も高い頻度を示す。間接的命令の大部分の例がその発話ターンやターン連鎖内でみられるが、その中で同じ内容のことがより直接的に述べられもするのである。

　Ervin-Tripp（1977）によれば、英語の場合話し手が子どもに行為指示を与える際、その連鎖内で次第に明示的な形式に移行していくということである。本研究でもこうした事例が数多くみられた。以下は、母親が子どものその場での行動を問うことから始まり、その後、明示的な命令へと移行していく事例である。「またシュークリームもつの？　じゃ、早く食べちゃいなさいよ」（Ｍ２歳１か月）という事例である。このような連鎖は子どもに「〜がいい」のような慣習化した間接的な形式の意味を教える際、重要であり「ママ、コーヒーがいいです。コーヒーください。コーヒーおいしいの入れてください」（Ｙ１歳11か月）というように食べ物を求める時の決まり文句として使われる。

　このように、母親が特に子どものその場での行動を強く非難する場合、間接的要求の後により明示的な命令を続けることが頻繁にある。修辞疑問などの間接的方略は、長きにわたりコンテクストが予め存在しそれが所与の特別な行為指示を表す場合に限り、通常単独で使用される。例えば、あるセッションにおいて、Ｙ（２歳３か月）は幾度にもわたり年下の遊び相手のおもちゃをとろうとしたのだが、その時にＹの母親はＹがおもちゃを奪うのをやめるよう直接的な命令を何度もくだし、代替案も提案し、おもちゃがＹのものではないよう気づかせたのである。このセッションの終わりに、Ｙが再びおもちゃをとると、母親は「どうして人のもの、そうやってとるの？」とただ大声で言うのである。このような事例は、直接的方略と間接的方略とを理解するための、いわば架け橋のような役割を担い、例え単独で用いられようとも子どもが間接的命令を理解するのに助けとなる。そして、容易に想像できることであるが、子どもが年を重ねるにつれ、母親はこうした間接的疑問が単独でも行為指示と同様に作用すると感じるようになる。

　行為指示のパターンは非明示的から明示的なものへと進んでいくだけではない。「あ、やめなさい。お姉ちゃん、せっかく作ったの。お姉ちゃんに怒ら

れるよ。」（Y 2歳0か月）のように、母親が極めて直接的かつ明示的な命令から始め、続けて同じメッセージ内容をもつ疑問、理由、警告を付け加えるということもしばしばある。Y（1歳11か月）がみかんを食べながら客に何も分けない場面では、「じゃ、お姉ちゃんも食べてっていわなきゃ。うん？　お姉ちゃんもどうぞ食べてって。よっちゃんだけパクパク食べてんの？」のように、母親はまず直接的な命令から始め、修辞疑問を付け加えるという形をとっている。「ママ、スパゲチ *5 がいいなあ。作ってください。さっきやってたんじゃない。早く作ってください。ママお腹すいていますよ。」（Y 1歳11か月）のように、直接的命令と間接的命令が同一の発話ターン内に混在することもある。この例では、習慣化された定式表現「Xがいい」に明示的な命令が続けられ、その後、子どもが従うべきことをほのめかす論拠、さらには「問題に関する発話」（Ervin-Tripp 1977）が述べられている。2つの間接的な形式が組み合わされることもある。「Xがある？」という食べ物の要求として習慣化された疑問が、いくらか明確な願望の発話の前に述べられ、「ママ、ソーセージ欲しいです。ソーセージありますか」と言ったY（2歳2か月）の例もある。Mの母親が願望に関する発話を疑問の後に続け、「お魚を焼いてくれる？　ママお魚焼いてほしいなあ」（M 2歳1か月）という同様の例もある。こうした事例はごく典型的なもので、おそらくは、行為指示の様々な定式表現も同じような機能をもつということを子どもに教えるのに重要な役割を果たすのである。

　使用されている様々な異なる組み合わせから明らかなことは、母親が故意に決まった順序で直接的及び間接的な命令を順序付けているのではないということだ。間接的な形式で述べた後、母親は子どもが理解し順守できるように、何らかのより直接的な表現ではっきりさせるという場合もおそらくはあるだろう。しかしながら、一般的には、母親が2歳児に対し自ら反復したり言い換えたりすることは、習慣化していると思われる。母親はフィードバックを待たずに言い換えをし、始めに述べた決まり文句が子どもに理解され順守されると思われる場合でさえも、言い換えの手法を使う。母親は、子どもが従うまで自分たちの出した行為指示を突き通すという意図を示したかったのかもしれない。

　動機が何であれ、結果として、子どもは目の前で起こる同じ命令に、間接

的、直接的の両方の形式に相次いで触れることになる。Ervin-Tripp（1977）は、間接的命令、中でも特に望まれる状態や目的に全く言及することのない疑問やほのめかしは、推測か、より明示的な形式との組み合わせの繰り返しを基として理解されているに違いないと述べている。本研究では、間接的命令の使用がみられるこの幼年期において、日本の母親が実際には、ほとんどいつも間接的命令と同内容の直接的表現とを組み合わせているという十分な証拠を示している。おそらく、これは間接的な形式の意味がどのようなことを意味するかを子どもに教える重要な方法であろう。

　本研究における子どもは非常に幼いにもかかわらず、すでに自分に向けられた間接的命令の大部分を理解できているようであった。これを示す一番の証拠は、子どもが行為指示を与える際、母親の発話にみられる間接的方略のいくつかを子ども自ら使い始めたことであろう。3人の子どもの全ての命令のうち78パーセントが極めて直接的なものであり、「〜って（-tte）」を伴う動詞の屈折形、望まれる目的に言及する名詞、「ちょうだい」などの語彙項目という形がみられた。その一方で子どもによる間接的方略としては、「豆食べたい」（Y 2歳2か月）のような望みに関する発話、「ママできないよ」（Y 2歳3か月、折り紙を折ろうとしている時のもの）のような問題に関する発話、また「タパないの、タパ」（M 2歳1か月、Mが自分のおもちゃのトランペットで遊びたい時のもの、タパ=トランペット）などがみられた。子どももまた、時として、要求を疑問形で使用し、「Xがある？」のような食べ物に関する決まり文句を、「あんの？」（Y 2歳3か月、飴を欲しがった時のもの）のような形で使用する。3人の子どものうちで、まほだけが定期的に、「待ってくれる」（M 2歳2か月）のように「Xしてくれる？」の形式での疑問要求を使用し、「食べない？」（M 2歳2か月）のように疑問形式での丁寧な提案や申し出をした。Yにおいては、行為指示としての2つの異なる論拠の使用が時折みられたが、その1つが「ママ、まだあるよ」（Y 2歳3か月、シャボン玉を続けたい時のもの）のような自分が望む目的への可能性に言及したものあり、もう1つが自らのものであるなしにかかわらず、おもちゃが欲しい時に発した「よっちゃんのよ」（Y 2歳1か月）という所有の権利に関するものであった。子どもの経験を通した行動の遂行と関与する上記の2つの例以外には、修辞疑問や他の種類のほのめかしのような推論を要

する行動指示はYの発話にはみられなかった。理解はできているようであっても、義務に関しての発話や条件節を用いた提案などの文法構造上複雑な行為指示方略も、この年齢段階の子どもにはみられなかった。子どもの命令の使用において、社会的要因がどのような役割を担っているのかは明らかではないが、命令接尾辞の「〜なさい（-nasai）」のような社会的にみて高い位置にいる者のみが低い位置にいる者に使用できる決まった形式が使用されることはなく、丁寧な要求に使われる形式の「〜て（-te）」のみが子どもに使用されていることは興味深いことである[9]。

　興味深いことに、行為指示を与える以外にコンテクスト内の子どもの発話において、間接表現の使用を裏付ける証拠は何もなかった。実際に子どもが間接的拒否にさらされる機会は多いのにもかかわらず、子どもによる間接的拒否の使用はみられなかった。分析から明らかになったことは、母親のありがたくない要求を鎮めるには、通常は子どもが単に「ノー!」と答えれば十分である一方、子どもが母親を自らの要求に従わせることは、はるかに難しい作業である。このように、子どもは自らの望み通りになるように様々な行為指示の方略を試す意欲をもっており、行為指示における間接表現という方略はすでに3歳を迎えた最初の数か月の段階でみられる。

6. 共感性を育む訓練

　行為指示を行う際、日本の母親は他者の必要、願望、感情に敏感であるよう強調する。実際に、非明示的であっても明示的であっても、こうした共感性に訴えかけることは、母親の行為指示のために用いられた全ての論拠の45パーセントを占める。表1が示す通り、これには願望、必要、問題に関する発話が含まれるが、母親が客人をどのようにもてなすかを教える場合に非常によくみられる。本研究の文字起こしされたデータには、YとMの両者が、本当の訪問客である私と研究助手の前で、母親が客の役を演じ子どもがホスト役をするという遊びの場面がしばしばみられる。こうした場面では決まって、自らの要求を表現する時、母親は頻繁に願望を表す発話をした。以下にその例を示す（Y1歳11か月）。

母親：　　ママ新聞読みたいなあ。
子ども：　ないない。

　その返答からこの子どもが上記の発話を命令として理解したのは明確である。以下にM（2歳2か月）の例も示す。

母親：　　ママ、ブドウがいいわ。キュウリでもいいわ。
子ども：　（（想像上の食べ物をあげながら））はい。

　「もっとはっきりお話ししないとお姉さん分からないよ」（M2歳2か月）や「お姉ちゃん、お腹すいちゃった」（M2歳1か月）のように、母親は、子どもに他者の必要／問題を知らせることもする。このように、日本の子どもは、話し手の望むことは自らへの指示であり、他者の望みには応えるべきだと幼い段階で学ぶのである。
　上記の例において母親は、特定の行動を促したりやめさせたりすべく発した感情表現を子どもに理解させようとも試みている。Yの母親の発話に頻繁にみられたテーマとしては、火の怖さがある。母親はそれを息子に教えるために「よっちゃん、アチチいたずらしないのね。怖い、怖いね、火事ね」（Y1歳11か月）と言っている。日本語では（他の言語同様）、このような感情表現において主語はたいてい省略される。したがって、日本語では、経験者 *6 が主語としてはっきりと示されない限りは、例えば「私は火が怖い」と「火は怖い」のように、表現には何ら違いはない。同じことは「Xがかわいそう」という頻繁にみられる表現にもあてはまり、「Xがかわいそう」と「私はXがかわいそうに感じる」という2つの表現に差異はないのである。母親はこのような感情表現を子どもに対して、通常はおもちゃなどをやさしく取り扱うよう促そうと頻繁に使用する。「かわいそう、だるまさん、なぐったら」（「あなたがなぐったら、だるまがかわいそうだ」と「あなたがだるまをなぐったら、私はだるまがかわいそうと感じる」という文意、M2歳2か月）という事例からもわかる。母親は、ペットや赤ん坊を「かわいい」と表現することで共感性のある行動を促すこと

もある **10**。これに関しては、Y（2歳0か月）が年下の子どもに自分のおもちゃを貸すことを拒み「ダメ！」といい、それに対して母親が「ダメって言うの？ひろちゃんにもどうぞって貸してあげなきゃ。たくさんあるから、1つどうぞって貸してあげなきゃ。赤ちゃんかわいいでしょう？」と言った事例もある。このような感情表現の使用を通して母親は自身の感情を子どもに示しているが、これが子どもに母親である自分たちと同じ感情をもたせ、それに基づいた行動をさせるという望みに端を発しているのは明らかである。

　日本語が間接表現と他者への押し付けの回避を重要と考えるのを考慮すれば、他者の必要を予測することで、直接的な要求を強制されないということは大切なことである。どのように日本の子どもが「人の心を読む」ことを学ぶのかという疑問は誰もが抱くのではなかろうか。実際に、その答えは、いたって単純である。それは、様々な状況で他者が何を考え、どう感じるのかを母親が直接子どもに教えるということなのである。3人の母親に共通してみられた行為は、発話を実際にはその場にはいない第三者の発話として擬するという行為であるが、それにより、その第三者の気持ちがどんなものかを子どもに示すのである。他者のものとして擬される発話は、「お姉ちゃん、おもちゃ見せてって」（Y2歳0か月）のような直接的要求から願望、必要、感情的反応に関する発話まで多岐にわたる。例えば、YとMが母親のホスト役をしている時、その遊びの中で母親は食べ物に関する要求を他の人々の要求として擬するのである。これは、子どもが他者に何も提供することなく1人で食べ続けている場面にもみられた。例えば、Y（1歳11か月）がみかんを食べている時、私と研究助手が何も言っていないにもかかわらず、母親は突然「お姉ちゃんたちも食べたいって」という具合に発話するのである。母親は痛みの感覚もしばしば他者に起因させるが、それは特に子どもが、痛みを引き起こした側で責任があるのに、それに気づかない、または謝罪をしない場合によくみられた。例えば、Mが落としたおもちゃのお皿が研究助手にあたってしまった時、研究助手が何もいわなくとも、母親はすぐに「お姉ちゃん痛い痛いって」（M2歳1か月）と言うのであった。発話を他者のものとして擬するということは、日本の母親が子どもに他者を思いやるよう教える手段の1つなのである。

共感性は他者への不都合、迷惑、強要を避けるためには、特に重要なものである。上記の例が示すように、母親は子どもが何らかのトラブルを引き起こすと、すぐにそれを指摘する[11]。繰り返すが、思っていることを述べず黙っている人が言ったことにする方略は頻繁に使われる。子どもが誰かに強く直接的な要求をし、例えその誰かがそれを快く受け入れようとしていても、母親はそうした行為は好ましくないものと受けとるかもしれないことを教える。例えば、Y（1歳1か月）が研究助手にみかんの皮をむくよう頼み、研究助手が快くそれに応じている場合でも、母親は「お姉ちゃん、自分のむいて食べるってね」と言ったのである。この例が示すのは、日本の子どもは人の行為と本心が時には一致しないという考え方に触れるということである。

　さらに、母親は、不適切な行為を正す間接的な方略としてもよく発話を他人のものとして擬する。こうした事例では、母親は通常、様々な否定的反応を実際には話をしていない他者の反応とするのである。例えば、M（2歳1か月）が不作法なふるまいをすると、母親は「お姉ちゃん、あきれちゃうからって言ってるよ。まほちゃんにはあきれちゃう。」と言ったのである。否定的反応と感情は、無生物にまでもあてがわれる。Y（1歳11か月）が何度もりんごを床に落とした時には、母親は「そんなことするんだったらリンゴさん痛い、言ってるわよ」と言った。そして、MK（2歳4か月）が銃を撃つ真似をして騒がしくすると、母親はそれをやめてほしいという要求を子どものぬいぐるみである、きこちゃんの要求とし「きこちゃん、びっくりしてるよ。きこちゃん、やめてくださいって。ごめんなさいって。きこちゃんが痛いって」と言ったのである。このように、日本の母親による発話を擬するという行為は、子どもの行為を正す行為であると同時に、自分たちが実際の命令から距離を置くための行為でもあるのである。この方略は、子どもに他者に自分の行動が与える影響への配慮を教えつつ、母親としての権威を目立たないようにする役目を果たしているのである。

　こうした分析と一致するのだが、Azuma他（1980）とConroy他（1980）によれば、「感情に訴えかけること」は、しばしば子どもの好ましい行為の論拠として用いられ、他人の感情を引き合いに出す日本の母親にとってはコントロール方略として機能するのである。58組の日本と67組のアメリカの母子の

それぞれを対象にした研究で、母親は規律を乱す子どもとスーパーマーケットにいる場合などのいくつかの仮の状況を提示され、実際に自分の子どもがその状況にいたらどのように応対するかという質問がなされた。結果の分析から、その応対として、「感情への訴えかけ」を使用すると答えたアメリカの母親はわずか7パーセントであったのに対し、日本の母親の割合は22パーセントにも上ったため、それを日本の母親の行為の1カテゴリーとして成立させねばならないと先述の研究者達が論じたほどである。母親の返答の中には、例えば、そのような好ましくない行動をする子どもに対して母親が親としてどう感じ、思うか、または子ども当人が誰か他の子どもに同じことをされたらどう感じるのかを子どもに考えるよう求めるというものもあった。本研究でも、日本の母親は第三者の感情、そして無生物の感情にまでも訴えかけることが確認された。この感情への訴えかけは、しばしばコントロール方略として機能し、子どもに共感性を育むための明示的な訓練、つまりは他者が話していない時でも他者の考えや感情を推測する訓練になる。日本の母親がこの方略をアメリカの母親よりもはるかに頻繁に使用するのは、日本とアメリカの全く異なったコミュニケーションのスタイルによるものだと考えると合点がいく[12]。

7. 同調の訓練

共感性が望ましい、理想のようなものであるならば、それはある意味、もろ刃の剣でもある。一方で、他人を思いやる能力は日本人が重んじる社会の調和を含み様々な利点がある。他方、他者の感情に合わせすぎることは、世論に対して余りにも脆弱な個人を作ることとなり、常に調和へ向かわなければならないというプレッシャーを生む。また、相互理解を重視する日本の社会構造も相まって、このプレッシャーはより激しさを増す。このように共感性と同調はコインの表裏のようなものであり、それぞれが日本のコミュニケーションのスタイルと特質の形成に寄与している。人々が通常通りに期待される感情、態度、行為に合わせていく限りにおいては、間接表現、そして沈黙でさえも、共感性の訓練を受けた者には容易に理解され得るのだ。

　パトリシア・クランシー（本間邦彦訳）

本研究は、「同調の訓練」についてのかなりの証拠を有している。母親は積極的に子どもの教育に従事し、適度のプレッシャーと明示的な指導の両方を通し、発話や行為における日本の規範を教える。後者は、丁寧な決まり文句やコンテクストに適した順番交替において特に功を奏すものである。非常に多くの母親の行為指示が、ある特定の状況において何と言うべきかを子どもに教え込むのを目的としている。母親は子どもに「でしょう」「ありがとう」「はい」「ちょうだい」「ごめんなさい」などの丁寧表現、「おはようございます」「こんにちは」「おやすみ」「バイバイ」「さようなら」「行ってきます」「いらっしゃい」「またね」などの挨拶、「いただきます」「ごちそうさま（でした)」などの食卓で使用する決まり文句を教える。

　母親はあらゆる機会を利用し、このような決まり文句を子どもに教えようとするようだ。実際に教えるのにふさわしい状況が整った時、母親は子どもに訓練を施したのである。例えば、研究助手がYに何かを拾ってあげた際には、「ほら、落ちちゃったよ。ありがとうは？　お姉ちゃんにありがとうって言うでしょう。」（Y1歳11か月）と母親はいうのだ。母親はこうした丁寧な決まり文句を童話の登場人物にも帰し、他の大人が決まり文句を使うと子どものためにそれを繰り返す。その際、子どもじみた幼稚な表現に代わり、多くの大人が使う形式を教えるのである。以下にその例を示す。

子ども：　バイバイって言ったの。
母親：　　言ったのね。パパ何て言った？　行ってまいりますって言ったでしょう。行ってまいります。

　母親が2歳の子どもに決まり文句を述べる際、色々な事を教えるという研究結果はHess他（1980）の研究にも同様にみられる。日本の母親はアメリカの母親と比べ、挨拶のような社会儀礼を子どもがより早期に学ぶことを望むと報告している。本研究のデータは、Matsumoriの研究結果とも一致しており、母親は、子どもが話しかける相手が母親である場合に比べ、他者に話しかける場合に、はっきりとわかる形で子どもに丁寧な決まり文句の使用を教えるのである。

本研究では、母親は、友達に対して使う「遊びましょう」のように、決まり文句とは言えない言語行動の教育にも高い割合で携わっていることがわかった。日常的なロールプレイを通し、子どもは祖父との電話での話し方や家庭を訪れる客との交流の仕方を教えられるのである。例えば、客人をもてなす遊びの中で、YとMは訪問客が何を食べたいのかを尋ねるように教えられ、食べ物を差し出す時には「どうぞ」といい、食事が口に合うかどうか、食事が熱すぎたり冷たすぎたりしていないか、訪問客がまだ食べ物を食べられるのかどうか、といったことを尋ねるよう教えられる。また、礼儀正しい客としての役割も教えられる。例えば、Mの母親は食べ物を口にしたらまず、「おいしい」と言うようしつけている。このように、母子間のコミュニケーションの基本的目的が、子どもに様々な社会の相互行為の場を提供することであるのがよくわかる。日本的コンテクストにおける規範や決まり文句を適切に使用することは、かなり早期に教えられ習得されることなのである。

　社会の期待にそうよう子どもを訓練していくために、日本の母親がとる重要な方略の1つは、子どもの行動をみて評価を下す人（他者）がどのような反応をするかということを想像させることである。本研究で明らかになったことは、母親は共感性の訓練を通し、子どもに他者の必要や願望に敏感になるよう教えるとともに、他者からの批判や非難に対する恐れも教えるということである。Benedict（1946）は、日本の子どもは愚弄されたり仲間外れにされたりすることへの恐怖を植え付けられていると論じた。Ito（1980）は日本では母親は子どもが悪さをするとしばしば「人に笑われる」と述べるということを指摘している[13]。この手法は非難や抑制の出所を母親の外である社会全体に置く。Vogelが指摘していることであるが、愚弄に対する恐れは母と子を結びつけ、外界の世界と対峙させるが、そこでの母親の役割は子どもが他の人々からの否定的な制裁を受けないよう支援することなのである。

　子どもの行為について、本研究に参加した母親は、それが直接的であれ間接的であれ、同調の重要さを強調した。例えば、母親は子どもの受け入れ難い行動については、「おかしい」と言ったり、「怖い」とまで言ったりすることがある。かつて、Yの母親がYにおもちゃの車をいくつかもってくるよう頼んだ時、Yがそれを拒み、ごね出し、泣き出すことがあったが、その際Y

の母親は「おかしいよ、泣いたら」（Y2歳1か月）と述べた。また、母親は時折、子どもの不作法に対して怖さを表現することがあるが、その反応を他者に擬することもある。例えば、Yは常に何かを食べているため母親に注意されることがしばしばあったのだが、Yが本研究の録音セッションの間、ずっとみかんを食べていた際（Y2歳0か月）には、母親は「また食べるの？　おそろしい」と言った。またY（2歳1か月）が母親と私に大声で「ダメ！」と叫び、歌を歌うことを拒んだ際は、母親はYを「怖い」と表現した。（この事例に関しては"「ノー」と言うこと"の節の後半参照）このように、母親は通常の期待の範囲外に出る行動に対して恐ろしさと不快感を露わにする。以下に示す事例は、M（2歳1か月）が母親をもてなす役として遊んでいる最中、おもちゃの皿のうちの1枚を食べるふりをした際のやりとりである。

母親：　そんなことしてお皿食べるのおかしいでしょう？　お皿食べてる人いないでしょう？　ね？　お皿誰が食べてるの？

子ども：　これ、まほちゃん。

母親：　まほちゃんが食べてるの？　怪獣みたい。怖い。いや。怖い、おばけみたい。ママ、おばけ嫌いよ。

　上記の例が示す通り、子どもが行儀よくふるまうように、母親は時に明示的に「Xする人いない」と表現し同調を求めるのである。この例は、軽い遊び的感覚で使用されているのは確かであるが、Mの母親はこの表現を極めて深刻に使用する場合もある。以下、Mが何らかの社会的に受け入れがたい行為をした際の会話である（M2歳2か月）。

大人：　これ何色？

子ども：　ええん、ダメ。

母親：　何言ってんの！　緑って言うんでしょ。

子ども：　緑。

母親：　ダメなんて言う人誰もいないよ。

日本の母親が子どもに期待に沿うよう仕向けるのに使うもう1つの方略はからかいである。Benedict（1946）は、母親によるからかいを子どもが初めて真剣に受け止めることが、最終的には自分が笑われていることに気づき、後に身につける愚弄への恐怖につながると提案している。日本の母親は子どもが稚拙で認められない行動をすると、頻繁にからかうのである。例えば、Yの母親はYの食べるという行為について「くまのプーさん」を引き合いに出し、しばしばYをからかっていた。Yが食べ物をもっと食べたいと要求すると、母親は「もっと？　こう、おへそ、お腹に聞いてごらん。『大丈夫?』って」（Y1歳11か月）と言った。母親のからかいの調子が軽い感じであったため、幼いYはそれを深刻なものとは捉えず、太っていたり、たくさんものを食べたりする絵本のキャラクターを見つけては、それを指さし、自ら「よっちゃんみたい」と言うのである。

　からかいは、母親への依存といった態度や反応を子どもに強化するのにも使用される。Benedictは日本の母親は子どもを訪問客に近づけない傾向があると例を出しつつ論じている。また、Vogelは、日本の母親は外の世界の怖さと親密さの恩恵とを引き合いに出しながら、子どもを依存した状態にしておくと述べている。本研究データにもこれに関する際立った例がみられた。次の例は、Y（1歳11か月）と母親がYのおもちゃの車を使って空想ごっこをしている時、母親は、子どもがその車のうちの1台で買い物に行くことを提案した際のものである。

母親：　ママ行かなくっていいの。
子ども：　((すすり泣く))
母親：　よっちゃん1人で行っといで。ほら、ブーブーに乗って、行っといで。
子ども：　いや((すすり泣いて))。
母親：　ブーブー乗って行っといで。
子ども：　ええん、ママも、ママも。
母親：　ママも？　ママいいの？　ママいいの？
子ども：　いやだ！　いやだ！　((わめき泣き始める))いやだ！　ええん、ママ！
母親：　あれ、おかしいなあ。おかしいなあ。

単なる遊びにすぎないのだが、この母子による空想ごっこは「甘え」または依存に基づいており、母子関係の根本的な特質を示しているといえよう。母親はからかっているのかもしれないが、ここでの感情は極めて本質的で強力だ。母親は最終的には泣いた子どもの涙を「おかしい」とは言うのだが、他方では、この例のような子どもの反応を確実に期待していたに違いない。このように、からかいは、日本社会において期待される子どもの感情や反応のようなものをより確固たるものにするために使用される。

　他の人による非難に直面した時、不品行な行いをする子どもは恥ずかしい思いをすると考えられる。そうした場合、母親はいつもただ「恥ずかしい」とだけ言う。通常、その表現に主語は使われないが、これはつまり「恥ずかしい」という表現が、母親自身から湧き上がる感情であることと、子どももそれと同じように感じるべきであると考える強い意味合いとの両方のメッセージを発しているということである。例えば、2歳2か月の時Mが両親と訪問客とともに家を出ようとした時、下着を濡らしてしまうことがあった。そこで母親がMの体を洗おうとしたのだが、Mが逃げ回るということがあった。その時、母親はみんながみていることを示し「恥ずかしい」という表現を繰り返した。

　Kasahara（1974）は日本の子育てにおけるこうした局面が、西洋にはほとんどみられない、日本の若者に顕著にみられる人と正面からの向き合うことへの恐怖につながっていると論じている。この神経症は、人々は他者からみられることへの恐怖を感じるとともに、深刻化すると自分の視線のコントロールさえもできなくなり、他者が過度に苦痛を感じるほどに人を凝視することしかできないといった事態にまで発展してしまうものである。Kasahara は、幼年期から「人がみている」という考え方を強調することが、家族の外の人々をひっきりなしにみることや、そうした人々にみられることをひどく怖がる人格の発達につながると論じている。

　この点において、日本の幼年期の子どもが、初期段階で、母親の「恥ずかしい」という表現や非難の眼差しが理解できないことは興味深いことである。こうした例として、Mが母親の「恥ずかしい」という言葉に「恥ずかしい、違う！」と応答した場合もある。実際には、日本の大人達は、幼児に対し

て自制と規律という大人の規範に見合う行動をそこまで期待するわけではない。アメリカ人観察者の目には、日本の子育てというのはかなり寛容的に映る。Vogel（1963:244）は、日本の子どもが罰を与えられることはめったになく、「走る、登る、叫ぶ、夜更かしする、甘いものをたくさん食べる、母親を独占し会社へ行かせない、上の子をたたく、両親の体をよじ登る」などの行為が許されると指摘している。実際、4歳にもなる子どもが他の家族がじっと立っている傍らで、Benedictも指摘するところの癇癪をおこし、大声をあげ母親をたたくのをみると、アメリカ人として私は自らの血が沸き立つような思いになるのである。

　日本の大人が極端な社会的拘束下にいることを考慮すると、この幼年期の寛容さは不思議なものに思われる。Benedictは日本における「人生の弧」はUカーブを描き、それは幼児期と老年期には多大なる自由と甘えを享受し、特にまさに結婚前のような人生の最盛期には強い制限を課され低いレベルにまで落ち込むのだと主張した。Vogelは日本の母親について、子どもが成長するにつれてその厳しさを増すが、ある点を境に突如、以前は見せなかった厳しさを出すわけではないと主張している。むしろ初期の訓練が寛容であるというべきなのであるが、それはそうした訓練が多くの場合、子どもに行動を促すために、賛成、反対といった曖昧な感情を除いては、消極的強制がほとんど必要とされることのない親密な関係の構築を基になされるためであると論じており、本研究にもこの見識は反映されている。本研究でも、母親は子どもの抑制のきかない自己中心的な行動に対する思いをコメントや態度で示すことで、子どもが後に感じることとなる「人」（他人）の目による社会的拘束の観念をすでに植え付けていることが窺える。実際、幼年期にみられる母親の子どもに対する許容的態度は長期間にわたり、幾度も繰り返され、消極的強制が実際に下されるまで続く。日本の子どもは初期の甘えの時期が終わるまでに、どのような行為が周囲の人々にとって「おかしい」ものなのか、またどのような行為が自分を「恥ずかしい」思いにさせるのかをよく知ることになる。幼年期の共感性の訓練と同調により、日本の子どもは他者の感情や期待を理解できるようになるとともに、自身で期待される感情に応えられるようにもなる。これが、日本のコミュニケーションにおいて間接的、直感的

モードがうまく機能するための礎となるのである。

8.「ノー」と言うこと

　日本の同調の訓練の結果の１つが、対立を回避したいという願望である。それは「ノー」と言うことを避けることにつながる。話し手と聞き手の間に明らかな相違があっても、それが直接的に表現されれば、相互行為の調和を崩しかねないので、日本人は「ノー」を伝えるべく様々な間接的方略に頼るのだが、その中でも最も極端なものは「イエス」としか言わないことである。アメリカ人は、そのような行動を無責任で不誠実なものとみなしがちであるが、それは「ノー」と言うことで、聞き手の怒りを買ったり、感情を傷つけたりするリスクは冒すべきものではないとする他者への気遣いに端を発しているが故の言動なのだ。そうした価値観は日本文化の基礎をなすものであり、本研究に参加した母親がいかにして子どもに「ノー」を伝えるのかを見出すべくデータを分析するのは興味深いことである。

　表２が示すように、初期の母子相互行為で、禁止は極めて頻繁にみられた行為である。これは、母親が行為指示の際に論拠を提示したことを思い出せば想像に難くない。禁止は子どもが他者を傷つけ、物に損害を与え、他者をトラブルに巻き込んだりするのを防ぐが、これは子どもを守り、社会的に適切な行動を教える働きをするのだ。したがって、良き母親にとって禁止の使用というものは好都合どころか必須のものであり、こうした「ノー」の使用は避けられないのである。

　しかしながら、注目に値するのは日本語の禁止表現の典型的な形式が、実に間接的であるということである。否定の屈折辞「～ないで」の使用は非常に稀で、圧倒的に使用頻度の高い禁止表現は「～ちゃダメ」である。この表現は非常に強い響きをもち、おそらく使用する者には間接的だとは感じられない。しかし、前述のものを含むこれらの慣習的な禁止は文字通り解釈すれば間接的である。例えば、「あぶない」（＝注意せよ、やめろ）や「（Xしないなら）良い」に近い意味で使われる「いい」が、「Xするのをやめろ／Xするな」と伝えるべく使用されるように、実際にその行為をするな、というよりはむ

しろ行動をしない理由を説明するものなのである。このように、慣習化された日本語の禁止表現の形式は、より直接的な「するな」という表現を避けたいという話者の願望から来たと思われる理由（Xをするのが良い、悪い、危険だ）を伴い、命令表現と置き換えられてきた。

　禁止とは、聞き手の行動に対する不和を反映するものだが、こうした相違は話し手と聞き手との意見の衝突を表す。母親は、子どもとの意見に食い違いがある時、決まって非常に直接的な表現を用いた。母親は「Xじゃない」や「違う」、また時折（これは英語の"not true"に近い語気をもつものだが）「嘘」という表現を通常使用し、子どもの発話を修正し、自分の意見を提示した。例えば、Y（2歳0か月）が飛行機の写真をみて新幹線と言った時、母親は「新幹線じゃない、これは飛行機でしょう」と答えた。

　さらに、母親の発話が意見を否定すべく機能することを考慮すると、なぜこれほどまでに直接的な意見の衝突なのにもかかわらず、それが回避されないのかが明らかになる。母親が矛盾をつく場合の大部分は、上記の例のように、子どもが誤って使用、または発した語を正すことを目的としているのである。このように、母親は、子どもが各々の意見をもち自分の見解を主張するのを否定しているわけではなく、むしろ言葉を覚える助けをしているのである。時に、このような消極的強制の手法は、Y（2歳0か月）が研究助手に何か食べ物を提供する際に「もってて」と言うや否や、母親が「もっててじゃないでしょう。どうぞ」と言った場合のように社会的にふさわしくない発話を正すためにも使われる。このように、禁止に関しては、本研究の母親は発話の中で消極的強制を用いたが、それは、子どものためを思ってのことであり、良き母親であるための望ましい行動とみなされるのである。

　しかしながら、拒否は、直接的な「ノー」の回避表現であることは明らかであり、否定とは全く異なったパターンを示す。本研究では、母親が子どもの望みに応じる場面が幾度もみられたが、そこには、他文化でもみられるような、要望における「要求値」（参照、Ervin-Tripp 1977）と受け入れとの関係がはっきりと成り立つ。母親が従う傾向にある子どもの指示は、子どものために立ち上がり何かをしたりとったりする指示よりも、子どものほうを向いたり、絵を見たりする指示に対してなのである。母親が要求を断る場合、直接的に

表3　子どもの要求を断るために母親が使用した方略の頻度

	Yの母親	Mの母親	MKの母親
無視	0.07（22）	0.21（5）	0.16（3）
再生	0.30（95）	0.38（8）	0.37（7）
「後で」と約束	0.06（20）	0.05（1）	0.11（2）
はぐらかし	0.05（15）	－	0.05（1）
対抗暗示	0.16（50）	0.24（5）	0.21（4）
憤嘆	0.01（3）		
論拠	0.22（72）	0.05（1）	0.11（2）
嘘	0.06（20）	－	－
感情への訴えかけ	0.02（7）	－	－
他に起因される拒否	0.01（4）	－	－
直接的拒否	0.07（22）	0.24（5）	－
拒否の総計	（330）	（25）	（19）

（　）内は回数

　断ることはめったにない。これは、子どもの要求を断るために母親が本研究中で使った方略をまとめた表3からもすぐわかることである。

　表3であげる最初の5つの方略は遅延または回避とよばれる方策である。母親は要求を無視したり、後で応じると約束したり、トピックを変えたり食べ物を与えるなどして子どもの注意をそらしたり、逆に提案をしたり、質問をして要求をリサイクルしたりする場合がある。例えば、Y（2歳4か月）が母親にサイレンのついているトラックの絵を描くよう要望した時、母親は「そんなの、あんの?」と言うことがあった。子どもが話を聞こうとしない時には、再生方略は単に少しの時間稼ぎとして作用するにすぎないのだが、母親が少し事を遅らすだけでも、しばしば子どもの要求への関心は失せてしまうようである。母親が対抗提案をするケースで最も頻繁にみられるのは、子どもに望ましい行為をするよう提案する場合である。その例として、Yの母親が絵を描くようYに頼まれた際に述べた、「よっちゃん、自分で描くんでしょう」（Y2歳4か月）があげられる。時折、「また抱っこ?　重いのになあ。重

いのになあ。」（Y 2歳1か月）の例のように、母親が苦言を呈して子どもに要求を取り下げさせようとする場合や、子どものする要求に対するからかいや批判をする場合もある。母親が子どもに要求をしないように言うだけの場合もある。例えば、Y（1歳11か月）がおもちゃの車がないと泣き言を言っている時、母親は「そんなこといわないで。ブブ（車）なくってもいいって?」と言ったのだ。

　行為指示に関して母親が頻繁に行うことは、なぜ要求に応えられないのか、または応えないのかという理由とともに要求を拒むということである。ここでも、その理由はしばしば要求に対する「適切性条件」と関連する。例えば、Y（2歳0か月）が飴を欲しがった際、母親が「朝、お餅たくさん食べたじゃない」と言ったように、子どもが望む行為が不要で不可能であると指摘する場合もあろう。また母親は要求を拒む際、他者の感情、権利、必要に言及し、共感を求めることもある。Y（2歳3か月）が母親に友達のおもちゃのトラックをくれるよう頼んだ時には、母親は「それはだいちゃんのでしょう」と言い、おもちゃの救急車で遊びたいとせがんだ時には、自分たちの会話がテープで録音されていることに言及しやめさせようとした（Y 2歳3か月）。

　本研究における3人の子どもの中で、少なくとも録音データ上は、Y が最も要求の多い子どもであった。Y は最も多くの要求をし、母親が様々な方法で Y の要求を回避しようとしても、何度も繰り返し要求しつづける頑固さももっていた。Y のことで母親が考えを巡らせ苛立っているのも明らかで、プレッシャーにさらされた時に日本人が訴える手段である嘘で応答する場合もみられた。時にこの「罪のない嘘（ホワイトライ）」は Y に自分で行動させるための理由を提示するものとして功を奏した。以下、その例である（Y 2歳3か月）。

子ども： ママ、よっちゃんの飛行機。
母親： よっちゃんの飛行機、ママ知らないよ。さがしてきて。

　他には、するのが不可能であるふりをすることで Y に要求を取り下げさせようとする場面もあった。この顕著な例として、Y が1歳11か月の時、自分

ではゼンマイを巻くことができないのだが、おもちゃの消防車で遊ぶと言い張っている場面がある。母親は、自分もゼンマイを巻くことができないふりをし、おもちゃが壊れているという長い言い逃れの場面を設け、Yに自分でゼンマイを巻いてみるよう求め、動かないことを示すべくおもちゃを研究助手に手渡したのである。

　理由など理解もできず、気にも留めないであろう2歳という年齢の子どもに対し、なぜ日本の母親は要求を拒む際に理由を付け加えるのであろうか。直接的な拒否は避けたいとする全体的な意向に加え、重要な要因として考えられるのは、子どもの望みを拒む際に母親がありたいと願う道理をわきまえた大人としての立場なのではなかろうか。子どものように「いや」と拒むだけでは、母親としての立場を2歳児の子どもと同じレベルにまで下げてしまい、自らを自己中心的で幼稚なレベルに位置付けてしまうことにもなる。また、母親が子どもと直接的に衝突してしまい、意地の張り合いへと発展する可能性も引き下げてくれる。対照的に、子どもに拒否の理由を示すことは、母親を優位な立場に立たせながら、衝突も少なくしてくれる。母親の述べる理由を子どもが理解するようになると、要求をする根拠は薄まるため、子どもが自分の要求を何としても通すべく、自らの主張を頑なに持ち続けるといったこともなければ、要求が拒否されたからといって母親を責め立てることもないのである。いずれにせよ、理由を与えることは、最低でも要求への応答を遅らせる方法にはなり、最終的には母親が直接的に断らなくとも、子どもに要求を取り下げさせることにもなる。

　もちろん、ある程度は、通常は「いい」（現状でいい／だいじょうぶ）や「いらない」（私には必要ではない）、また非常に稀ではあるが「ダメ」（それは良くない／うまくは作用しない）という表現を伴う直接的な拒否もみられる。最も強く、個人的な拒否を表す日本語表現である「いや」（私はそれをしたくない）が、本研究では、母親が単体で感嘆表現として用いられることはなかった。「いや」が使われる際は、「ノー」と言うよりは、「不快である」や「好ましくない」に近い意味合いの述語として使用される。例えば、MK（2歳4か月）が何度も銃を撃つ真似をしている時、母親は、「またテッポ（鉄砲）。なにで（原文まま）まあちゃん。テッポはもうママいやだね。痛いね。」と言うのである。母親は時に

「いや」を伴う拒否表現を第三者の発話とすることもある。その例として、Y
に食べるのをやめさせようと、母親が食べ物を拒むことをYの胃を引き合い
に出して言うこともあった。1歳11か月の時、Yがみかんを食べ母親の分も
くれるようせがんだ時、母親は「2つ食べたでしょう、もう。ここ、いっぱ
いだって言ってるもん、お腹が。ほら、いやね、いやね。」と言った。このよ
うに、拒否の直接的度合いは、命令の強さと同じように他者に帰することで
軽減される。

　本研究に参加した子どもはいつも母親の言うことに従順で、母親の言うこ
とを拒もうという時でも母親がその要求の順守を強いるという場面がみられ
ることは通常はなかった。子どもが断固たる姿勢で「いや!」や「ダメ!」と
言った場合は、3人の母親はそれに意見することも穏やかに「どうしてダメ
なの?」と発することもせず、すんなり子どもの要求を受け入れるのである。
しかし、子どもが私や研究助手に同様の発話をしようものなら、母親は即座
に子どもの言動を非難する。以下にあげる例は、直接的な拒否を避けるべく
行われた初期の訓練からのものである。Yが大声で「ダメ!」と叫び母親と私
のために歌を歌うという要求を拒否した時、母親はそれに対する否定的な応
答を私がしたかのように「お、怖い。よっちゃん、お姉ちゃん怖いって。よ
っちゃん、怖いなあ。よっちゃん、ダメなんて言うから、怖い怖い」と言う
のである。また、Maho（2歳2か月）が「ダメ!」と言って研究助手からの質問
に答えるのを拒むとすぐに母親が「ダメなんて言う人誰もいない」（応答のやり
とりの全容は「同調の訓練」のセクション参照）と言って正した。以上のように、本
研究のデータが示すことは、直接ノーと言うことに対して子どもが最初に経
験する消極的強制は、子どもの家族の外の世界にいる人々を通して下される
のである。これは、日本の大人達による直接的な拒否が外部の者に対してで
はなく、家族間でより頻繁にみられると論じるUeda（1974）の研究結果と一
致している。そして、このパターンが家族の輪の中では、2歳という幼い段
階で子どもに教えられるとされているのだ。

　日本の母親は2歳の子どもの言うことを直接的に拒むことはめったにしな
いうえ、子どもにも他者の言うことを直接的に拒否しないよう教えるという
研究結果は、直接的な拒否の回避が日本文化において基礎的な原則であるこ

とを示している。日本の子育てに概してみられる寛容さ、また「甘え」や依存という理想を具現化したものとしての母子関係の重要さを考えれば、日本の母親が良き母親像をもたずに子どもの言うことを拒んでいるとは考え難い。子どもの言うことを拒むのは避けるべきというプレッシャーは、家族外の者（研究者と研究助手）による観察を伴う本研究の条件下においてはさらに大きなものであったに違いない。要求を拒むことを避けようとするこの姿勢は、数年後の子どもによる母子関係の見方の形成に寄与するのみならず、他者の言うことを拒否する際に用いるべき間接表現のモデルを提供することにもなる。Doi（1973）が示したように、日本の母子関係が原型となり、後の社会関係を構築するという役目を果たすのであれば、「ノー」と言いたがらない日本人の特質の理解につながり、率直な否定を繰り返す西洋人と対峙した際に顕著となるコミュニケーションのスタイルの局面が何に起因しているのかの解明に近づくのである。

9. 総括と結論

　長きにわたり、言語は文化の重要な位置を占めると認識されてきたが、これは特にコミュニケーションのスタイルにもあてはまることである。ある特定の文化におけるコミュニケーションのスタイルは、人々とはどのようなものなのか、そして人々がお互いをどのように関係づけていくのかということについての共通の考え方から生じており、そうした考え方を広めていく重要な手段でもある。日本では、個人はまず社会の一員としてみなされ、そこには集団の利益を守るための責任が伴う。かくして、集団の調和と価値の保持に寄与する共感性と同調の必要が生じてくる。日本文化における共感性と同調の重要性は、やがて、行為指示を与え、拒否をする際の間接表現の使用のような、日本特有のコミュニケーションのスタイルを生み出すのである。

　本研究は、こうした日本のコミュニケーションのスタイルの特徴が母親の発話にみられ、それが子どもの発達のごく幼い段階からみられることを示した。Ochs and Schieffelin（1984）は、初期の母子の言語相互行為の内容が社会化のプロセスに重要な働きをすると指摘した。本研究の文字起こしされたデ

ータからも、2歳の子どもに母親が話しかけることの主たる目的が文化的価値を教え込むことであるのは明確であった。例えば、他の人々が何を思い、感じているのかと子どもに話すことで、母親は子どもに他者を思いやるよう働きかけ、ある行動が他者の目にはおかしい、怖い、そして恥ずかしいと注意することにより、同調の大切さを示すのである。文化的価値を伝えるために母親がとったもう1つの重要な手段は、要求をするまたは断るための間接表現の使用やコンテクストに応じ言語を適切に使用し解釈することを直接的に教え込むというように、本論文で例示したコミュニケーションのスタイルの「レッスン」を通して行われるのだ。

　言語社会化の研究はまだ乏しく、本研究の発見が異文化間的視点から評価を得られるかに関しては依然困難が伴う。例えば、間接表現などの本論文中でみられたコミュニケーションの方略が他文化の母親にどの程度使用されるかはまだ明らかにはなっていない。実際に、Matsumori（1981）は研究の中で、行為指示の頻度に際して、日本人とアメリカ人の母親の間で統計上、大きな差はほとんどみられなかったと論じている。異なった言語におけるコミュニケーションのスタイルの特徴や、そうした特徴と文化的価値（同一の特徴が異なる文化では異なる機能をもつ）との関係を探るべく更なる研究が必要とされる。しかしながら、1つ、明らかなことがある。それは、初期の母子相互行為の研究が、コミュニケーションのスタイルとそれが担う子どもへの文化的価値の伝達という役割に関しての豊富な情報を与えてくれるということである。

注
1────日本語においては、「お姉さん」という語は若い女性や少女について言う場合にも使用され、必ずしも話し手の家族である必要はない。本研究中の母親は筆者と筆者の研究助手のこともこの語で表している。

2────命令の強さを決定づけるのは、発話の統語的形式も1つの要素とされるが、これは表1が示すところである。しかし、他にもイントネーションなど様々な要素も考えられる。日本語においては、表1にあるほとんどの行為指示が主張的要素の強い助詞である「よ」が付け足されることによって語気が強められ、同じ場合に使われる英語における付加語である "okay?" に似た要素をもち同意を求める助詞である「ね」によって強制度が少なくなる。連結詞の推定的形式である「でしょう」もまた行為指示に頻繁につけ足される

語である。上り調子のイントネーションで発話されると、「でしょう」は「ね」と非常に近い働きをする一方で、下げ調子では、子供がある基準に満たなかったことによる母親の期待外れの感覚を表現する（cf. Johanning 1982）。動詞の屈折形である「- て」を伴った命令は、上げ調子のイントネーションで、穏やかな言い回しにされる場合があり、提案の「- おう (-oo)」は、疑問助詞「か」と上げ調子、またはどちらか一方を伴って、柔らかな言い回しとされる。こうした選択全てが、行為指示の強さの度合いを調整するのに使うことができるので、表 1 に示されているよりはるかに幅広い、異なった度合いがあることになり、同表において示されている行為指示の方略の中にもかなりの割合でその強さの重複がみられる可能性がある。

3────表 1 は、多くの点において Matsumori (1981) による日本語の行為指示の分析と極めて似通っているが、それは両研究とも Ervin-Tripp (1977) に発想を得ているからである。しかしながら、私は自身の研究が完了するまで Matsumori の論文を読んではいないこと、そして私の主たる関心は間接表現における様々な形式にあることから、違いもみられる。例えば、本研究における行為指示は「疑問」という範疇を設け、それにかなり明示的な要求を含むのに対し、Matsumori は前述の要求を「要求」という範疇下に置き、修辞的またはほかの間接的疑問は「推定疑問」という範疇下に置いている。

4────ここで示される行為指示の分類は、Matsumori のそれとは異なる故、2 つの研究における行為指示の類型の頻度比較は困難である。しかしながら、両研究には少なくとも 2 つの類似点があげられる。Matsumori も示した、自然会話において直接的命令が最も高い頻度を（57.6%）とある程度の推論を要する行為指示の特筆すべき割合（10%）である。

5────極めて強力な命令屈折辞、V-え／ろ (-e/ro) が母親の発話にみられることはなく、どの子供にも習得されることはなかった。

6────日本語では、非過去時制は未来の行為と一般的真理の両方を表すために使用される。そのため、こうした行為指示においては主語も省略されるので、母親がその文脈に特有の指示をしているのか、または、一般的な行動規範に照らして述べているのかを確認することは困難を極める。それ故、表 2 においては、上記の 2 つの範疇は 1 つにまとめることとした。

7────Matsumori (1981) は動詞の屈折形である「てごらん」を伴った行為指示を「提案」としている。ここでは、そうした行為指示を「V てください」や「V てちょうだい」のような他の「テ形」同様、「命令形」に属すものとした。

8────Lanham (1966) もまた、日本の母親が、なぜ子供が母親の言う通りにしなければならないのかを忍耐強く説き伏せる努力をし、従わせることと罰することを通じ「わからせる」ことが強調されていると指摘している。Vogel (1963) は自分のデータサンプルにおける母親は、子供が母親の提案を無意識的に聞き入れることを望んでいると強調し、それ故に、母親は就学年齢に至るまでは、小さな子供に理を説くことや、物事を説明しようとはしないと主張している。本研究の発話における行為指示の論拠が説明とみなされるならば、日本の母親でも 2 歳という幼さの子供に理を説いているということになろう。

9──母親が間接的要求をするのに使用するいくつかの形式が、子どもの発話にもみられたが、それは行為指示としてではなかった。例えば、「よっちゃんもやる」（Y 2 歳 3 か月、母親とシャボン玉をしている際）のように、平叙文は、子どもが聞き手に要求している行動よりむしろ、子どもがしたい行動について表現している。同様に、母親の発話の中で「鼓舞激励」を伝える屈折語尾である「‐おう（-oo）」は、子どもによる「意志選択」として使用され、聞き手に向けられる提案というよりむしろ自身の意志を表現している。その例として「テレビつけよう」（Y 1 歳 11 か月）がある（この用法は、文法的には正しく、大人の発話にもよくみられる）。M は時折「V ていい」という形式を使用するが、その使用は許可を求める場合のみであり、聞き手に特定の行動を提案する場合にはみられなかった。これらの発話は「私に X させて」という表現とおおよそ同じ意味をもつであろう点において、ある意味、要求である。

10──「かわいそう」という語は、「かわいい」を基としており、世話や保護が必要な傷つきやすく、壊れやすい物に対しては「かわいそうな感情」は容易に連想され得る上、愛らしいという感情も喚起される。

11──Lanham（1966）も、日本の母親が子どもに他者の態度や感情を思いやるよう訓練を施し、他者に迷惑をかけないよう教えるということを論じている。

12──M の母親が、男児の母である他の 2 人の母親と比べ、他者の感情、必要、願望により頻繁に訴えかけていたことは、言及すべきことであろう。実際に、M の母親は行為指示の論拠を示す際、Y の母親の 31.3 パーセント、MK の母親が 35.6 パーセントに対し、69.1 パーセントの割合で共感性に基づいた訴えかけをしていた。サンプルのサイズを考慮すれば、これを結論として述べることは当然できないのであるが、女児をもつ日本の母親が男児の母親と比べ、共感性の訓練により重点を置くのかどうかを研究することは興味深いことであろう。共感性の程度が日本のポライトネスの中心をなすという考え方は、女児をもつ日本の母親が男児の母親と比べ、子どものポライトネスの習得に関してより頻繁に心配をしているという Okuda（1979）の研究結果と一致する。

13──Lanham（1966）は子育てに対する調査に答えた 255 名の母親のうちの 67 パーセントが、子どもに行儀よく振る舞わせるのに、この脅しを利用すると答えたと論じている。

訳注

*1──人々による他者とのやりとりや情報交換をするその方法のことを意味する communicative style という表現は、本論文の題名にも使用されているが、すべて「コミュニケーションのスタイル」という訳語で統一した。

*2──Hymes（1972）は言語能力とは統語能力のみならず、実際の使用に関する能力も含むべきと考え、その両方を含むものとして「コミュニケーション能力」という概念を提唱した。

*3──この翻訳では face を「対面」とした。Brown and Levinson（1987）は、face という概念を「社会の全ての成員が自分のために要求したいと願う公的な自己イメージ」と定義してお

り、他者から認められたいとする肯定的なフェイスと、自分の領域に踏み込まれたくないという否定的なフェイスという2つのフェイス欲求があると論じている。また、発話行為が相手や自分のフェイスを侵害するものとしている。

*4──原文では freedom from imposition とある。Brown and Levinson（1978）は対面侵害の度合いを示すものとして3つの要素（Power、Social Distance、Ranking of imposition）をあげており、対面侵害を避けるための方略の1つとして、「負担（imposition）を最小限にすべきこと」を述べている。なお、Brown and Leyinson（1978）の1987年版が刊行されている。

*5──「スパゲッティ」のことを指す。

*6──経験者（experiencer）は、ある心理状態を経験する項目とされ、しばしば感覚動詞の主語としてその意味役割を求められる。本文の場合、「怖い」という心理状態を感じる経験者主語として「私」が求められているという解釈である。

参考文献

Azuma, H., Hess, R. D., Kashigawa, K., and Conroy, M. (1980) Maternal control strategies and the child's cognitive development: a cross-cultural paradox and its interpretation. Paper presented at the International Congress of Psychology, Leipzig.

Barnlund, D. C. (1975) *Public and private self in Japan and the United States: communicative styles of two cultures*. Tokyo: Simul.

Benedict, R. (1946) *The chrysanthemum and the sword: patterns of Japanese culture*. New York: New American Library.

Brown, P., and Levinson, S. (1978) Universals in language usage: politeness phenomena. In E. N. Goody, ed., *Questions and politeness: strategies in social interaction*, pp.56–311. Cambridge: Cambridge University Press.

Caudill, W., and Weinstein, H. (1974) Maternal care and infant behavior in Japan and America. In T. S. Lebra, and W. P. Lebra, (eds.) *Japanese culture and behavior: selected readings*. Honolulu: University Press of Hawaii, pp.225–276.

Clancy, P. M. (1980) Referential choice in English and Japanese narrative discourse. In W. L. Chafe. (ed.) *The pear stories: cognitive, cultural, and linguistic aspects of narrative. production*. Norwood, NJ: Ablex, pp.127–202.

Clancy, P. M. (1986) The acquisition of Japanese. In D. 1. Slobin (ed.) *The crosslinguistic study of language acquisition*, pp.373–524. Hillsdale. NJ: Erlbaum.

Conroy, M., Hess, R. D., Azuma., H., and Kashigawa, K. (1980) Maternal strategies for regulating children's behavior. *Journal of Cross-Cultural Psychology* 11:153–172.

Cross, T. C. (1977) Mother's speech adjustments: the contribution of selected child listener variables. In C. E. Snow and C. A. Ferguson (eds.) *Talking to children: language input and acquisition*, pp.151–188. Cambridge: Cambridge University Press.

Doi, T. (1973) The anatomy of dependency, trans. J. Bester. New York: Harper and Row. (Original title) *Amae no koozoo*. Tokyo: Kodansha.

Doi, T. (1974) Some psychological themes in Japanese human relationships. In J. C. Condon, and M. Saito (eds.) *Intercultural encounters with Japan: communication—contact and conflict*, pp.17–26. Tokyo: Simul.

Dore, J. (1978) Variations in preschool children's conversational performances. In K. E. Nelson. ed., *Children's language*, vol. I, pp.397–444. New York: Gardner Press.

Ervin-Tripp, S. (1977) Wait for me. roller skate! In S. Ervin-Tripp and C. Mitchell-Kernan (eds.) *Child discourse*. New York: Academic Press, pp.165–188.

Gleason, J. B. (1977) Talking to children: some notes on feedback. In C. E. Snow and C. A. Ferguson (eds.) *Talking to children: language input and acquisition*. Cambridge: Cambridge University Press, pp.199–205.

Hess, R. D., Kashigawa, K., Azuma, H., Price, G., and Dickson, P. W. (1980) Maternal expectations for mastery of developmental tasks in Japan and the United States. *International Journal of Psychology* 15: pp.259–271.

Hymes, D. (1972) On communicative competence. In J. B. Price and J. Holmes (eds.) *Sociolinguistics*, pp.269–293. Harmondsworth: Penguin Books.

Ito, K. (1980) Towards an ethnopsychology of language: interactional strategies of Japanese and Americans. *Bulletin of the Center for Language Studies* (Kanagawa University, Yokohama) 3: pp.1–14.

Johanning, Y. K. (1982) The role of the sentence-final copula "deshoo" in Japanese socialization. Unpublished paper. Graduate School of Education, University of Pennsylvania.

Kasahara, Y. (1974) Fear of eye-to-eye confrontation among neurotic patients in Japan. In T. S. Lebra, and W. P. Lebra, eds., *Japanese culture and behavior: selected readings*, pp.396–406. Honolulu: University Press of Hawaii.

Lanham, B. (1966) The psychological orientation of the mother—child relationship in Japan. *Monumenta Nipponica* 26, 3/4: pp.321–333.

Loveday, L. J. (1982) Communicative interference: a framework for contrastively analyzing L2 communicative competence exemplified with the linguistic behavior of Japanese performing in English. *International Review of Applied Linguistics* 20,1 (February).

Matsumori, A. (1981) Hahoya no kodomo e no gengo ni yoru koodoo kisei — yookyuu hyoogen no nichibei hikaku. In F. C. Peng (ed.) *Gengo shuutoku no shosoo* [Aspects of language acquisition], pp.320–339. Hiroshima: Bunka Hyoron.

Newport, E. L., Gleitman. H., and Gleitman, L. R. (1977) Mother, I'd rather do it myself: some effects and non-effects of maternal speech style. In C. E. Snow and C. A. Ferguson (eds.) *Talking to children: language input and acquisition*, pp.109–149. Cambridge: Cambridge University Press.

Ochs, E., and Schieffelin, B. (1984) Language acquisition and socialization: three developmental stories and their implications. In R. Shweder, and R. LeVine (eds.) *Culture theory: essays on mind, self and emotion*, pp.276–320. Cambridge: Cambridge University Press.

Okuda, A. (1979) Kodomo to taiguu hyoogen. Unpublished master's degree thesis, Tsukuba University.

Reddy, M. (1979) The conduit metaphor—a case of frame conflict in our language about language. In A. Ortony (ed.) *Metaphor and thought*. Cambridge: Cambridge University Press, pp.284–320.

Scollon, S. (1982) Reality set, socialization, and linguistic convergence. Unpublished doctoral dissertation, University of Hawaii, Honolulu.

Scollon, R., and Scollon, S. (1981) *Narrative, literacy, and face in interethnic communication*. Norwood, NJ: Ablex.

Ueda, K. (1974) Sixteen ways to avoid saying "no" in Japan. In J. C. Condon, and M. Saito, (eds.) *Intercultural encounters with Japan: communication—contact and conflict*, pp.184–192. Tokyo: Simul.

Vogel, E. (1963) *Japan's new middle class: the salary man and his family in a Tokyo suburb*. Berkeley: University of California Press.

Wetstone. J., and Foster, L. (1982) From passive to active communicative competence: carrying one's own conversational weight. Paper presented at the Seventh Annual Boston University Conference on Language Development, Boston.

Whorf, B. L. (1956) *Language, thought, and reality: selected writings of Benjamin Lee Whorf*. Cambridge: MIT Press.

第 3 章

パプアニューギニア、ボサヴィ社会における言語のキリスト教化と文化の脱－場所化

バンビ・シェフェリン（金子亜美訳）

Bambi B. Schieffelin (2014) Christianizing Language and the Dis-placement of Culture in Bosavi, Papua New Guinea *Current Anthropology* Vol. 55, No. S10, pp. S226–S237 IL University of Chicago Press.

要旨

　本論文では、福音派キリスト教がパプアニューギニアのボサヴィ社会へいかに導入され、現地の共同体でいかに受容されたのかを、宣教という活動にとって決定的な意味をもつ言語イデオロギーと発話実践に光を当てながら検討する。本論文が分析するのは、宣教団体の言語と文化についてのイデオロギー――すなわち現地語の価値を安定させ、かつまた文化的実践を拒否すること――と、これら相反する誘発性の結果である。本論文は、翻訳という行為を通じてボサヴィ人牧師がいかにこれらのイデオロギーを伝達し、媒介したのかを詳細に扱う。これは、現地における解釈がいかに諸言語範疇の刷新と文化上のレパートリーの変容を生み出したのかを明らかにすることによってなされる。筆者が主張したいのは、こうした視点はキリスト教の人類学における連続性と不連続性に関する議論に貢献するものだ、ということである。さ

らに本論文は、以下の点も詳しく検討する。すなわち、分断と分裂、そして相反する二項対立に関する宣教師らの言葉のあやがボサヴィ語に翻訳されると、ボサヴィのキリスト教徒が自らの共同体の道徳的な地勢を再形成するように導く諸言語範疇をいかにしてもたらすのか、という点についてである。最後に本論文は場所、あるいはより広くいって場所に定位された経験の現地における重要性が、上記と相関してシフトしていったこと—これを筆者は「脱－場所化」と呼んでいる—を取り上げる。この「脱－場所化」は、現地人の牧師らが率先して宣教活動を行なったことの帰結であり、それを通じて人や諸活動、記憶、そして場所のあいだの関係は変容し、その意味を失うこととなる。

　世界各地の共同体において、福音派キリスト教の導入と受容は、自身とその世界に対する人々の見方を大きく変容させる結果となった。こうした変容は主に社会人類学者や文化人類学者によって研究され、キリスト教の人類学の台頭につながった [*1]。この学術上の企てに参与するにあたり筆者は、言語人類学と、言語や言語イデオロギーに焦点を当てることがこの議論に何をもたらしうるのかに光を当てたい。

　第一に、発話実践と言語イデオロギーに注意を向けることは、福音派キリスト教宣教という活動あるいはより広いキリスト教化という文脈での連続性と不連続性に関する人類学的理論化に貢献しうるものである。とりわけキリスト教宣教師やその布教対象となるような人々は、自身の世界観を文化的に理解し説明する仕方を形成する「既存の範疇」のなかで思考する傾向がある。いずれのグループも、文化と言語の関係あるいは文化および言語イデオロギーと行為、そしてそれらが意味するものの関係について、それぞれ固有の見解をもっている。概念としての文化と言語は、相互に依存しあう象徴の体系としてみられるか、あるいは独立した象徴の体系としてみられるかによって、さまざまな仕方で定義されうるのだ。

　第二に、キリスト教および宣教活動において翻訳という行為はつねに中心的であり続けてきたし、現にそうあり続けている。翻訳は、（ほんの数語から1冊の専門書に至るまで）テクストに書かれたものをひとつの言語から別の言語へと

単に変換することとして想像される場合もあるが、翻訳の理論と実践はそれぞれの言語および発話共同体に内的で、固有のものである。翻訳は文化的知識と言語的知識に依存しているのであり、そこには記号論的、語用論的な慣例の数々も含まれる。例えば我々は新約聖書に複数の翻訳と版があることを知っているが、翻訳はそれが解釈のための場としてもつ潜在力のために、かつまた宗教共同体そのものを定義する原文との間テクスト的関係ゆえに、しばしば論争にさらされるのである[1]。言語人類学の観点からすれば、翻訳とは、人やテクスト、物、そして知識のグローバルな循環においてつねに決定的な役割を果たしてきた、文化的に形作られたコミュニケーションの活動である。それゆえ翻訳がどのようなものとして考えられ実践されているかに細心の注意を払うことは、福音派キリスト教がテクストにもとづく共同体—それはしばしば、現実よりも安定し一貫したテクストをもつものとして想像される—を創出する際に顕著にあらわれるグローバル化の過程を理解する一助となりうる[2]。

　皮肉なことだが、ボサヴィでの初期の宣教活動の形成に寄与した社会的、言語的過程についての筆者の分析は、分断と分裂をめぐるキリスト教の言葉のあやと似たところがある。言語と文化についての宣教団体のイデオロギーを検討することで、言語と文化のそれぞれに対してかなり大きく異なる誘発性が付与された仕方が、結果として双方の分離を招き、それに続いてボサヴィ社会のきわめて重要ないくつかの領域における双方の変容を招いたことが示される。加えてキリスト教化以前のボサヴィ社会において、人は名付けられたローカルな場所と深く結びついており、場所に定位された他者との経験が生活全般にわたる関係性や活動に意味を与え、またそれを記憶する手段ともなっていた。宣教活動によって開始されたこれら文化と言語の変容という動態は、筆者が「脱-場所化」と呼ぶ過程に帰着した。その過程を通じて、人と様々な活動、そして場所のあいだの結びつきが分離され、変化していったのである。本論文では、宣教団体のイデオロギーがボサヴィの通訳者や翻訳者によって媒介されることを通じて伝達された軌跡を追うために、ボサヴィにおける宣教活動についての筆者の民族誌的、言語学的フィールドワーク（1975年–1995年）や、ボサヴィに関する他の民族誌家の研究、そして宣教師によっ

て生産された文書資料を取り上げる。脱−場所化の話へ移る前に、まずは連続性と不連続性、そして我々─そしてほかの全ての人々─がいかに「既存の文化的範疇」のなかで思考したり話したりしがちであるのかについての枠組みを設定する必要がある。

1. 連続性／不連続性、そして既存の範疇

　福音派キリスト教に関する研究のなかで Robbins（2003, 2004, 2007）は、人類学の理論の立て方にみられる文化的連続性の位置づけと性質に関して、そしてそれが人類学者や現地の人々が「キリスト教」と括られる雑多なものを理解しようとするうえでいかなる影響を及ぼすのかに関して、一連の重要な問いを提起している。Robbins（2003）は、連続性を考察することを好みがちな我々自身の傾向を乗り越え、文化の不連続性についてもっと生産的に考えるよう勧めるのだが *2、その際、このような移行を我々に禁じてきた主な理由の 1 つとして「人々が世界を知覚しているということを、人類学者が思い描く仕方」を挙げる（p.230）。ペンテコステ派やカリスマ派の宗教運動に関する研究を引きながら、Robbins は我々が「人々は既存の範疇のなかで世界を理解しているにすぎない」と想定していることを指摘する（p.230）。言語実践がつねに重要な役割を果たす宗教の変容という場面についても、我々は「人々は新奇なものを『土着の範疇というプリズムを通して』しかみることができない」と想定しているのだと、LiPuma（2000: 212）を引用しつつ Robbins は付け加える。筆者がここで論じたいのは、言語使用に埋め込まれた既存の範疇は文化の連続性を確かに強化するうえで強力な役割を果たすといえ、言語はまた劇的な変化という過程の重要な担い手ともなりうるということである。

　不連続性を考察するべしという Robbins の提案は生産的な出発点である。宣教活動という文脈において言語実践はつねに中心的な位置を占めており、そして新たな社会範疇と文化範疇の形成と生産に深く結びついている。筆者はボサヴィへのキリスト教原理主義の伝来について調査を行うなかで、通常は一体なものと考えられる文化と言語という 2 つの体系が、興味深い仕方で切断されていることを見出した。宣教団体は文化という領域に不連続性を要求し

た一方で、同時に言語という領域における連続性を特別扱いしたのだが、それはこの宣教団体に独特の文化概念と言語概念にもとづく志向であった。当然のことだが、宣教活動において決定的な役割を演じたボサヴィ人牧師らは、キリスト教のメッセージをトク・ピシン語（Tok Pisin）（国の公用語）から現地語へと翻訳するに際し、自身の文化的プリズムと言語イデオロギーに依拠した。彼らは聖書の節と宣教師のメッセージを解釈し、キリスト教原理主義とは何についてのものでありまた何についてのものではないのかということについて、彼ら独自の表現を作り上げた。彼らの解釈とそれがボサヴィ共同体へと伝達された方法は、社会生活や言語構造、言語実践、そしてコスモロジーを形成しなおし、ローカルなキリスト教神学を創出することとなった。無論、すべてのボサヴィの住人がそのような考えを一様に受け取ったわけでもなければ、そうした考えがつねにみなの関心を引いたわけでもなかったことは、申し添えておかなければならないが。

　宣教活動が目指すのは人格の変容である。言語イデオロギーとディスコース実践は、既存の社会範疇の変容と置換において中心的な役割を果たすし、またこの手の変容を理論化し概念化するうえで不可欠なものである。新たな言語実践やディスコース実践は、ものの考え方や感じ方を変化させるうえで必須のものであり、かつまた宣教という文脈においても、キリスト教化を構成する文化的実践を導入しその実践へと人々を社会化していくためにも決定的に重要である。改宗に関心のある人々にとって、言語とは単に新しく導入された概念の中身を伝えるスクリプトであるというだけでなく、接触以前の経験や関係性を評価しなおし、またそこに新たな意味や情緒的スタンスを付与するディスコースの構造をももたらす。そのような言葉の実践とそれが達成することは決して中立的なものではなく、より大きなヘゲモニー・システムの一部なのである。

　ボサヴィにおいてキリスト教原理主義へ改宗することは、過去と現在のあいだの断絶を必要とした。それは人や場所、そして共同体を構成する文化的実践を理解し評価する仕方に不連続性を創出するうえで、必要不可欠であった。宣教という活動は、この劇的な変容と断絶を成し遂げるために、全体化するディスコースの枠組みを通じて、ある特定の言語実践と言語イデオロギ

ーを用いた。時間（B. B. Schieffelin 2002）や心の理論（B. B. Schieffelin 2007a, 2008a）をめぐる新たな概念がボサヴィに導入されたが、本論文の関心はキリスト教以前の社会関係と場所（place）に関する概念が、キリスト教的な社会関係と空間（space）の概念へといかにして置き換えられたのかである[3]。ある意味で、Robbins（2006）[4] が指摘したように、特定の聖地よりもイエス・キリストの人格に重きをおくキリスト教が、一般的に言って領土に焦点化した宗教でないということは驚くにあたらない。さらにいえば、キリスト教は領土や民族集団にもとづく共同体の感覚よりは普遍的な共同体の感覚を強調する傾向がある。例えば原理主義やペンテコステ派などのプロテスタント保守派は、ある特別な種類の想像のグローバル・コミュニティを創出するためにあからさまに領土を放棄する。以下では場所から空間へのこうしたシフトについて、特にボサヴィ共同体における道徳的な地勢を再形成するうえで言語が果たした役割—それは、社会生活や生きられた環境のあらゆる行為のなかにはっきりとあらわれている—に光を当てながら検討していく。

　ボサヴィにおいてこのシフトは劇的なものであった。宣教団体の空間概念は単にボサヴィの場所概念に割り込んできただけでなく、それを消去し置換しようとさえするものだったからである。比較的短期間のうちに達成された不連続性をもたらすこの脱−場所化の企ては、言語的実践や文化的実践、そしてそれらについてのイデオロギーにおける場所の意味の再編成を要求した。それは社会的分割を意味するようにもなる新しい空間の比喩の導入とともに、いくつかの社会的、言語的領域にわたって生じ、相対的で価値判断的な意味をもつ空間と空間をあらわす範疇によって人を特定し、分類しなおした。これは村落（個人間のレベル）でも（道徳的範疇を用いた）会話でも明らかにみられ、話し方は互いを指標し普及するようになった。オーストラリアの宣教団体や伝道師として活動するボサヴィ人牧師にとって、伝統的な場所概念はキリスト教以前の過去を想起させる行為や人格と結びついており、聖書にもとづく終末論のナラティブにおいてなんの役割も果たさない。したがって、それらは忘却されねばならない。場所の概念や場所の名称（トポニム）は、もともと自己や共同体全体の社会的アイデンティティや関係性を指標し記憶するための主要な手段であったが、いまや内部者／外部者といった空間範疇が、キリ

スト教徒の共同体のメンバーシップと関係性を区別する。あらゆる状況下で、この新たな社会範疇が親族にもとづく社会範疇に取って代わった。かくしてこの新たな社会範疇が導入され使用されることを通じて、かつて「平等主義的」とされたこの社会に、キリスト教にもとづく社会的ヒエラルキーと権力の不均衡が刻み込まれ、確立されていったのである。

　これほど深刻な変化がいかにして達成されえたのかを理解するうえで、1975年から 1995 年にかけて時とともにますます結びつきを強めていった 2 つの実践が重要な意味をもっている。第一は、宣教師を通じてボサヴィに伝えられたキリスト教原理主義の（Foucault 的な意味で）全体化するディスコースの枠組みである。宣教師の修辞法は、真実が時空を超えた不変なものとされ、また二項対立がよくみられる直訳主義的な聖書解釈に基礎を置いている。このディスコースの枠組みは、第二の実践とも深い関係にある。それはすなわち、第一世代のボサヴィ人牧師らがキリスト教徒の言語社会化にとって主要な文脈である教会への奉仕活動のなかで作り上げ錬成していった、前述のディスコースの枠組みのボサヴィ版である。彼ら現地人によるトク・ピジン語聖書のボサヴィ語への翻訳は、ボサヴィ語自体をあらゆるレベルにおいて変容させたのみならず、そのテクストを解釈する現地のディスコースの枠組みを生み出すことにもなった。これら 2 種類の言語的実践と文化的実践、そしてイデオロギーがいかにして最初期に用いられ台頭していったのかを詳しく検討することは、不連続性と連続性のあいだの緊張関係を浮かび上がらせ、両者の統合と結びつきという点に関して、また両者が互いに接合を解かれたり新しい誘発性を付与されなおしたりする仕方に関して理論化することを可能にしてくれる。

2. 枠付けなおすことと定位しなおすこと

　我々はみな、「既存の範疇」—Sapir が「言語の習癖」（1958〔1929〕: 162）と呼んだもの、ないし Whorf が「好まれる言い回し」（1956）として描いたもの—のなかで思考しがちである。言語を通して経験を解釈するというこの考え方は、キリスト教と改宗における言語の役割を正当に評価するうえで重要で

ある[5]。なぜならキリスト教徒になるにあたり、人や共同体は習慣となっている言語使用や諸々の身体化された実践を新しい潜在的なものへと変えていかなければならないからであり、また福音伝道においてそれは典型的に明示されることでもあるからだ。世界観を左右しうる言葉の活動、あるいはなんらかの解釈的な実践として言語を概念化することによって、既存の範疇という概念に強力な局面が付け加わる。というのもそれによって、知識の習得や変容、そして喪失といった文脈における行為主体性や選択の余地といったものの役割に光が当たるためである。

　言語使用者は生涯を通じて、たいてい複数の言語の変種や使用域、さらには方言を習得し、それらに由来する語や句を織り交ぜたり、言語コードを切り替えたりして、そのアイデンティティやスタイルの好み、美的嗜好を表現する。新たな話し方をすることが思考と行為の仕方に変化をもたらしうるのと同様に、ある言語が用いられなくなることによって、言語使用者がその言葉の能力やそれに結びついていたものの考え方や感じ方を失うこともありうる。キリスト教化の文脈で容認できないとみなされた実践と関連づけられることによって、そうした変種がスティグマ化されるような場合がその例である。また言語が変容を被る場合もあり、ある言語は別の言語に比してより急激な変化にさらされる。こうした過程は言語イデオロギーを通じて形成される。しかもそれは、互いに接触状況にあるような言語と言語使用者にみられるように、とりわけ政治的、社会的、道徳的、そして経済的権力の非対称といった言語以外のファクターが原因となって、共時的にも通時的にも複雑な変容に帰結する。これがどのように生じるのか、そしてこうした変容が言語使用者や言語に対してどのような影響を及ぼすのかということは、キリスト教宣教において特に顕著で重要なものとなる。

　アメリカ合衆国における原理主義バプテスト教会の牧師らの言語と政治に関するHarding（2000）の示唆的な研究は、ボサヴィの状況と比較して興味深い点を提起している。いずれもキリスト教原理主義を軸としている。Hardingは、アメリカ合衆国のキリスト教原理主義の聖書にもとづく言語がいかにして改宗のレトリックとして働くのか、そしてそれがいかにして説得力をもち効果を生み出すのかを問う（Harding 2000: xii）。彼女自身がそのように言いあら

わしているわけではないが、Harding が実際に探究しているのは、改宗とは「ある特定の宗教的言語、ないし方言を習得すること」を要請するものであるという彼女自身の考え方に通底する言語イデオロギーである（p.34）。

　改宗における言語習得の重要性に対する Harding の視角を、言語社会化の問題として枠付けなおすこともできるだろう。言語を使うための社会化と、言語を使うことを通じた社会化の双方を含む言語社会化は、生涯にわたって熟練者と新参者のあいだで展開される過程である（Ochs and Schieffelin 1984）。言語社会化は宣教という活動において決定的に重要なものであり、言語がいかなるものとして提示されるのか、そして特に翻訳が関わってくるところでは、世界やひいてはその世界における自己の捉え方に影響を与えるために言語がいかに再形成されるのか、その双方を明らかにするための理論的観点を提示してくれる。Harding が描く身体化された行為の数々はある固有の言語イデオロギーと深くもつれあっているのだが、それは彼女自身も実際に共有する西洋哲学と宗教の伝統に根ざしたものである。聖書にもとづく言語のコミュニケーションに通暁するうえで、ほかならぬその仕方で話すということは単に習熟度の問題以上の意味を帯びる。それは、誠実さと信仰を前提とするアイデンティティの行為なのである [3]。Harding が指摘するように、福音を聴くことは人に信仰を体験することを可能にするが、しかしその人だけの信仰というものには語りを通じてしかたどりつくことができない。語ることは信じることなのである（Harding 2000: 60）。

　キリスト教徒としての言語実践の導入と受容は、習慣的な言語実践や新しい話し方を習得するという人間の潜在力に関する Sapir（1958 [1929]）と Whorf（1956）の議論の重要な教訓を、例証する事例となっている。Harding（2000）が調査を行なった共同体は、世俗的なものであれキリスト教に属すものであれ、英語という日常語のコードを共有していた。とはいえコードが「同じ」だからといって、キリスト教徒になった人々の思考にも連続性があると考えるべきではない（ある特定の道徳的、宗教的領域においては特にそうである）。Harding の議論は信仰の面における不連続性という説を強く支持するものだが、事態をいっそう興味深いものとしているのは別の水準に存在する連続性である。その連続性は、新しいディスコースの枠組み（聖書にもとづく言語）と、アメリカ合

衆国の世俗的および宗教的（キリスト教的）な発話共同体に主流な言語イデオロギーとのあいだにあり、そこにおいて人はほとんどつねに誠実に話すことが想定されている。しかしながら言語イデオロギーは、それがふだん結び付けられる言語から切り離される場合がある。それは通常、例えば植民地化や宣教活動といった文脈など、異なる発話共同体の接触が果たされるようなとき、とりわけ翻訳が生じるような場面で起こる。そのようなずれは、話すことと信じることのあいだの不揃いに帰結しうるし、またそうした文脈においてこそ不揃いやその再調整が目に見え耳に聞こえるものとなる。

　宣教活動は、共同体で話されている（時に複数の）現地語に加えて少なくともひとつの他の言語を、福音を伝えるための独自の話し方や言語イデオロギーとともに持ち込む。これらの言語とその翻訳は、新しい文化の論理を構成し伝達することに寄与し、既存の範疇や、それがその一部をなしあるいは反映していた諸活動や世界観を不安定にし、取って代わらせる。もともと安定し、一義的であった語彙や表現が、複数の使用域やコード、そして意味作用の体系という文脈において、複数の意味を帯びるようになるかもしれない。「キリスト教徒／キリスト教徒でない者」あるいは「内部者／外部者」など、社会的分類を指すための新しい用語が複数の主体の創造と配備を可能にし、1つの文化に1つの言語という古い考えに陥ることのないよう我々に警鐘を鳴らす。ほとんどの人は、自分が生きる時代を近代と思っていようとポストモダンと思っていようと、あるいはそのいずれでもなくとも、多価的ないし矛盾を帯びたようにみえる文化的実践にたずさわっているからである[6]。しかし宣教という活動は、ある特定の種類の変化を引き起こすために習慣となっている言語実践に対して直接かつ明示的な異議を唱え、またそのようなものとして、これまで内省されることがないか無意識になされてきた言語習癖を破壊し、その位置に新たな言語習癖を収めようとするありとあらゆる試みが刻まれていくような、劇的な文脈をもたらす。語彙と話し方の双方におけるこうした変化は、先陣を切って不連続性へと向かっていく、きわめて重要な身体化された実践のなかに見出される。現地人を改宗させる唯一の方法として福音伝道に現地語を用いるという宣教施策が断固とられたボサヴィにおいて、このことはとりわけ皮肉なことである。ボサヴィの観点からすれば、現

地語とは文化の定義と共同体のアイデンティティにとって本質的なものであり、言語をアイデンティティと場所に結びつける記号論的枠組みの一部をなしていたのである。

3. ボサヴィの住人とアジア太平洋キリスト教ミッションの略歴

　パプアニューギニア南部高地、大パプア台地にあるボサヴィ山の北側に、ボサヴィの住人は暮らしている[7]。この熱帯雨林の環境のなかで、2,000 人ほどのボサヴィの住人が 60 人から 100 人程度の共同体に散らばって居住している。彼らは焼畑農耕や狩猟、漁労を行い、そこから食生活における動物性タンパク質の大半を摂取している。ボサヴィ語には互いに通じ合う 4 つの地域変種があり、そのうちの 1 つがカルリ語（Kaluli）である。本論文で筆者は、言語と住人の双方をボサヴィと呼んでいる。住人の大半は現地語のモノリンガルで、少なくとも 1998 年まで村落での活動はほとんどボサヴィ語で行われていた。「平等主義的」と形容されるパプアニューギニアの他の小規模社会と同様、ボサヴィの住人は人類学者や宣教師、行政官との接触以前、読み書きのない世界を生きていた。

　ボサヴィの住人と政府の最初の接触は1930 年代に始まったが、長らくごく散発的なものにとどまっていた[8]。人口が少なくまた人口密度も低い、アクセスが比較的困難な地域や、木材などローカルな資源の採取が困難である地域にはよくあることだ。だがそうした地域にこそ宣教師は関心を寄せるものである。1964 年、オーストラリアの宣教団体「未伝地ミッション（Unevangelized Fields Mission; 以下 UFM）」に属す 2 人のメンバーがボサヴィの住人とごく短期の接触を果たした。彼らは宣教活動のための下準備を行なったが、それは小さな滑走路の建設と予備的な言語学調査から始まった（B. B. Schieffelin 2000）。

　UFM はペンテコステ派やカリスマ派と共通の主義信条を数多く掲げつつも、その世界教会的な志向や、キリスト教への改宗を劇的に、感情的に、そして目に見えるかたちであらわすと考えられている異言や聖霊の賜物の類を拒絶した。彼らはまた、ローカルな文化にも何かしらの価値がありうるという考

え方を嫌い（Weymouth 1978）、現地の世界観を人類学的に省察することによって改宗が促進されるかもしれない、もしくは少なくともシンクレティズムという架け橋が築かれうるという（カトリックやルター派などの）主流派宣教団体が採用する立場をも拒絶した。この小さく保守的でいずれの宗派にも属さない「信仰」宣教団体は、聖書を逐語的に解釈し、原典こそが神の直接の啓示を受けたもので、それが全ての説教の中心であるべきと考えた。そして、四終の教理―死、最後の審判、天国、そして地獄―を強調し、まもなく訪れるとされるキリストの再来が無信仰者へもたらす悲劇を説いた。

　UFM は「アジア太平洋キリスト教ミッション（Asia Pacific Christian Mission; 以下 APCM）」へと改称した。1970 年に 2 名のオーストラリア人宣教師がボサヴィに到着し、村落とは別にミッション・ステーションを築いたことによって、本格的な宣教活動が始まった[9]。彼らはメラネシア人について独自の考え方をもち、また一介のキリスト教徒でも、自身の信仰に導かれれば現地に関する知識をもたずして異教徒を改宗させることができると考えた。ボサヴィにおける唯一の宣教団体として、彼らは迅速な改宗を目指し精力的な宣教活動を繰り広げた。彼らはキリスト教への改宗を志願するボサヴィの住人に対して伝統的な諸活動をやめるよう、20 年間にわたって働きかけ続け、そして実際に、全てではないにせよ多くの住人がその通りにした[10]。彼らにとって、福音伝道という任務は教育や開発などのプロジェクトよりもずっと喫緊のものであった。というのも、サタンと政府の影響が原因でボサヴィに暮らす人々は「大いにうろたえているので、善悪の区別がほとんどつかなくなっている」からである（1971 年の会報より）。

　他のキリスト教保守派と同様、APCM のメンバーは、例えばキリスト教徒／キリスト教徒でない者、原理主義者／原理主義者でない者、救われた者／救われない者など、価値判断的な二項対立によって人を分類した。社会的、道徳的差異を指し示すこの価値判断的な二項対立は、熱帯雨林やブッシュ（hena usa）での生活の描写にも定位された。オーストラリアからやってきた彼らの、文明化された土地とはいかなるものであるかに関する期待が、現地の環境に対する彼ら自身の見方を形成した。彼らはジャングルや熱帯雨林を「暗く混沌とし、精霊に満ちた場所」と表現し、ただちに伐採して芝生を育てた。彼

らは森やブッシュを、村落にいる牧師やキリスト教徒の目が届かず、何をしていようと疑わしく見える場所と決めつけた。彼らに関する限り、ブッシュで過ごす時間（狩猟採集やしつけの時間）とは教会で過ごしていない時間であり、彼らはブッシュにとどまることを選んだ人々を頑固で反抗的、そして選択を誤っている人々と特徴付けた。これによって、教会／村落とブッシュでの活動のあいだには張り詰めた対立が作り出された[11]。

　APCMはすべてを選択の問題として提示したので、地上での日常生活におけるいかなる意思決定も、死後の行き先が天国か地獄かを決定するものとされた。選択や分断などというこのような概念は、キリスト教化前のボサヴィの文化的信仰には存在しないものであった。そこにおいて例えば死は、つねに妖術などの超自然的な原因によるものであって、呪い殺された人物の過去や現在の道徳的、社会的ステータスとは関連がなかった。宣教師の時間に対する見方からすれば、現在とはつねに未来への準備にかかわるものであった。終末後の時間において道徳的アイデンティティにもとづく共同体を作り上げるという彼らの任務は、聖書に書かれた分断のディスコースを通じて実現されていった。そしてそのディスコースは、争いの比喩やその他キリスト教におなじみの対立的な主題によって伝えられた。

　福音伝道が着実に進んでいるという確証を必要とする宣教師らは、キリスト教徒の信仰心をあらわす自由意志の行いが遂行されていないか探し求めた。オーストラリアの支援者へ送られた会報では、ボサヴィ人キリスト教徒が伝統的な踊りに参加するのをやめる決断をしたことが、彼らの改心のあかしとして報告されている。「このように重大な社会的事柄にこそキリスト教徒と『外部者』を分かつ線が引かれるであろうということ、キリストの名による分断の予言が必ずや成就するであろうこと、そしてキリスト教徒たることにはある種の対価が払われねばならないことなどを、この機会に指摘しました」（1973年の会報より）。この宣教団体にとって分断という概念は他者化の過程と一体となっており、従おうとしない人々は「外部者」呼ばわりされた。そうした分断が現在いかなる文化的、社会的な結果を伴おうとも、キリスト教徒としての未来という恩恵のほうがはるかに勝っていた[12]。

　パプアニューギニアの多くの宣教団体と同様、APCMは地理上の境界に対

するローカルまたは文化的な現実にほとんど注意を払わなかった[13]。政府の支援のもと、宣教師は土地を開墾しそこにローカルな地名を冠したミッション・ステーションを設立した。とはいえステーションは、全くもって新しい種類の空間であった。それは土地を支配する権威（宣教師）がいる宗教的、社会的中心で、人や物、土地に関する情報の循環を可能にしたり禁止したりした。宣教師は、どのような活動なら行われてもよいのか、そしてどの言語が用いられるのか（トク・ピジン語、英語、そしてボサヴィ語）を決定した。彼らは自身とステーションを、牧師の養成や聖書学校での教育を通じて彼らの日常的な活動や道徳的なスタンスがそこから伝達されていく中心（*misini us*）と定義した。ボサヴィ人牧師らはこうした新たな空間範疇を学び、それらを他の範疇とともに、村落における社会的、道徳的な名称へと変容させ、拡大して適用させていったのである。

　読み書きのないこの社会の成員に宣教師が自身の概念や聖書の言葉をいかに伝えるかという問題にとって、言語の選択は中核的なものであった。現地の文化的実践を改宗への障害物とみなしたのと対照的に、現地語に関して彼らは、多くのプロテスタント宣教団体と同様、福音宣教および改宗にとって決定的に重要なものと考えた（e.g. Handman 2007）。APCM の宣教師兼言語学者である Murray Rule は、Edwin W. Smith の聖書翻訳に関する 1929 年の著作を喚起しつつ現地語を「人々の魂の神殿」として描いたが（1977: 1341）、これは多くのプロテスタント宣教団体や聖書翻訳プロジェクト（夏期言語研修所、ウィクリフ聖書翻訳協会）に通底する言語イデオロギーと明白につながるものである[14]。Smith は現地語を、何か聖なるものを安置した神殿だとか、人々の心へと続く道、そして文化的実践と深く結びついたものと考えていた。彼は、宣教師が聖書の最も重要なメッセージを伝えられるようになるために現地語に通暁すること、そして同様に現地語の読み書き教材を作るために辞書や文法書を編纂できるようになることを期待した。

　ボサヴィの宣教師はこの理想に適合していたわけではなかった。とはいえトク・ピジン語が流暢に話せたことから、それを理解できたわずかなボサヴィ男性とコミュニケーションを行なった。彼らの目的は迅速な改宗であり、現地語の読み書きに関してごく基礎的なイニシアチブをとった一方で（Schieffelin

2000)、書かれた辞書の翻訳についてはほとんど尽力しなかった。代わりにト
ク・ピジン語の聖書 *Nupela Testamen*（1969）を用いて現地の男性を牧師として
養成し、彼らに（トク・ピジン語からボサヴィ語への）翻訳作業を任せたのである。
それはもっぱら口語的で、また比較的自由なものとなることとされた。宣教
師は現地語を単純かつ不適格、必要不可欠な語彙さえ欠いたものと考えてい
た一方、それにもかかわらず現地の牧師によるトク・ピジン語からボサヴィ
語への逐語訳は、福音の意味を平明にわかりやすく伝えるであろうと思い描
いていた[15]。言語的実践と文化的実践を相互に連関した記号論的体系とみな
すことのなかった彼らは、言語のコードから文化的な意味を切り離すことを
比較的造作ないことと考えたのだ[16]。

　20 年にわたる宣教活動にもかかわらず、サタンにとらわれ混沌に生きる
「石器時代」の人々だとか、妖術師、食人種、そして首刈り族などの類として
ボサヴィの住人をとらえる宣教師らの偏見や記述はほとんど変わらなかった。
彼らの任務は伝統的な信仰や活動を否定することであり、それら信仰や活動
の全ては聖書の倫理に反するものであった。彼らはキリスト教徒になること
を望む人々に同じように振る舞い過去と完全に決別することを求めたが、そ
れは多くの伝統的な活動や文化的信仰や価値、実践から距離を置くことだけ
でなく、それらを拒絶することをも意味していた。そのなかには、キリスト
教徒としてのあり方を取り入れない親族との絶縁までもが含まれていた。現
地語に連続性が求められたのとは対照的に、現地の文化的および社会的実践
に関しては、文化の不連続だけが唯一容認されうる選択肢なのであった[*4]。

4. ボサヴィは場所から空間へシフトする

　宣教活動とそれを組織立てていた全体化するキリスト教的ディスコースの
結果として、象徴的な意味や社会関係の根源としての場所（そして名付けられた
場所）というボサヴィの概念が、キリスト教的な空間の概念へと変容した。こ
うした空間的な二項対立や隠喩を表現するための新しい用語やイディオムが
キリスト教的なレトリックと実践から生み出され、それがボサヴィの慣習的
な実践の破壊につながった。もっとも一部の領域において連続性は明らかに

見られたが。短命に終わる場合もあったこれらの連続性の背後では、キリスト教徒の言語社会化を通じた人と場所に関する範疇の枠付けなおしや名付けなおしという、より深刻な動きが進行していた。

　パプアニューギニアの大部分において、あらゆることは名付けられた場所で生じる。ボサヴィにおいてローカリティと場所の名前は、重要な儀礼や出来事を個人的な体験として覚えておくための記憶術上の手がかりとしてのみならず、日常的な社会性の参照先としても機能していた（E. L. Schieffelin 1976）。Feld（1988, 1996）の民族音楽学的研究（1970 年 –1990 年）は、ボサヴィの詩学と感情、そして場所の関係をさらに掘り下げて検討しており、例えば泣き歌のなかで場所の名前が次々と引用されることが、社会関係や時間の感覚をとどめた地図をいかにして作り上げたのかを示している。場所の名前の連鎖は、人々が様々な活動をともにおこなっていた時間よりも場所とより深く結びついているが、Feld（1996）が言うように、話し、歌い、あるいは泣いて悲しむときに、「ある人物やその人の人生における忘れがたい部分が、語りによってある定位された時 − 空間へと即座にそして入念に位置付けられる仕方たるや、実に印象的なものである」（Feld 1996: 111）[17]。ボサヴィの住人にとって名付けられた場所は共有された記憶をコード化したものであり、ブッシュのなかでの自身の場所の社会的、象徴的正当性という人々の考え方が、仲間同士や隣人、そしてより広い外部のキリスト教世界から彼らを差異化していた。

　言語と場所も同様に結びついていた[18]。ある人物の話す方言は、その人の母親のアイデンティティ、あるいはその人を育てた人物や近親者の出身地を示していた。現地語に情緒的な結びつきが刻み込まれているのだとすれば、「母語は人々の心を開く鍵」という Smith（1929: 45）の所見は、現地語を用いて宣教を行う事に対するもう 1 つの確かな正当性を与えている。

　ボサヴィの住人にとって現地語を話すという活動は、自分が何者でありどこからやってきたのかに関する連続性と、それを身体化された仕方で記号論的に示すしるしを提供するものであった。こうしたボサヴィの社会性と社会生活一般に中心的なものであった指標的な関係は、聖書翻訳とそれに関連する読み書き活動にふさわしいものとはみなされなかった。ある人の現地での血縁関係を指標する言語変種は、ボサヴィのアイデンティティをキリスト教

の観点から位置付けることにおいて、文字通り消去されたからである[19]。しかしながらボサヴィの人々にとって、翻訳借用や借用表現を通じて現地語に起こっていた語彙上の変化は、ローカルな意味において語彙が「変わった」とは認知されていなかった。それとは対照的に、宣教団体や政府との接触の結果として生じた新たなジャンルや言説戦略のほうが、現地語を用いながらも、外来のもの、ないし新しい話し方の様式としてメタ言語学的には有標化されたのである（B. B. Schieffelin 2008a, 2008b）。

5. 宣教のメッセージに対する現地の応答

　ボサヴィにおいて、空間を共有することは食物を共有することと似ている。いずれの文脈でも、人は社会性と互酬性の行為に参与し、帰属とアイデンティティを遂行し、そして情報を交換する。「空間」を「場所」へと変えるのは、まさにこうした社会的な行為と、そしてそれらが記憶される仕方である（Casey 1996; Feld 1996）。キリスト教の受容は、家屋の様式や村落のレイアウトの変更という、キリスト教徒とキリスト教徒でない者の志向やアイデンティティを指標することとなった変化を通じて、共有された空間のパターンを変容させた。

　60人から100人程度で構成される伝統的なボサヴィの村落には、あらゆる儀礼活動や家庭内の活動が行われる、ジェンダーに応じた住み分けのある共用のロングハウスがあった。1960年代終盤、政府の視察官が衛生上の理由およびロングハウスを「原始的」とみなしたことから、より小さな家屋の建設を促した。拡大家族は村落の囲い地の縁に沿ってロングハウスの様式を基本とする小さな家々を建てたが、彼らは好きなときに料理や子育てをし、睡眠をとることのできる居場所をロングハウスの暖炉の周りに確保しておいた。それが、実際に多くの人がしばしばしたことであった。

　宣教団体は小さな世帯への移動を支持したのみならず、牧師にもキリスト教的な生活様式をとるよう勧めた。その結果、村落を社会的に分割する事実上新たな形態が生じ、それは目に見え耳に聞こえうるものとなった。教会や牧師の畑をつくり、住居を建てることは、村落の一空間をキリスト教的な空

間として制定することに役立った。建築にあたって伝統的なブッシュの素材を用いる代わりに、牧師の家は釘を用いて建てられ、窓やドアには製材が使われ、鍵がとりつけられた。ロングハウスには、夫婦が互いに料理している様子や暖炉の周りで眠っている様子を互いに見ることのできる背の低い仕切りがあったのに対し、竹編の壁が料理や子育て、休息のための別々の部屋を作り出した。他のキリスト教徒もやがてこれに倣うようになり、キリスト教スタイルの新しい家屋が密集して建てられると村のレイアウトは再編成され、日常的な社交の構造や各所で聞かれる会話の種類にも影響が及んだ。キリスト教徒の空間では静かに話し、祈り、あるいは聖歌を歌うこととされた。大声を出すことや怒鳴ること、そして他のいかなる言葉の行為にもまして冒涜的な言葉は禁止された。宣教師は、否定的なものとして評価される活動に参与したりその様子を耳に入れたりすることのないよう、ロングハウスの居場所を明け渡すようキリスト教徒に強く勧めた。

　宣教団体との接触以前は、親族とジェンダーが社会における相互行為を形作り、年齢やジェンダー、婚姻の状況などの社会的差異は言葉の実践および言葉によらない実践を通じて示され規制されていた。例えば、食物に関するものや男女の接触、そして姻族に対する言葉や視線による忌避関係などの伝統的な禁忌に従うことは、社会的ステータスの指標となるだけでなく、誰が誰と関わったり共有したりすることができるのかを空間的に決定するものでもあった。キリスト教徒は伝統的な禁忌を放棄するよう期待され、同時にコミュニケーションのパターンやその他社会的活動の側面における変容をも経験することになった。そうすることで、彼らは類似と連続性をあらわす新たな範疇を作り上げ、それは村落や家庭の布置のなかで目に見えるものとなった。また同時に、彼らは分断と不連続性の新たな形態をも創出し、それはキリスト教的な空間をキリスト教的ではない場所から区別する意味をもつ新たな視覚上の実践や言葉の実践を通じて、はっきりと際立つものとなった。

　宣教団体のレトリックは、他のあらゆる社会的および言語的アイデンティティをはるかにしのぐ優位性を宗教上の帰属に与えることを目指すものであり、ボサヴィ人牧師はこれを達成するためにミッション・ステーションで学んだことを活かした。キリスト教徒と外部者のあいだに線を引くという宣教

師の発言を文字通りに受け取った彼らは、「キリスト教の中心（geleso us）」というフレーズを用いて自らを「中心」あるいは「内側（us）」[20] に位置付け、そしてキリスト教徒でない者を「端」、あるいは「周縁（ha:la:ya）」に住んでいる人々と名指した。

　分断と排除というキリスト教の概念を現地語へ翻訳することは、広範囲にわたるディスコース上および実践上の影響をもたらした。例えば共同体のメンバーシップや親族に関する既存の範疇が変化しえたし、実際に変化した。空間に関する「中心（us）」と「周縁（ha:la:ya）」という語は、変容するメンバーシップを伴う新たな社会的二項対立と類像的に結びつけられ、記号論的に拡張されていったのである。キリスト教徒になることを望むボサヴィの住人は、宗教上の帰属にもとづいた社会的差異化を指標するためにこれら新たなラベルを採用した。「端にいる」人々に対する自身の優越を主張するキリスト教徒は、自らを位置づけ直すため、そしてキリスト教徒ではない親類に勝る権威を自らに付与するためにこれらの語を用いた。かつて平等主義的であったこの社会において、新しく名付けられたこのヒエラルキーに対して異議を唱える非キリスト教徒は、事実上皆無であった[21]。

　これら新しい社会範疇は、登場するやいなやあらゆる発話の文脈で用いられるようになった。例１はその効力を示している。この会話は、教会へ加わったボサヴィ初の独身男性である Hasili が、1976 年にオーディオカセットに録音した親族への伝言からとられている。彼は読み書きをしないため、カセットに声を録音するから親類の Degelo と Osolowa に聞かせてやってほしいと筆者に頼んだのである。この男女はボサヴィ初のキリスト教徒であり、Lae にある牧師養成校に３年間通っている。筆者は彼らをのちに訪ねる予定だった。Hasili は、彼が２人から預かっていた金銭が、自身の金銭と一緒に盗まれてしまったことを告げ、そしてこの窃盗の原因と思われることも報告した。それは、彼自身とイトコである Osolowa の姉妹とのあいだの情事が見つかってしまったせいだろうという。Hasili は自身を、かつては「キリスト教の中心 geleso: us」にいたものの、今や「端へ行って ha:la:ya ane」しまい２年も教会から追放されてしまったと説明する。Hasili に対する Degelo の返答は、これら概念の用法を例証している。

（例1）

1.　misini usami godeya: ene wi wa:la iliki
　　私はミッションの内側にいる、神の名のもとにいる

2.　ge o:go: mada ha:iten hena lab ge nodo: sedaleob:da: dowo: ko:m
　　お前は今、本当に異教の地にいる、お前は完全にサタンの側へ行ったのだ

　Degelo は「ミッションの内側に」、また「神の名のもとに」とどまっている
など、新しい場所化の用語で自らを定位する。Hasili が自身のことを「端へ
行ってしまった（ha:la:ya）」ものとして、つまりキリスト教のレトリックにも
とづく彼の新しい道徳上の地勢の一部として言及していたのに対し、Degelo
は自身と Hasili のあいだの差異をさらに押し広げる（2行目）。彼は Hasili を
さらに遠くへと追いやり、キリスト教の秩序における「異教徒の地」や死を
暗示する場所である「サタンの側」という領域を彼に割り当てなおしている。
[全ての人がすでにキリスト教徒であるミッションに暮らす Degelo と異なり] Hasili はボサ
ヴィに暮らしているので、Degelo の言う「異教徒の地」とは、[まだキリスト教
徒になっていない人の住処でもある] 村落のことでもあるかもしれない。Degelo が
続けるには、もし金銭が発見されたとしても、自分はもはや「地上のもの」
には興味がないので返してもらう必要はないという。これはもうひとつの重
要なキリスト教範疇で、次項で詳しく論じる。
　「ミッションの内側（misini usa）」は、ブッシュ以外のすべてのものを指標して
いた。それは秩序があり、予定調和の状態にあり、そして近代的であった。
人が行うことはすべて目に見え、公共的な性格を帯びた。それは物理的な空
間であり、またより一層重要なことに、道徳的な空間でもあった。宣教師は
村落もそのような空間であることを望み、彼らは現地の牧師とともに、人々
に村落にとどまって教会へ通い、そして目の届くところにいるよう命じた。
1984 年におこなわれたある説教のなかで、Tulinei というキリスト教徒でな
い人が、村から「遠く離れて（ko:na:）」暮らしており「近くに（mo:uwo:）」い
ないという理由で槍玉に挙げられ非難された。彼はブッシュ（キリスト教徒にとっ
てネガティブな道徳的評価をもつ場所）に出かけていたため、足の痛みを治療する

ために彼を呼んだ医療従事者の声が聞こえなかったのである。牧師はTulinei
と他のすべての人に向けて、間違った場所にいるということは声を聞くこと
ができないということであり、したがって癒されることがないことを意味す
るのだと力説したが、この修辞法が牧師によって用いられたとき、身体的な
癒しは道徳的な癒しへと直接結び付けられていた。牧師らは、村落という物
理的に正しい場所にいるだけでは十分ではなく、教会という正しい道徳的空
間に進んで生きなければならないのだと、人々に繰り返し警告した。

6.「地上のもの」

　伝統的な文化的コスモロジーの一部として、ボサヴィの人々は垂直の軸に
沿って位置づけられるさまざまな種類の精霊と関係をもっていた。死者の精
霊（「過ぎ去りし影（ane mama）」）は、鳥のように主に人々の頭上の（iwalu）梢で暮
らしているのに対し [22]、人は地面ないし地上（hena）で暮らしていた。現地
人の牧師は、新しいキリスト教の聖像学との関係で人々が自身について考え
るであろう仕方を枠づけなおすために、この垂直的な空間の関係を利用した。
「過ぎ去りし影（ane mama）」に関する伝統的な信仰を切り捨て、牧師らは神と
イエス・キリストを「いと高きところ（iwalu）」に位置づけ、いつも全ての人
の上にいるのだという点を強調した。人間は地面あるいは地上（hena）に位置
付けられ、ボサヴィ人牧師ら自身はhenfelo: kalu（文字通りには、「地上の人」）と呼
ばれた。これは差異を強調していただけでなく、神とイエス・キリストを文
字通り仰ぎ見、服従する姿勢をとる人々の重要性をも表現していた。一見地
味なやり方のように思える一方で、説教やこうしたイディオムを通じて、牧
師らは地面や地上、そしてより一般的に言ってブッシュの価値を意味付けな
おし、それを地上のもの／地上のものでないものという新しい二項対立に含
めるうえでネガティブな意味を付与したのである。「地上のもの（hen felo:wa: no:
keligo:）」というキリスト教のイディオムは、抽象的なキリスト教概念ともとら
えられうるが、多くの人によって広範な種類にわたる物品や欲望を言いあら
わすために、そして特に宣教団体によっては、穢れたものとされた金銭やそ
の他物品などを言いあらわすものとして文字通りに受け取られた [23]。キリス

ト教への改宗を望む者は、ありとあらゆる「地上のもの」を避けるよう命じられた。

さらに、信者と信者でない者を分かつ最後の審判に関する黙示録的な語りの大筋において地上が混沌の場所として表現されただけでなく、そのコスモロジーにおける空間の分断にもとづいて、ある新たな社会範疇が牧師らによって確立されていった。その社会範疇とは、「地上に取り残される人々（hen felo:wa:no: ta:fa:no: ha:na:ib）」とそれ以外の人々というものである[24]。こうした社会的な分断は、人はみな、死んでもせいぜい鏡像世界の同じ領域にとどまっているという、キリスト教以前の考えと対立するものであった。「地上のもの」というイディオムは「ブッシュの奥深く（hena usa）」ないし森のなかとも組み合わさり、ブッシュとネガティブな道徳的意味のあいだの関連づけは、キリスト教徒の空間の内側にいることと対立させられたのだが、後者ははっきりとポジティブなものとして示されていた。例えば、1976 年に Hasili が録音した伝言への返事として、Osolowa（Degelo の妻）がこの対比を用いて自身の主張を繰り広げている。「ブッシュ（bus）」というトク・ピジン語の語彙への切り替えは、彼女の否定的なスタンスを一層強調する。

（例2）

niyo: mogago: henamima ko:lo: bus amima ko:lo; niyo: mada geleso: usa, nafa usa so:l
私たちは**悪い土地**に、すなわち「**ブッシュ**」にはいません。私たちは**キリスト教徒の空間**に、**よき空間の内側**にいるのです

7. キリスト教徒になることを示す新たな社会範疇

自身の過去から距離を置くという任務の一環として、ボサヴィのキリスト教徒は自らが拒絶する考え方やものの範疇を、自らが望むものの範疇から区別するための話し方を発達させた。彼らは過去との不連続性に関する自らの確信を表現するだけでなく、キリスト教徒としてのスタンスや活動に自らを熱心に適合させた。彼らは拒絶すべき実践や信仰を「父親たちが知っていたこと／行っていたこと」として会話のなかでくくることによって、それらが

もはや自分たちの主体性にとってふさわしくない、あるいは価値がないことを公にし、明示的に述べた。例えば聖歌について話すとき、それは「父親たちの歌 (*gisalo*)」とは異なるものであることをあからさまに強調した[25]。こうした表現は、親族と世代を引用することによって、キリスト教共同体のなかでのメンバーシップを表明するために必要不可欠であった対立と連続性を指標した。ボサヴィのキリスト教徒は現地語を用い続けたが、同時に彼らは新たなアイデンティティを表現する方法としてキリスト教の概念を絶えず参照することを通じて、現地語そのものを再編成してもいったのである。

またキリスト教徒は、キリスト教徒になるための3段階とされるものを指すための新しい用語を発達させ、それをさらなる社会的差異化の範疇としても用いるようになった。第一の範疇は「名前が書かれた (*wiyo: dife*)」というもので、地域の教会の登録簿に自身の名前を書く、もしくはより一般的には、牧師に名前を書いてもらうという公的な行為をあらわす。これは、教会の奉仕に従事し労働を通じて貢献を行うという自発的な意思をあらわしていただけにとどまらない。登録簿に名前を書くということはそれを公的なものや永続的なもの、そして近代的なものにするということでもあった。人々はこの語を用いることを、キリスト教的でない活動、例えば伝統ある儀礼的活動にまつわるあらゆることやタバコを吸うことなどに参加しない理由になると考えていた。牧師らが言うには、神はこの登録簿を見ることができるが、本当に重要なのは洗礼を受けること、そして奉仕を続けることである。長期にわたって「名前が書かれた (*wiyo: dife*)」で居続けることは可能であり、実際に多くの人がそうであった。

第二段階の「単なるあるいは空虚なキリスト教徒 (*geleso moso*)」は、教会で聖書学習に参加してはいるが、まだ洗礼を受けていない人のことを指す。キリスト教徒をあらわす語 (*geleso*) と、*moso* という語——これは食べ物をあらわす語彙につく修飾語で、例えば「単なるサゴ、あるいは緑色をしていないサゴ、果肉のないサゴ (*man moso*)」のように用いられる——が組み合わさることで、あるべき何かが欠けていることを意味した。人々は *geleso moso* を、洗礼を受ける前の数年としてしばしば用いた。第三の用語「水のなかに押し込まれた (*ho:na to:lolo:*)」は、洗礼を受けたキリスト教徒のことを指しており、彼らはキ

リスト教化という連続的な変化の最終地点に自らをディスコースのうえで位置づけるために、このラベルを用いたのである。

　これらの語は、キリスト教徒としての帰属と認知に関する範疇のヒエラルキーを創出し、他のフレーズとともに、キリスト教徒のアイデンティティをディスコース上で強調し主張するために用いられた。例3は、1976年に2人のボサヴィ人男性、すなわち Degelo（Lae での牧師養成校に入学した人物）とボサヴィに暮らす未婚男性 Kulu とのあいだで交わされた、カセットテープでの伝言のやりとりである。Kulu は自分が洗礼を受けたという知らせを送り、その後に以下、筆者が書き起こした Degelo の返答が続く。

（例3）

1.　ne ho:na to:lolo: ge ha:lu geleso kalu dowo:
　　私は**洗礼を受けた**、おまえはキリスト教徒になろうとしていたところだった

2.　o:go: mada ge ha:la:doba: elen ko:sega ya:sa:ga: nelo:wa doma:miyo: ....
　　おまえは**端**にいた、しかし今は私と一緒にいる

3.　mo: ge ha:la:ya elenba kosega hedele ge ho:namiyo: se mo: to:lolo: a:namiyo:
　　niyo:liya:yo: ha:lu ele o:ngo:wo: difa:ya sen
　　いいや、おまえは本当に**端のほう**にいたわけではない、でもおまえは洗礼を受けていなかったので、我々のあいだには小さな境界線があったようなのだ

4.　a:la:fo:ko:sega o:go: ge ta:nufo:miyo: nelo:wamiyo: ko:lo: — mada sagalo: a:la:
　　so:lo:l — a:la:fo:ko:lo: — mada hedele kobale mada —
　　だから今おまえはそれを乗り越えて私がいるところにわたってきた、私は本当に嬉しいと言う本当に

5.　o:go: ge mada ho:na to:lolo: ko:m a:la:fo:ko:lo: made ne sagalab hedele nilo:doba:da:
　　dowo: nelo:lo:ba:da: doma:miyo: lo:do: a:la: asula:sa:ga;
　　今おまえもついに**洗礼を受けて**、私はおまえがいまや**私たちの側**にいることが本当に嬉しい、おまえはまぎれもなく**私の側**にいるし私もそれがよくわかる

6.　o:go: na:no: imilisi bowo: o nowo: imilisi dowo: imilisi dowo:lo:do: a:la: asula:sa:ga:
　　mada o:m so:lo:l —
　　今私たちは同じ母親の乳を飲んでいるかのようだ、あるいは同じ母親をもち、同じ父親をもっているかのようだ、だから私はおまえにありがとうと言うように思う

Degelo の返答には、ともに現地の牧師やオーストラリア人宣教師と頻繁に接触した最初のボサヴィ人である 2 人のあいだの、キリスト教徒としての微妙な競合関係があらわれているにとどまらない。それは、差異を強調するための新たな修辞法のスタイルの例でもある。初の現地人牧師の 1 人である Degelo は、この知らせに喜びを表明する一方で、2 人がつねに同じであったわけではないことを Kulu にただちに思い起こさせる。1 行目で Degelo は、差異をあらわす新たなキリスト教範疇を用いることによって、Kulu がキリスト教徒（文字通りには「ほんのすこしキリスト教徒」）になろうとしていたところだったとき、自分はすでに洗礼を受けていたことに触れる。2 行目で Degelo はキリスト教的な場所の二元的なイメージを用い、Kulu はもともと「端に」いたが、今は中心へと、つまり Degelo のいるところへとやってきたことを伝える。Degelo はそのことを、「今は私と一緒にいる」と言う。そして 3 行目で Degelo は、Kulu がかつては「端のほうに」いたという主張を再び取り上げ、その差異について彼がどう感じていたかを明示する。誰かの畑や土地を、他の人の畑や土地（それらはつねに名付けられた場所であった）から区別する境界線をあらわす語 *ele* を用いながら、Kulu の洗礼とはこの「境界線」すなわち 2 人のあいだの差異を取り払うものであったにとどまらず、Kulu はいまやキリスト教徒の中心／周縁という二項対立のうち、いかなる場所の名前も冠することのない Degelo の空間を共有するようになったのだとも告げる。4 行目で Degelo は、彼自身（とキリスト教）を中心に据え、Kulu は Degelo のいるところへとわたってきたのだと描写し、加えて 5 行目では、それが「私たち」（複数形）の側（すなわちキリスト教徒の側）なのであり、そしてそれが「私」（単数形）すなわち彼自身の側であるという主張を繰り返している。Degelo のもつキリスト教の枠組みからすれば、互いに対立し競合する側同士のいずれにつくのかが全てなのであり、彼の返信は、自分たちが何者であるのかに関する新しい考え方をはっきりと示している。どこにいるかが、何者であるかを定義する 1 つの方法なのである。もっとも、Degelo が浮かび上がらせた空間的な領域は、伝統的なボサヴィの場所の感覚とはかけ離れている。後者は、共有され名付けられた場所と場所に定位された経験から、アイデンティティを指標するものであった。

さらに6行目にある Degelo の最後の発話においては、2人のキリスト教徒としてのつながりと、そして暗に、彼らとキリスト教徒でない者との差異が強調されている。親族名称を用いることで Degelo は、交叉イトコである Kulu に兄弟という範疇を与えなおし、共有された兄弟関係というイメージを喚起している。彼は自分たちを、同じ母親の乳を飲む2人の子どもとしてのみならず、同じ父親をもつ者としても描き出した。共有された血液というのは、人が得ることができるものの中でもっとも親密なものであり、Degelo は親族と場所を―それに言及することなしに―喚起することによって、新しい架空の平等性という社会関係を創出しているのである[26]。

8. 結論

　本論文は、キリスト教化、特に連続性と不連続性のさまざまな過程と動態をいかにとらえ理論化しうるのかを理解するための貢献として、言語人類学からの視点を提示するものである。そのような接触状況においては複数の利害と競合するイデオロギーがつねにせめぎあっているという観点に立ち、プロテスタント宣教団体の一原理主義――一派が、ボサヴィの人々の変容―改宗―を思い通りに達成するために文化と言語をみつめ、そのそれぞれに対していかなるスタンスをとったのかに焦点を当ててきた。宣教のイデオロギーは、ボサヴィの文化と言語を異なる独立した実体として、そしてそれぞれを異なる仕方でたやすく分離されたり評価されたりすることのできるものとしてとらえていた。実際に、彼らの目的が達成されるためにはそうされねばならなかった。それゆえ宣教という観点から言えば、キリスト教徒になるということは文化に破壊や断絶、すなわち不連続性をもたらすことを意味していたが、そのためには言語の連続性、すなわち現地語の使用が必要とされたのである。

　ボサヴィの住人は、宣教団体によって禁止された文化的実践を異なる一連のタブー（mugu）として範疇化していた。改宗を望む人もすでに洗礼を受けた人も、それらのタブーを少しの改変も加えることなく遵守することが期待された。それはボサヴィの人々が現地語を扱い、それについて語っていた仕方とは対照的であった。というのも言語は比較的柔軟なものとして、そしてキ

リスト教的な言語変種や使用域を創出するという言語的な刷新を通じて順応させられうるものとして考えられていたからである。特定の忌み言葉やフレーズの禁止に対処する方法さえ存在していた。自身の言語や文化に対する概念を伴いつつキリスト教概念をトク・ピジン語から現地語に翻訳した現地人の牧師の存在にもかかわらず、言語上の刷新はローカルな言語イデオロギーを脅かすものではなかった。というのもボサヴィには、他処の語彙や歌詞を自分たちの言葉の実践へと取り入れてきた歴史があるからだ[27]。新しいキリスト教徒の現地語変種（*misini to*）の発達は、従来経験されてきたいかなるものよりもわずかばかり体系的かつ広範で、目的をもったものであり、その典拠となったトク・ピジン語の聖書 *Nupela Testamen* はそれ自体現地で名声を博した。

　こうした新たなディスコース実践の展開についての録音やトランスクリプション、そして民族誌的分析は、ボサヴィの住人自身がこのような変化の過程にいかに主体的に関与してきたかを明らかにしている。彼らは異なるディスコースの世界を、自身の解釈の手続きを通じて理解し、翻訳し、そして意味付けようと奮闘するなかで、宣教団体の直訳主義という伝統に導かれたトク・ピジン語の逐語的な意味に親しみつつも、自身の言語を再形成していくこととなった。宣教活動の歴史と軌跡を考えると多くの仔細な点はボサヴィに固有のものであったとはいえ、言語の刷新と新たな社会範疇の出現は、例えそうした革新が、相互行為のなかで生み出されては短命に終わる可能性を帯びている場合であっても、動的で急激な変化のいかなる文脈においても記録されるものと言えるだろう。しかしながらそうした変容は、多くの場合言語使用者の意識にはのぼらず、改宗や文化変容のナラティブの一部となることもない。ここに示してきたものおよびその他のテクストや相互行為の素材は、もっとも際立っているのは誰の視点であるのか（宣教団体や現地の宣教師、人類学者）、またどの（言語的、文化的）実践やイデオロギーなのかに応じて、連続性と不連続性の問題が複雑にもつれあい、動的なものになるということを示している。ある領域は変容するかもしれないが、別の領域は、少なくとも現地人の理解においては、多かれ少なかれ同一であり続けるかもしれないのである[28]。[*5]

　現地語が保持されたのと対照的に[29]、場所とその名前の意味や重要性は、

現地で生み出され自己の感覚や記憶にとって中心的な位置を占めていたものから、持ち込まれたキリスト教的な空間概念へと急速に変容していった。この領域においては不連続性の明白な例をみることができ、それは文化的、社会的生活に対して甚大なインパクトをもたらした。APCM の修辞法の結果であるこの脱－場所化は、ボサヴィにのみ固有のものだったのではない。それはパプアニューギニア全土で変異を伴いながら生じている。Robbins（2006）が論じたように、異なる社会が場所に意味を付与したり、場所に社会的、象徴的結びつきを維持したりする多様な仕方を理解するために、またそれのみにとどまらず、人々が自己の感覚そのものを定義する上で強力に体感していた連関を、時にひどく突然手放すようになる仕方を跡付けるためにも、単一の事例を詳細にかつ現地における重要性に照らして検討することから我々が学べることはきわめて多い[30]。

Robbins によって記述された Urapmin のケースと同様、キリスト教はボサヴィに対しても、場所の感覚から人々を引き離すための、一連の新たな概念範疇と儀礼的手段をもたらした。ボサヴィにおいて顕著だったのは、土地に根ざしたものでもなければ場所に定位されたものでもないが、改宗した者としなかった者という、選択と差異、そして分断の結果としてのメンバーシップにもとづく、グローバルな広がりをもつ想像のキリスト教共同体への参画を約束することであった。ボサヴィにおいて、これら新しい概念範疇が現地語へ翻訳され、現地のキリスト教徒のディスコース実践の一部となるにつれ、それらは社会生活や関係性を形成することとなる「既存の範疇」と化す道を辿っていった。これらディスコース実践は、現地語での使用を通じて、物事のあり方そのものとして、そして少なくともキリスト教徒にとっては自らが誰であるのかを語る仕方として考えられるようになり、自然化されてゆくこととなった。それを十分な回数用いることによって、キリスト教徒は新たな社会的現実と、関わりのための一連の用語を生み出すことを望み、実際に 1980 年代後半を通じてそうしえた。土着の時間感覚を変容させること、村落をキリスト教徒の空間とキリスト教徒でない者の空間へと再編することは、この新しい体制の物理的で身体化された感覚を生み出すことに寄与したのである。

しかしながら 1990 年になって、オーストラリア人宣教師はボサヴィを去

ることに決めた。多くのボサヴィの住人が「ミッションの内側」にとどまることができず「端へ」と陥ってしまうことに彼らは失望し、会報には、ボサヴィのキリスト教徒が果たしてグローバルなキリスト教共同体に包摂されることができるのかに対する彼らの疑念が吐露されている。政府や開発、資源採取プロジェクトといった現金収入を獲得するための機会が思いがけず外からやってきたことで、多くの若い男性がボサヴィを離れ、「地上のもの」を探し求めにいってしまったのだ。残された課題は、精力的な宣教活動を経験したボサヴィの住人が、いかにして自らの場所を見つけ出していくのかということのみにとどまらない。急速に変わりゆく社会世界のなかで、彼らは自らが誰であるのかについての一貫した感覚をいかにして作り上げていくのかも、引き続き見ていく必要があるだろう。

謝辞

　ボサヴィへのフィールドワークにあたり、アメリカ国立科学財団、アメリカ哲学協会、そしてヴェナー゠グレン人類学研究基金より助成をいただいた。また、全米人文科学基金、米国学術団体評議会、ジョン・サイモン・グッゲンハイム記念財団も、この研究プロジェクトについて考察を深めるために必要な時間を与えてくださった。記してここに感謝申し上げる。そして Joel Robbins 氏にも、*wantok tru tru*。

注

1——例えば、Guhu-Samane（パプアニューギニア）のプロテスタント教会における言語選択と翻訳実践について、Handman（2010）による示唆的な分析がある。

2——B. B. Schieffelin（2007a, 2008b）は、ボサヴィでの聖書の翻訳実践における変化について詳しく論じている。

3——Gieryn（2000）による場所と空間の概念上の区別がここで参考になる。場所とは地理的な位置のことで、唯一のものである。場所は物理性と物質的形態を備えており、意味と価値が付与されている。Feld and Basso（1996）が指摘したように、一般の人々による名付けや同定、表象がなければ、場所は場所たりえない。場所と空間のさらなる違いに関しては、Bandak（2014）、Casey（1993, 1996）、Cresswell（2004）も参照のこと。

4——Robbins はここで Davies（1994）と Sack（1986）を引用している。

5——Sapir と Whorf による言語の相対性に関する考えはしばしば Sapir－Whorf 仮説として言及される。しかしこれは、彼らの著述の解釈としてはある種誤解を招きやすいものである。というのも両者とも仮説については何も書いていないためである。むしろ、我々がものを考えたり範疇化をおこなったり、暮らしにおけるさまざまな出来事や人、そしてものを想起する習慣的な仕方に、言語実践がいかに影響を与えるのかに焦点を当てる方がより生産的である。彼らの議論は時とともに変化したが、Sapir と Whorf はともに、今日我々が原則というよりむしろ理想化された例外と考えるような、モノリンガルな言語使用者／発話共同体というモデルに加え、1 つの言語／1 つの文化という、言語の同質性を前提とするモデルを想定していた。

6——ボサヴィがキリスト教などの新しい知識のレパートリーを創造し獲得する仕方と、バイリンガルやマルチリンガルな主体の言語社会化のあいだには、興味深い相同性が見られる。

7——ボサヴィに関しては、Feld（2013 [1982], 1988, 1996）、B. B. Schieffelin（1990）、E. L. Schieffelin（1976, 1981）などの研究も参照のこと。

8——Schieffelin and Crittenden（1991）は、ボサヴィ地域における最初期の接触に関する詳しいエスノヒストリーを提供している。

9——政府との接触、および学校、診療所、教会、小規模な取引所、そして芝生の滑走路から成るミッション・ステーション設立の経緯については、Schieffelin and Crittenden（1991:262–268）でまとめられている。Feld（2013[1982]: xvi–xxiii）は、1970 年代半ばから 1990 年代後半にかけて、政府や宣教団体がボサヴィの表現活動にもたらしたインパクトに光を当てている。

10——E. L. Schieffelin（1977）は、宣教活動の初期にボサヴィがキリスト教にいかに応答したかを詳しく論じている。彼が扱っているのは、交霊会がおこなわれているあいだにキリスト教的な概念に言及する霊媒の事例であるが、それは伝統的な信仰とキリスト教の信仰という、共存する 2 つの世界のあいだの緊張関係を例証している。本論文で論じる翻訳実践も、ある意味で初期の共存状態を反映したものであるが、しかし時が経つにつれ、霊媒などの伝統的な実践はキリスト教実践に取って代わられていった。

11——キリスト教徒となったボサヴィの住人は、人類学者との会話のなかで、自分たちが過去から切り離されたと感じ、記憶が眠っているあるいは定位されている場所の意味が抹消されてしまったと語った。

12——APCM の宣教師は結婚に関する不安を表明しており、キリスト教徒の男性がキリスト教徒ではない女性と結婚することによって、新郎の名誉が穢されることを恐れていた（1985 年 9 月の会報より）。

13——19 世紀末、「未伝地」を見つけようとする宣教団体同士のコンフリクトを避ける努力の一環として「勢力範囲」がとりきめられた。もっとも UFM を含む多くの宣教団体が、時とともにそれら合意の裏をかき、無視するようになっていったが（Trompf 1991: 148–149）。

14 宣教師兼言語学者である Edwin W. Smith は1902年から1915年にかけて南アフリカで活動をおこない、言語的実践と文化的実践が相互に連関していると考えた。Smith（1929）によれば、「宣教師の目的は、人々の生活の表層的な部分ではなくもっとも深い部分へ影響を与えること、一彼らのおこないの源泉に触れ、その存在の深淵へと到達することである。母国語を用いる以外に、心へと至る道はない」という（p.43）。彼は英国やその他外国の聖書協会における重要人物であり、1933年から1935年にかけて王立人類学協会の会長もつとめている（B. B. Schieffelin「人々の魂の神殿：現地語に関するイデオロギー」、未刊原稿）。

15 UFM/APCM は、翻訳の機能的等価性に関する Nida の理論（1964）を特に好んで引用した。

16 ボサヴィの住人自身も独自の言語イデオロギーをもっているという可能性について、宣教師が思い至ることはなかった。さらに、文化に応じて言語使用の語用論に大きな違いがありうるということも、彼らが決して思いつきもしないことであった。

17 B. B. Schieffelin は、子どもが参与する最初期の言語社会化の活動において、場所が中心的役割を果たしていることを検討している（2007b）。

18 トク・ピジン語において、自身の母語のことを *tok ples*、同郷の人のことを *wantoks* という。

19 それは、言語変種を伝達し、したがって指標された場所の区別を伝えようとする正書法上の奮闘を通して垣間見ることができる。

20 中心をあらわす *us* という概念は、いくつかの重要なイディオムのなかに見いだすことができる。例えば、「真夜中に *nulu usa*」、「森、ブッシュのなかで *hena usa*」など。

21 これは、人々自身が選択を行う重要性を重んじるボサヴィ的な自律性の表現、*ina:li asula:sa:ga* と関係がある。

22 E. L. Schieffelin 1976: 212–215、Feld 2013（1982）: 30–31, 45 も参照のこと。

23 *Hen felo:* の *hen* とは「地上」、*felo:* は *felema* の過去形で「開くこと、公にすること」をあらわす。Robbins（2006）も、Urapmin のキリスト教徒にみられる「地上のもの」の重要性について記している。

24 ボサヴィにおけるキリスト教の修辞法において、天国はそれほど頻繁に言及される概念ではなかった。逆に死についてはしばしば語られる。死に対立するのは「死なないこと」と考えられている。

25 現地のキリスト教徒をより大規模な社会的ユニットへ結びつけるために、現地人の牧師はときに、パプアニューギニアという国家が自らをキリスト教国と呼んでいる事実や、自分たちもまたパプアニューギニアの福音派教会の一員であるという事実に言及した。しかしながら、それらは現地の経験からしてみればほとんど空虚なものであった。というのも国家のプレゼンスは皆無であり、州政府もほとんど影響を及ぼしていなかったことから、より規模の大きい政体の存在自体が理解されなかったのである。

26 Weber（1993[1922]）の「クランの成員の代わりに同じ宗教信者との関係が築かれる」という考え方を想起する人もいるかもしれない（p.211）。ボサヴィにおいては、より親密な親族関係が創出された。

27——言語的純粋主義のイデオロギーが存在しなかったため、言語使用者は歴史を通して、必要に応じて新しい語や概念を自身の言語に取り入れてきた。Feld（2013[1982]）は、ボサヴィの伝統的実践に他の地域の歌詞や儀礼が取り入れられた様子を描いている。

28——特定の時間の枠組みにおける「始まり」の時点も、いかなる種類の変容を検討するにしても１つの要素である。例え書かれた記録や読み書きの伝統がない、比較的小規模な社会で研究をするのだとしても。

29——ボサヴィの住人は、自身の言語が変化しているだとか、異なるものになったとは考えない。しかしながら Schieffelin and Feld（1998）においては、トク・ビジン語の翻訳借用の影響や、語用論的含意をもつ新たな話し方のスタイルの影響に起因する言語の刷新、増加、そして消失が記録されている。

30——Urapmin にはボサヴィと類似した点が多くあるものの重要な違いもある。特に、領土権の概念や、ローカルな土地の精霊、開発の機会、そしておこなわれた宣教活動の種類などが異なる。Dundon（2012）は、ボサヴィより 40 年早い 1930 年代諸島から UFM の宣教を受けた Gogodala における場所についての概念、空間の変容、そして改宗についての異なる視座を提供している。Robbins の連続性の概念を発展させながら彼女は、Gogodala が自分たちの景観を、祖先の文化がキリスト教に深いつながりを有している証拠として読み解くのだと主張する。さらに彼女によれば、伐採や、伝統的なロングハウスから小さな核家族の住居への移住、そしてこれらの場所に新しいキリスト教的重要性を刻み込むという場所化の行為こそが、宣教師の成功にとって中心的だったという。これはボサヴィにはあてはまらないが、Dundon の研究はキリスト教という経験に続く世代に何が起こりうるかについて示唆的である。

訳注

*1——「キリスト教の人類学」は、1990 年代以降北米を中心に展開している分野である。従来キリスト教は、文化人類学者のエキゾチシズムゆえ、またヨーロッパ近代の諸学問そのものの思考を方向付けてきた歴史ゆえ、民族誌記述の対象として敬遠されがちであった。また欧米以外の社会のキリスト教化を論じる先駆的な文化人類学的研究においても、キリスト教は地域社会に近代化という文化的断絶をもたらす脅威として後景化される傾向があった。「キリスト教の人類学」はこうした状況への問題意識から台頭し、キリスト教そのものと、それが世界各地の地域社会で引き起こす社会変容の様相を描き出してきた。この分野においては Bambi Schieffelin をはじめとする言語人類学者も注目すべき貢献をしており、キリスト教自体が言語使用をいかに概念化しているか、いかなる言語使用を行うことによってキリスト教徒としての主体を形成しようとしているのかなどを問うことによって、従来の文化人類学における宗教理解を方向付けてきた「信仰」をベースとする啓蒙主義以降の「宗教」概念や、「個人主義」的な人格概念の特異性が明らかにされた。そこにおいてキリスト教化は、それを通じて現地の言語使用や主体のあり方が再形成されたり変容したりしていくプロセスととらえられている。

*2──Joel Robbins は「キリスト教の人類学」の代表的な論者である。彼は文化人類学者に、変化にさらされていない文化や社会を好みがちな傾向、すなわち「連続性思考 continuity thinking」があることを指摘する。Robbins はこうした連続性を強調する思考がキリスト教を民族誌記述の対象とすることを阻んできたとし、キリスト教が「個人主義」など啓蒙主義以降のヨーロッパに特有の考え方や経済の論理を持ち込むことによって現地社会にもたらす変容、すなわち「不連続性」の仔細を取り上げるよう主張している（Robbins 2007）。

*3──キリスト教の人類学の重要な成果に、キリスト教における個人主義的主体に関する検討がある。プロテスタントにとりわけ顕著な個人主義的主体とは、意味や情動の出処として、自己の内面の信仰やそれにもとづく行為、言語使用などに責任を負い、神との直接交渉や救済における単位となる存在である。Webb Keane がインドネシアのカルヴァン派を事例に示したように、そこにおいては内面の思考と発話を曖昧さのない仕方で一致させ嘘偽りなく話すという「誠実さ sincerity」の規範が重視され、そのような発話行為の繰り返しの結果として、主体としての個人が自己とは異なる対象になんらかの効果を及ぼすという意味での「エージェンシー」の範囲が創出されている（Keane 2007）。

*4──プロテスタント諸宗派は、劇的な分断や分裂をひときわ強調することで知られる。Robbins は、ユダヤ教からの決裂や聖人を含む信徒の改宗前後の変化、終末論や千年王国の思想など、キリスト教のディスコース自体がしばしば不連続性を演出することを好むことを指摘している（Robbins 2007）。

*5──前述の、キリスト教化前後の連続性と不連続性をめぐる論争においては、土着的なるものの「連続性」か、あるいはキリスト教化による社会変化という「不連続性」かという二者択一の論争が長らく行われてきた。それに対して、道徳的態度と結びついた社会範疇や空間の範疇という領域に不連続性が築かれた一方で、それは現地人によっては不連続とは認知されておらず、また現地語を用いるという点で連続性が確保されているという本論文の事例は、連続性論争の二者択一を避けつつ第三の道を行くものとなっている。

参考文献

Bandak, Andreas (2014) Of Refrains and Rhythms in Contemporary Damascus: Urban Space and Christian-Muslim Coexistence. *Current Anthropology*. 55(suppl. 10): pp. S248–S261.

Casey, Edward S. (1993) *Getting back into Place: Toward a Renewed Understanding of the Place-World*. Bloomington: Indiana University Press.

Casey, Edward S. (1996) How to Get from Space to Place in a Fairly Short Stretch of Time. In Steven Feld, and Keith Basso (eds.) *Senses of Place*, pp.13–52. Santa Fe, NM: School of American Research.

Cresswell, Tim (2004) *Place: A Short Introduction*. Malden, MA: Blackwell.

Davies, William D. (1994) *The Gospel and the Land: Early Christianity and Jewish Territorial Doc-*

trine. Sheffield: Sheffield University Press.

Dundon, Alison (2012) The Gateway to the Fly: Christianity, Continuity, and Spaces of Conversion in Papua New Guinea. In Lenore Manderson, Wendy Smith, and Matt Tomlinson (eds.) *Flows of Faith: Religious Reach and Community in Asia and the Pacific*, pp.143–159. Dordrecht: Springer.

Feld, Steven (1988) Aesthetics as Iconicity of Style, or 'Lift-up-over-Sounding': Getting into the Kaluli Groove. *Yearbook for Traditional Music*. 20: pp. 74–113.

Feld, Steven (1996) Waterfalls of Song: An Acoustemology of Place Resounding in Bosavi, Papua New Guinea. In Steven Feld and Keith Basso (eds.) *Senses of Place*, pp. 91–135. Santa Fe, NM: School of American Research.

Feld, Steven (2013[1982]) *Sound and Sentiment: Birds, Weeping, Poetics, and Song in Kaluli Expression*. 3rd edition. Durham, NC: Duke University Press.

Feld, Steven, and Keith Basso (eds.) (1996) *Senses of Place*. Santa Fe, NM: School of American Research.

Gieryn, Thomas F. (2000) A Space for Place in Sociology. *Annual Review of Sociology*. 26: pp. 463–496.

Handman, Courtney (2007) Speaking to the Soul: On Native Language and Authenticity in Papua New Guinea Bible Translation. In Miki Makihara, and Bambi B. Schieffelin (eds.) *Consequences of Contact: Language Ideologies and Sociocultural Transformations in Pacific Societies*, pp.166–188. New York: Oxford University Press.

Handman, Courtney (2010) Events of Translation: Intertextuality and Christian Ethnotheologies of Change among the Guhu-Samane, Papua New Guinea. *American Anthropologist*. 112(4): pp. 576–588.

Harding, Susan F. (2000) *The Book of Jerry Falwell: Fundamentalist Language and Politics*. Princeton, NJ: Princeton University Press.

LiPuma, Edward. (2000) *Encompassing Others: The Magic of Modernity in Melanesia*. Ann Arbor: University of Michigan Press.

Nida, Eugene (1964) *Toward a Science of Translating*. Leiden: Brill.

Nupela, Testamen (1969) *Nupela Testamen*. Port Moresby: Bible Society of Papua New Guinea.

Ochs, Elinor, and Bambi B. Schieffelin (1984) Language Acquisition and Socialization: Three Developmental Stories and Their Implications. In Rick Shweder, and Robert LeVine. (eds.) *Culture Theory: Essays on Mind, Self, and Emotion*, pp. 276–320. New York: Cambridge University Press.

Robbins, Joel (2003) On the Paradoxes of Global Pentecostalism and the Perils of Continuity Thinking. *Religion*. 33(3): pp. 221–231.

Robbins, Joel (2004) *Becoming Sinners: Christianity and Moral Torment in a Papua New Guinea Society*. Berkeley: University of California Press.

Robbins, Joel (2006) On Giving Ground: Globalization, Religion and Territorial Detachment in a Papua New Guinea Society. In Miles Kahler, and Barbara Walter. (eds.) *Territoriality and Conflict in the Era of Globalization*, pp.62–84. New York: Cambridge University Press.

Robbins, Joel (2007) Continuity Thinking and the Problem of Christian Culture: Belief, Time, and the Anthropology of Christianity. *Current Anthropology*. 48(1): pp. 5–38.

Rule, Murray (1977) Institutional Framework of Language Study: the Asia Pacific Christian Mission. In Stephen A. Wurm (ed.) *Language, Culture and Society and the Modern World*. Fascicle 2: New Guinea Area Languages and Language Study, vol. 3, pp.1341–1344. Canberra: Australian National University.

Sack, Robert D. (1986) *Human Territoriality: Its Theory and History*. Cambridge: Cambridge University Press.

Sapir, Edward (1958[1929]) The Status of Linguistics as a Science. In David G. Mandelbaum (ed.) *Selected Writings of Edward Sapir in Language, Culture and Personality*, pp.160–166. Berkeley: University of California Press.

Schieffelin, Bambi B. (1990) *The Give and Take of Everyday Life: Language Socialization of Kaluli Children*. New York: Cambridge University Press.

Schieffelin, Bambi B. (2000) Introducing Kaluli Literacy: A Chronology of Influences. In Paul Kroskrity (ed.) *Regimes of Language: Ideologies, Polities, and Identities*, pp.293–327. Santa Fe, NM: School of American Research.

Schieffelin, Bambi B. (2002) Marking Time: The Dichotomizing Discourse of Multiple Temporalities. *Current Anthropology*. 43(suppl. 4): pp. S5–17.

Schieffelin, Bambi B. (2007a) Found in Translating: Reflexive Language across Time and Texts in Bosavi, Papua New Guinea. In Makihara, Miki, and Bambi B. Schieffelin (eds.) *Consequences of Contact: Language Ideologies and Sociocultural Transformations in Pacific Societies*, pp.140–165. New York: Oxford University Press.

Schieffelin, Bambi B. (2007b) Langue et lieu dans l'univers de l'enfance. *Anthropologie et Sociétés*. 31(1): pp. 15–37.

Schieffelin, Bambi B. (2008a) Speaking Only Your Own Mind: Reflections on Talk, Gossip, and Intentionality in Bosavi (PNG). *Anthropological Quarterly*. 81(2): pp.431–441.

Schieffelin, Bambi B. (2008b) Tok bokis, tok piksa: Translating Parables in Papua New Guinea. In Miriam Meyerhoff, and Naomi Nagy (eds.) *Social Lives in Language: Sociolinguistics and Multilingual Speech Communities*, pp.111–134. Amsterdam: John Benjamins.

Schieffelin, Bambi B., and Steven Feld (1998) *Bosavi-English-Tok Pisin Dictionary*. Pacific Linguistics, Series C, vol. 153. Canberra: Research School of Pacific Studies, ANU.

Schieffelin, Edward L. (1976) *The Sorrow of the Lonely and the Burning of the Dancers*. New York: St. Martin's.

Schieffelin, Edward L. (1977) The Unseen Influence: Tranced Mediums as Historical Innovators.

Journal de la Société des Océanistes. 33(56–57): pp.169–178.

Schieffelin, Edward L. (1981) Evangelical Rhetoric and the Transformation of Traditional Culture in Papua New Guinea. *Comparative Studies in Society and History.* 23(1): pp.150–156.

Schieffelin, Edward L., and Robert Crittenden. (1991) *Like People You See in a Dream: First Contact in Six Papuan Societies.* Stanford, CA: Stanford University Press.

Smith, Edwin W. (1929) *The Shrine of a People's Soul.* London: Edinburgh House.

Trompf, Garry W. (1991) *Melanesian Religion.* Cambridge: Cambridge University Press.

Weber, Max (1993[1922]) *Sociology of Religion.* Boston: Beacon.

Weymouth, Ross (1978) The Gogodala Society in Papua and the Unevangelized Fields Mission, 1890–1977. PhD Dissertation, Flinders University of Australia.

Whorf, Benjamin L. (1956) *Language, Thought, and Reality.* Cambridge: MIT Press.

訳注参考文献

Keane, Webb (2007) *Christian Moderns: Freedom and Fetish in the Mission Encounter.* Berkeley: University of California Press.

Robbins, Joel (2007) Continuity Thinking and the Problem of Christian Culture. *Current Anthropology.* 48(1): pp. 5–38.

第 4 章

職場における言語社会化

セリア・ロバーツ（中野隆基訳）

Celia Roberts (2010) Language Socialization in the Workplace *Annual Review of Applied Linguistics*, Vol 30, pp. 211–227 Cambridge, UK: Cambridge University Press.

要旨

　この展望論文ではまず、グローバル化する経済の中で変化しつつある職場の需要のありかたに目をむける。新たな労働の秩序は新たな言葉の秩序を作り出し、労働力（work force）は言語とコミュニケーションの新たなジャンルを伴う「言葉力（word force）」となった（Heller 2010）。これらの変化は、より貧しく不安定な社会から、より豊かで安定した社会へと向かうグローバルな人の流れが、多言語使用の職場を作り出してきたのと同時に生じてきた。両変化は第二言語の社会化という伝統的な概念に異議を唱えるものであり、これが次節の焦点となる。職場は複雑で動態的な環境を呈することとなり、そこで移民は二重の社会化を経験する。二重の社会化とはすなわち、あらゆる新参者が経験する、職場の混淆的なディスコースへの社会化と、これらのディスコースを実現する特定の言語的・文化的実践への社会化である。職場の新た

な言語の条件は、移民労働者や専門家に「言語的ペナルティー」（Roberts and Campbell 2006）を生じさせている。というのも、選考過程におけるコミュニケーションの要求が、仕事それ自体の要求よりも大きいかもしれないからである。本論文最後の節は、多言語使用の環境における言語社会化というテーマに取り組むが、そこにおいては支配的な言語への言語社会化は物語の一部でしかない。移民労働者の低い地位に置かれた多言語使用と、グローバル化された国際組織に所属し、新たな共通語を介した相互行為へと社会化されていく職員の間には、対照的な相違が存在する。そして、本論文は、21世紀において言語社会化という概念がいかに用いられうるのかに関して問題を提起するような、ある事例とともに締めくくられる。その事例とは、多言語使用を呈するハイテク分野の企業という、言語的・技術的に複雑な環境が、言語社会化にとって大いに異なる条件をいかにして生み出すのかに関するものである。

1. 導入

　言語社会化が生じる場としての職場という概念は、ますます複雑なものとなり、そして論争の的となっている。この理由には、仕事と社会生活における他の側面の境界がはっきり区別できなくなっているという事態や、仕事の性質そのものが変化しつつあるという事実、そして職場におけるコミュニケーションの環境で変化が継続して生じていることが挙げられる。何を職場とみなすか、あるいは仕事のための準備の場とみなすかを定義するのは容易なことではない。教育と仕事の境界は、もはや時間によって管理され、一定期間の学校教育を経て仕事へと継ぎ目なく導かれるようなものではないのだ。人々は仕事から教育へと戻り、あるいは学校教育の一部としてインターン・シップを行う。そして、オンサイト／オフサイト・トレーニングや技術者の継続的な能力開発は日常茶飯事である（Duff 2008; Vickers 2007）。同様に家庭は、テレワークや遠距離通信を利用した研修が一般的になるにつれ、今では職場となることも多々ある。また、働く親は、勤め先で起こったことについて語ることよって、自身の子を労働実践へと社会化してもいる（Paugh 2005）。職場

における言語社会化は、それゆえ、フォーマルそしてインフォーマルな学習双方の組み合わせなのであり（Scollon and Scollon 1995）、フォーマルで物理的な環境としての職場の外で生じる職業上の社会化や訓練から、容易に切り離せるものではない。

　労働それ自体もまた大きく変化してきた。西洋社会における多くの伝統的な工業の崩壊や、「新たな労働の秩序」（Gee, Hull, and Lankshear 1996; Hull 1997）、そして新たな科学技術は、言語社会化にとって重要な場としての職場、という我々の理解に逆説的な影響を与えてきた。一方では、新たな労働の秩序が「新たな言葉の秩序」（Farrell 2001:57; Iedema and Scheeres 2003）を引き起こしてきた。労働力は、会話とテクストを生産する「言葉力」（Heller 2010）となった。コミュニケーションは、ますます能力主導型になりつつある世界において、最も要求される能力となった（Matthewman 1996）。他方で、新たな労働の秩序を作り出すのに役立ってきた新たな科学技術によって、言語学者は日々の活動のマルチ・モダリティーに再び注目するようになった。言語はこれらの新たな科学技術のテクストやマテリアリティと相互作用するのであり、これらのテクストやマテリアリティ自体が新たな形の言語を促進するのである（Goodwin 1995; Heath and vom Lehn 2008; Kleifgen 2001）。

　労働自体の性質における変化は、グローバルな人の流れが雇用を変容させてきたのとほぼ同時に生じてきた。職場の物理的な場所によっては、特定の民族言語集団がほかの集団よりも雇用されやすいという場合もあったが、大都市の中心部では、多くの組織が「超多様性 [1]」（Vertoveç 2007: 1024）に特徴づけられており、そこでは単一の民族集団が際立つということはなく、従業員は様々な民族集団からなっている。新たな科学技術とともに、グローバル化は、均質なものあるいは地理的に配置されたものとしての共同体、という伝統的な概念に異議を唱えるものである。非均質で複数的なものとしてのよりダイナミックな共同体の捉えかたは、都市で暮らすことや働くことに表わされている。同様に、最近の空間、言語、そして文化に関する理論化は、言語の選択と混合について疑問を生じさせてきた（Blommaert, Collons, and Stembrouck 2005a）。言語的実践とは、例えばある1つの領域にはほかの言語ではなくその言語が用いられるというように、領域に応じて問題なく決定されるものというより、

むしろある相互行為のコンテクストや、話し手相互の資源に深く埋め込まれかつ依存したものである（Blommaert 2007; Blommaert, Collins, and Slembrouck 2005b; Duff 2005）。ゆえに職場の内部では、「相互行為の規則（Blommaert et al. 2005b: 208）」と、特定のコンテクストにおける個人のより創造的で混淆的な言語的実践の間に、持続的な緊張関係があるかもしれない。

　言語とグローバル化に関する近年の理論もまた（Blommaert et al. 2005a）、職場における言語社会化という概念に疑問を投げかけている。言語社会化に関する基礎的な研究は、共同体という概念が比較的安定している小規模社会において行われてきた。幼い子どもや新参者は、この比較的均質な共同体の内部で、言語をいかに使用するかを学習し、言語を通していかにふるまうかを学習していたのである。近年の研究はこの研究を拡張し、人々の人生や複雑で非均質な社会を対象に含めてきたが、このような社会では単一の固定された共同体という概念や、一連の確立された言語学的な基準や実践はもはやあてはまらない（Garret and Baqueedano-López 2002）。言語社会化論の創始者であるOchsとSchieffelin（1983; Schieffelin and Ochs 1986）自身、単一の共同体への社会化といういかなる固定的な概念に対しても、そのような研究が生み出すステレオタイプに対しても、そしてより一般的あるいは普遍的な実践の過小評価につながる可能性に対しても、積極的に批判を行ってきた。例えば、Ochsは次のように書いている。

言語社会化研究は、この種の一般化がいくつかの望ましくない影響を与えることに気付いている。第一に、文化は本質化され、そして共同体内部のコミュニケーションの実践のヴァリエーションには重点が置かれない。（中略）我々の説明ではまた、一世代、一人生、あるいは一度切りの出会いを通じて流動的で変化していくものとしてよりもむしろ、慣習によって従属化され、時間的に凍結されてしまった固定的なカメオのように[2]、成員や共同体が見えてしまう。（中略）我々は特定の共同体に特有のコミュニケーションの構成を過度に強調し、複数の共同体やトランスナショナルな生活世界への社会化を容易にするような、広く行き渡り、普遍的でありうるようなコミュニケーションを通した社会的実践に関する情報提供が不十分である傾向があった（Ochs 2000: 231）。

Ochs はまた、社会化は、経験の豊富な成員と経験の少ない成員がお互いに学びあう双方向的なものである、と強調している。このような、よりダイナミックで変化に富んだ言語社会化の概念は、Ochs の批判に対する応答とともに、以下に述べる例に示される。

　生涯続く「全生活に関わる言語社会化」（Duff 2008: 258）の研究の発展にもかかわらず、職場や職業上の社会化に関する研究はまだほんの少ししかない。Garrett と Baquedano-López（2002）による 2002 年から 16 年ほど遡った概論では、彼らが言及した 48 の研究のうちたった 5 つ程しか職場や職業上の社会化と関連するものがなかった。この理由の 1 つは、そのような研究で使われる方法論は職場で行うには困難だということにある。なぜなら中核をなす方法論の特徴は、調査が民族誌的であり、全体論的であり、長期的であり、そして自然発生的なデータに基づくものであるからある。そのような調査はまた、認知と社会的相互行為という両者の観点から、学習の証拠も要求する。長期的な調査においてでさえ、工場の作業現場やオフィスに関する調査は、活動が長い年月をかけていかに達成されるか、という変化の側面を容易に捉えることはできないのだ。もう 1 つの要素としては、民族誌的調査を行う職場へのアクセスを得ることが容易ではない、ということがある。これはしばしば調査者がスパイやトラブル・メーカーとして想定されるからである。以上を背景として、職場における言語使用に関する調査の多くは言語や文化の訓練と結びついている。というのも、これらを結びつけることこそ、雇用者が進んで自身の組織を調査のためのフィールドとして提供する唯一の方法かもしれないからである。教師は民族誌家となり職場からデータを収集して調査に基づいた教材を制作することができるのである。

　職場についての関連研究が不足していることを考慮し、職場というテーマが適切に議論されるために、本レビューはむしろ言語社会化の柔軟な定義を採用する。これは、自然発生的なデータというよりは民族誌的なインタビューに基づいた形式的で現場から離れた社会化研究を含む。この定義はまた、ある期間にどれだけ第二言語が習得されたかという体系的な証拠はないのであるが、環境が社会化のための条件を形成する第二言語の事例も含む。

2. 社会化の場としての職場

職場の「相互行為の規則」(Blommaert et al. 2005b) は、職場を、みながある段階でその環境に入り、その特定の言語的・文化的環境に社会化されなければならないような場所とする。この社会化は3つの部分から構成されるとみなしうる：企業的・制度的なディスコース、職業上のディスコース、そして職場の社会的あるいは私的な諸側面である (Roberts and Sarangi 1999)。実践共同体モデルは (Lave and Wenger 1991; Wenger 1998)、被雇用者が従属する、あるいは創造することに寄与する特定の参与の場に応じて、1つの広く行き渡った実践共同体が存在する職場だけでなく、複数のローカルな共同体が存在する職場においても、完全な形の参与者へとなっていくその段階的な過程を明らかにした。

企業的ディスコースは世界の様々な地域によって（ときには、大きく）異なるが、事実上ほとんどすべての管理者訓練のための資源は西洋で生産されるため (Jack 2009; Poncini 2003)、この支配的なディスコースは Scollon と Scollon (1995) が「功利主義的なディスコースの体系」(p.107) と呼んだものである。それは経験的、演繹的、個人主義的、平等主義的、そして制度的に認可されている。新たな被雇用者はフォーマルであれインフォーマルであれ、特有の形のテクストや会話、そしていずれか1つの制度のもとで物事が遂行され、分類される特定のやり方へと導かれる (Iedema 2003; Mawer 1999)。

職業上のディスコースへの社会化は、職場の内外双方のフォーマルな訓練のコンテクストにおいて生じる (Roberts and Sarangi 1999)。いくつかの研究は、保健医療、学術、法、そして職業上の環境における新たなディスコースや価値の獲得を通して、専門家としてのアイデンティティが形成される過程を示してきた。Erickson (1999) は医療において、そして Arakelian (2009) は看護において、新参者が、職場で専門的な学習者となることをいかに学ぶかを記録している。Hobbs (2004) は、医療の社会化において進捗（処置）メモがいかに使用されるかを分析した。Mertz (2007) は、様々なコンテクストにおけるソクラテス的な対話と法的テクストの再解釈を通した新参の法学生の社会化を調査した。同様に、Jacoby (1998) は大人が物理学者になる過程でいかにして

新たな言語使用域やジャンルを習得するのかに着目し、Vickers (2007) は設計の過程における観察、足場づくり、ひやかし、そして会話の機会を通して技師チームの中心メンバーになる過程を記録した。

　全く異なる環境として、アフリカ系アメリカ人の美容学校では、Jacobs-Huey (2003) がいかに生徒がいわゆる熟練者の美容師になるかを示した。Mertz (2007) の研究における弁護士見習いの学生の例のように、ロールプレイは、学生が新たな職業に従事するためのシナリオを発展させ、それを使用する学生の能力について評価をくだすために重要な方法である。このシナリオを構成する要素の1つには、新人を「共有された道徳的なイデオロギーや行動」(Jacobs-Huey 2003: 294) へと社会化させる比喩やことわざの使用がある。別のもう1つの要素としては、メタ・コミュニケーションの使用、すなわち会話についての会話の使用があり、それは規定された言語的なコードを学生が破るときに生じる。このようにして以下に述べる職場での実践における絶え間ない変化にもかかわらず、ある特定の職業のいわゆる「ハビトゥス」(Bourdieu 1991) の一部として、熟練者になるための学習という徒弟制モデルは維持され、専門的技術を構成するものについての見解は比較的安定したものであり続けるのである。

　職場における社会化の第三の側面は、職場における私的・社会的ディスコースと関係している。言語の作用（職場における制度化された作業としての会話とテクスト）がますます重要となるにつれ、職業上のディスコースと私的あるいは社会的ディスコースとの相互関係はよりずっと重要になる。これは医療福祉関連の職業では常にそうであったが、今では会話をすることが、コールセンター、作業現場のチームミーティング、そして職場の訓練セッションにおける仕事となっているがゆえ、自己呈示はほとんどの人の労働技術の一部である。それは、自己主張の強い人格を求めるのだ（Katz 2000; これが権力や不平等といった観点からいかに作用するのかに関しては本論文の後半を参照）。だが、この労働技術は文化的に普遍的ではない。ニュージーランドで行われた「ウェリントン・職場における言語プロジェクト」は、力関係が不平等な組織内で、相互の面子を保つための努力に現れる、ポライトネスやユーモアについて詳しい調査を行った（Holmes 2005; Holmes and Stubbe 2003; Daly, Holmes, Newton and Stubbe 2004; オ

ーストラリアに関しては Willing 1997 も参照）。スウェーデンにおける職場の調査は（Gunnarsson 2009）、いかにして移民労働者や専門家がユーモアの使い方を学んだか、この分野における高度な語用論的能力を発達させたかを示した。これは適切性という言語学的観点だけでなく、スウェーデンの職場の水平的なヒエラルキーへの適応もまた含むものでもあった（Andersson 2009; Nelson and Andersson 2005 [3], Gunnarsson 2009 から引用）。

　会社員のインフォーマルな社会化や（Li 2000）、医療福祉労働者の社会化の事例は（Duff, Wong, and Early 2000）、職場において日々必要である相互行為で面子を保つ努力をするための、語用論的・社会的な技術の重要性を示している。Li の事例研究は、ミンという中国人女性の経験を、雇用準備コースの受講から、アメリカ合衆国にある医療機器会社の文書整理係として職場で働くに至るまで調査したものである。ミンの「間接的なコミュニケーションのスタイル」（p.67）、特に彼女の要求の仕方に見いだされるもの、中国におけるそれまでの社会化や労働経験に由来するそのスタイルが、地元のアメリカ人社員による受け入れ拒否の態度に彼女が対面した際に、より自己主張の強いスタイルに変化したのは、まさにその職場においてだったのである。この長期的な調査は依頼表現の語用論を超え、自己呈示やアイデンティティといったより広い問題へとつながる。この研究はまた、ミンが日記に記していたように「直接的で、事実に即して、物事をほんの少し感じよく」といった「新しいアメリカのやり方」での要求と（p.75）、彼女の以前のハビトゥスに由来する誘導的なやり方を用いた要求の混ざりあいも明らかにした。同僚に対してより丁寧な対応を要求したという事実に見られる、ミンの新たな自己主張の強さは、いわゆる新参者がローカルなオフィスの政治に対処する熟練者となり、コミュニケーションの環境の変化に寄与するという、言語社会化の変化の性質を例証している。

　長期療養介護補助員になるための訓練を受けている移民労働者に関する研究で、Duff et al.（2000）は、職場におけるフォーマルな訓練とインフォーマルな社会化の間に広がる同様のギャップを記述している。英語訓練プログラムにおける、よりフォーマルで技術的に具体的な焦点の当て方では、英語能力（全く英語を用いないものも含む）の差が大きく、また加齢により精神的・言語

的能力が損なわれた入居者とコミュニケーションを行うという感情的な労働を仕事とする見習の新参者を訓練するには十分でなかったのだ。感情的、私的、そして社会的なモードの会話やボディランゲージのほうが、正確な英文法や医療用語よりも保健医療補助の仕事においては重要だったのである。

これらの職場での言語社会化の３つの側面（企業的側面、職業上の側面、そして社会的あるいは私的側面）は、新たな倫理的世界において、新たな自己の存在の仕方、感じ方、そして表明の仕方を伴う新たな複数のアイデンティティの生産に向けて相互作用する。このような変化は常に言語社会化に関する研究にとって中心的な問題であった。職場においてこれらのアイデンティティは、組織内で、職業上の社会化において、そしてジェンダー化された移民のコンテクストにおいて（Holmes 2006; Katz 2000; Gunnarsson 2009）、協働して達成されるものである（Ochs 1993）。

3.「新たな労働の秩序」

労働生活のいくつかの側面が安定的なまま残った一方で、新たな科学技術の急激な拡張によって生み出されたグローバル化した経済や労働実践は、「新たな労働の秩序」（Gee et al. 1996）へとつながった。この秩序は「新たな資本主義」あるいは「高速資本主義」として知られるようになったディスコースによって維持される。絶えず製品を変化させ、それをグローバル化した市場経済の場で生き残れるようにカスタマイズする必要性は、職場の再構造化を促し、それは後に低賃金労働者にさえ影響を与える新たな言語やリテラシーの需要を産み出してきた。この需要は、ますます増加する科学技術の使用、あらゆるレベルで増えるマルチ・タスク、階層的な構造が水平化されるにつれて労働者に要求される更なる柔軟性、そして、一般的に、書面での指示やウェブ資料にますます依存するようになった「テクスト化された職場」（Iedema and Scheeres 2003: 336）の増加に由来する。それゆえ、新人と良く訓練された従業員の両者が、これらの新たな実践に社会化されなければならなかった（Hull 1997）。職場に関する研究の多くは、いかに日々の活動がデジタル科学技術に媒介されているかを示してきたのである（Goodwin 1995; Heath and vom Lehn 2008;

Hindmarsh, Heath, and Fraser 2006; Lemke 2002; Suchman 1992）。

　新たな労働の秩序は「新たな言葉の秩序」（Farrel 2001）あるいは「言葉力」（Heller, 2010）を作り出してきた。新たなジャンルの労働が生まれ、新たな労働・専門家のアイデンティティが構築され、交渉されるようになったのである。それは、工場での会話や（Hull 1997; Iedema and Scheeres 2003; Kleifgen 2001）、保健医療の職場での会話を通して（Cook-Gumperz and Messerman 1999; Greatbatch, Luff, Heath, and Campion 1993）であったり、また、コールセンターという、高度にルーティン化された相互行為のシナリオと、しばしばイラつき不満を抱えている顧客に日々対処し、その顧客のコミュニケーションのスタイルに合わせることが望まれる感情的な労働のはざまで、継続的に緊張関係が維持される職場において（Budach, Roy, and Heller 2003; Cameron 2000; Friginal 2009a, 2009b; Heller 2002; Roy 2003）であったりする。

　グローバル化した経済は、人のグローバルな移動と並行している。「超多様性」（Vertoveç 2007）はほとんどの大都市における規範であり、Li（2000）や Duff et al.（2000）による研究が先に示したように、移民やディアスポラ[4]の影響を全く受けていない場所は世界にほとんど存在しない。より豊かで安全な社会へのグローバルな人の流れは、スタッフが二言語使用者あるいはしばしば多言語使用者である職場を作り出してきた。しかしながら、国民国家において支配的な言語は、言語的・民族的な不平等の維持と再生産に寄与する言語資本を産み出し、強化している。移民や移動は職場への「二重の社会化」（Li 2000: 61）の必要性を作り出す。ゆえに、あらゆる新人の被雇用者が直面する社会化の過程に加え、比較的新たにやってくる者は新たな国における労働の言語的・文化的実践に参与することを学ぶよう期待されているのである。

　職場での言語や文化的な意識の訓練に関する広範な研究は、移民や国際的な労働者そして専門家が期待する再訓練の量や、よりフォーマルな社会化の量を示している（Belfiore 1993; Bell, G. 2003; Bell, J. 1995; Goldstein 1993; Grünhage-Monetti, Halewijn, and Holland 2003; Hawthorne 1997; Holms 2000; Mawer 1999; O'Neill and Gish 2001; Roberts, Davies, and Jupp 1992）。これらの訓練のいくつかは視野が狭すぎると疑問が提起されたり（Goldstein 1997）、あるいは新たな労働の秩序の内部における移民労働者の地位に関してあまり批判的ではないと疑問を呈されたりしてきた

（Farrel 2000)。言語訓練を評価するこれらの研究のいくつかは、「カリキュラムとしての職場」を見ることで、より幅の広い民族誌的な観点を採用している（Mawer 1999)。しかしながら、このうちほとんどが第二言語の社会化の理論に枠付けられていない。あるいは「共有された文化と共有された推論の実践」の生産に貢献する「制度化された関係のネットワークにおいては類似したコミュニケーションの経験があるという事実」（Gumperz 1997: 15）を考察していない。

　いくつかの労働実践は比較的安定しているにもかかわらず、既に述べたように、この「二重の社会化」や新たな労働の秩序のもとでの言語を用いた労働への移行は、新たな不平等の制度を生産し、その不平等の制度は職場における言語社会化を問題含みなものとする。第一に、McCall（2003）が論じたように、多くの点で伝統的・二層的な労働市場と同様な、言語的に分断された労働市場が存在する。多くの低賃金のいわゆる下級職は不安定で、孤立し、劣悪で騒がしい環境に置かれ、民族ごとに労働の単位へと組織化される（Campbell and Roberts 2007; Goldstein 1997; Gunnarsson 2009; Roberts et al. 1992; Waldinger and Lichter 2003)。これらはしばしば少数派の民族労働者など、その教育がどのようなものであろうと、特に比較的最近やってきた者が得ることのできる唯一の職である。このような条件の下で、支配的な言語に社会化される機会はほとんどない。実際、McCall が論じたように、相対的に会話が少ない、あるいは組織の多数派の言語での会話が少ない領域は当然、ほぼ権力が存在しない領域である。すなわち、「職場においては、まさに言語が最も密である領域において権力は行使される」（p.249)。Goldstein によるトロントで働く女性のポルトガル人工場労働者に関する調査は、どのようにして組み立てラインの労働者がラインで自身の民族的な団結を主張するためにポルトガル語を話すことを選択し、それゆえに場所と言語双方の観点から英語の言語労働の「密な」領域から孤立していたかを示した。ポルトガル語を話さない移民労働者でさえも、組み立てラインではポルトガル語で会話するよう社会化されたのだった（Goldstein 1997)。

　第二に、早期の言語社会化の通常協力的な条件とは異なり、職場における第二言語の社会化は比較的敵意に満ちた環境のもとでしばしば生じる（Katz

2000; Li 2000; Mawer 1999; Roberts et al. 1992)。誤解、人種差別主義的なコメント、そして他の集団との関係においてある集団が意図的に接触を避けることは、社会化のための機会を制限すると同時に、積極的にそれに対する抵抗を構築してもいる。しかしながら、近年の研究のいくつかは別の見解を提示している (Andersson 2009; Duff et al. 2000、上述)。スウェーデンの病院に関する Andersson の研究は、コミュニケーションの方略やユーモアの使用を記録し、地元のスウェーデン語スタッフが我慢強い聞き手であると報告している。第二言語を用いる話者が自身の意図を伝えることを試みようと、いくつかのコミュニケーションの方略を使用しなければならなかった時でさえ、地元スタッフは第二言語を用いる話者が会話のターンを終えるまで待っていたのだった。

　第三に、新たな労働の秩序における言語やリテラシーの需要、そしてそれに関連するイデオロギーは、二言語話者あるいは多言語話者である労働者が自身の出身国、あるいは自身が育った、あるいは現在居住している多言語使用の共同体において、支配的な言語を話す熟練者であると考えられているときでさえ、その労働者を排斥するのに役立つのだ (Blommaert 2007)。熟練者の知識とは、Blommaert が論じるように、相対的なものである。例えば、ナイジェリアあるいはフィリピンにおいては熟練者とみなされる話者の英語使用は、新たな国の職場における特定のコンテクストやジャンルにおいては制限されたものあるいは不適切なものとして、評価を下げられるのである。Hull (1997) や Katz (2000) は、カリフォルニアのハイテク・シリコンバレー企業の多言語話者である労働者の言語ないしパフォーマンスの要求に関して記述している。同様に自己主張の強いスタンスは、イギリスで再訓練を受ける言語的少数派の看護師にも要求される。この看護師たちの英語は、自国においては熟達したものであったが、イギリスの病院では不適切と評価されたのだった (Arakelian 2009)。

　カナダに関するいくつかの研究は、自身の共同体において言語的に熟練者とみなされていた英語ないしフランス語の話者が、支配的な規範や職場のイデオロギーによっていかに不利益をこうむりうるかを示してきた。ケベックのフランス語話者の新参看護師に関する調査において、Parks と Maguire (1999) は、看護師たちが制作するよう教えられていた看護記録や看護プランが、フ

ランス語の話される病院と英語の話される病院の慣習的実践は異なっていた
ことを発見した。フランス語圏オンタリオにおける二言語コールセンターの
労働者もまた、フランス語という支配的な言語が商品化・標準化・成文化さ
れているがゆえに、より賃金の高い二言語使用の職から疎外されていること
に気づいている。純粋で標準的なフランス語というイデオロギーは、明文化
されたコールセンターの要求であり、ある土地の現地語としてのフランス語
の話者を、二言語話者の労働者向けのより賃金の高い職から疎外していたの
である。この労働者たちのフランス語は二言語使用の新たな基準に見合わな
いため、二言語話者であるにもかかわらず、英語単一話者として採用された
のだった（Roy 2003; Budach et al. 2003）。新しい国際的なコールセンターにおける
グローバル化の影響は、二言語あるいは多言語話者に対してさえ、ローカル
で排他的な影響を与えるのである。そしてこのことは、何を言語資本とみな
すかを決定し、言語社会化のための基準を設定する、言語市場の場が存在す
ることを示している（Bourdieu 1991; McCall 2003）。

4. 「言語的ペナルティー」

　カナダとイギリスのコールセンターに関する研究は、新たな労働の秩序の
企業的ディスコースが、その言語能力やコミュニケーション能力の基準を満
たさない者に「言語的ペナルティー」（Roberts and Campbell 2006: 1）をいかに押し
付けているかを記録している。言語的に多様な社会におけるゲートキーピン
グ の出会いに関する初期の研究は、選考と評価の過程における社会言語的要
求と、職場のそれとのギャップを立証した（Brindley 1994; Gumperz, Jupp, and Roberts
1979; Mawer and Field 1995; McNamara 1997; Roberts et al. 1992）。最近でも平等な機会や、
雇用と訓練に広く用いられている能力重視の基準がこのギャップを埋めるこ
とはほとんどなかった。能力重視の基準が雇用と訓練に広く用いられている
が、選考における面接や評価において成功するために求められる社会化では、
仕事の言語や相互行為の要求を超えたり、あるいは仕事に関係のない言語や
コミュニケーションのスキルが評価されたりする（Roberts and Campbell 2006）。黒
人や少数派民族の経験する差別を示す民族的ペナルティーと同様に（Heath and

Cheung 2007)、言語を基準に疎外を行う「言語的ペナルティー」が存在するのである（研究の中には、選考における面接が、仕事の相互行為上の要求を正確に測ることはないと述べているのもあるが（e.g. Friginal 2009a）、これは本論文の範囲を超えている）。

　近年のある研究は、イギリスの低賃金で初歩的な仕事の採用面接には、制度的モード、職業上のモード、そして私的なモードのディスコースを標準的な語りの構造と組み合わせるという、抜け目のないパフォーマンスが採用候補者に要求されることを示した（Campbell and Roberts 2007; Roberts and Campbell 2006）。候補者の返答はまた、Iedema（2003）がいうところの「官僚的に処理が可能」でもなければならない。言い換えれば、候補者は「自身の物語を枠に合わせる」ことをしなければならない（Roberts and Campbell 2005: 45）。言語訓練や労働準備コースを通したフォーマルな言語社会化は、能力重視型の面接からはほど遠く、また能力重視型の面接それ自体も労働の領域からは遠く、言語的な少数派や比較的新たにやってきた者が日々置かれている言語的に密な領域からはほど遠い。ほどよく安定した労働に就くための言語社会化は、例え低賃金でも、職場における言語社会化それ自体よりも大きなハードルである。

　ある追跡調査は（Roberts, Campbell, and Robinson 2008）、Phillips（2003）が上級管理職の「雪の積もった頂上」と呼んだもの、すなわちほとんどの企業の上部には白人の多数派集団の成員しかいないという事実の要因となっている、昇進面接の役割に目を向けた。この研究は、経営のディスコースへの社会化を段階的に経ていく過程が、昇進面接において成功するためには必須であることを示した。インフォーマルなネットワークへのアクセスは、少数派出身の人々が Robert et. al.（2008）の「経営者のように話すこと」と呼んだものに社会化されることを促すものであった。しかしながら、作業現場という共同体の「真正な」成員として期待されているがゆえに、昇進を考える者には緊張と葛藤があった。昇進することは、この共同体と自身の民族集団に対する二重の裏切りと見られていたのである。ゆえに、この帰属と緊張のモザイクの中で経営者を目指し、昇進するための言語社会化は、1つの新たな実践共同体への段階的な参与という、単純な問題ではない。

　昇進面接のための能力への社会化は、そのコミュニケーションやレトリックのスタイルを学習することに依存していた。最優先すべきはプロジェクト

としての自己、候補者が経営したいと熱望する組織の利益のために、常に自己意識的かつ自己内省的であることであった。海外で生まれ教育を受けた候補者は、主張と証拠に基づく功利主義的ディスコースと、婉曲的な感覚やインフォーマルさの総合としてのこの自己を、生産することが少ない傾向にあった。この候補者集団は、就職面接の混淆的なディスコースを組み合わせない一般的な主張スタイルに頼ることで、感情的過ぎる、あるいはあまりに機械的過ぎる、と判断される傾向にあった。

　国際的な医学校卒業生のためのライセンス授与や会員資格取得のための試験について行われた研究は、この集団に関するより広範な研究の一部をなしている（Erickson and Rittenburg 1987; Spike 2006）。資格のある専門家が関わる、いちかばちかのゲートキーピング 5 の出会いに関する研究は、コミュニケーションとレトリックのスタイルという観点から、低賃金労働の就職面接と多くの点で同様の課題を示している（McNamara 1997; Sarangi and Roberts 2002）。Mistica, Baldwin, Cordella, and Musgrave（2008）は、オーストラリアにおける、診察の模擬演習において患者と相互行為を行い、医療情報を正確に伝達するというコミュニケーションのスキルが、いかに最終的な成績と相関関係にあるのかを議論している。そのような模擬演習は保健医療の場面で評価のために広く用いられている。ロールプレイと模擬演習は職業上の社会化の一部として教育の場面で用いられている一方で、先に論じたように、評価と選考に用いられる際、いくつかのやっかいな問題が生じる。模擬演習はコミュニケーションとレトリックの能力に加え、いくつかの能力を要求する。すなわち、外的なパフォーマンスと、評価されるという内的な心理的経験の両者を管理する能力、診断と評価両者のフレームの曖昧さを管理する能力（Seale, Butler, Hutchby, Kinnersley and Rollnick 2007）、そして国際的な医学校卒業生にとっては、自身の生活の私的・プライベートな領域を区分し、しかし診断においては共感などの私的特性を用いるという「二重の意識」（Bell, E. 1990: 461）、である。訓練、雇用、そして昇進へのアクセスに生じる言語的ペナルティーに関するこれらの研究は、職場へのあるいは職場における言語社会化が問題のあるものであることを示している。雇用過程の様々な段階で要求される色々なバージョンの自己が存在し、見習いの期間には抵抗や緊張が存在するのである。

5. 多言語使用の職場への社会化

　国家あるいは多数派の言語に公式に支配されている職場への二重の社会化は、職場における実践の学習が多数派の言語の社会化と密接に関係しうることを意味する。しかし、多くの研究は、多数の労働者にとって、接触を持つのが最も頻繁なのは多数派の人々よりもむしろ第一言語を共有する人々か、この多数派の言語とは全く異なるスタイルや種類の話者であったことを示した（Clyne 1994, 2003; Day 1992; Duff et al. 2000; Goldstein 1997; Jupp, Roberts, and Cook-Gumperz 1982）。職場の言語政策、労働チーム、そして雇用されている人々の言語的な背景はすべて経済的および構造的要因に依存しているため、コミュニケーションの環境はほとんど安定したままであることがない。これは、どの多言語使用の実践共同体に新参者が社会化されたかや、そのような共同体が長い年月をかけて変化する程度、そしてこれらの変化を現場で生じさせる社会的・政治的現実に関する疑問を引き起こすものである。例えば、イギリスの小さな町の食品工場において、まずパキスタン出身労働者、次にイラクやトルコ出身のクルド人労働者、そして最近では東ヨーロッパ出身労働者、といった次々に到来する労働者の存在は、企業の再構造化と同様、食品加工ラインの言語的な構成が、公用語であり、機会を得るための言語である英語への社会化の機会を凌駕したこと、あるいは加工ラインのどの1つの言語への社会化の機会をも凌駕したことを意味した（Roberts et al. 2008）。

　グローバル化した経済と企業的ディスコースで用いられる多言語使用のレトリックは、多言語話者が組織にとって有用であることを意味しているように見えうるが、証拠はむしろ両義的である。研究は、制度や現場の政策に関する公式のレトリックとその両者を明示的にも暗示的にも支える言語的なイデオロギーの間に持続的なギャップが存在することを示している。Heller と Roy はコールセンターで求められるいわゆる標準フランス語の純粋さが、ローカルな地元のフランス語を称揚するようなレトリックとは異なることを示した（Heller 2002; Roy 2003）。同様に、Duchêne（2009）はあるコールセンターにおける多言語使用の商業化に関して記述した。彼が行っているスイス国際空港における研究は、言語的なイデオロギーが労働者を誤った種類の多言語主

義へと位置付ける際に働くような、構造化の作用を示した。多言語使用を資源として有する人々の雇用を推進するという新自由主義的なディスコースは、地位と給与の改善によって作用するのではない。荷物運搬の労働者でさえ、言語的な労働を行っている。荷物運搬の労働者は通訳者や翻訳者として使われ、義務として言語的な労働を行うよう期待される。しかしながら、給与あるいは公式の地位という観点からはこのことが認識されることはない（Duchêne 2009）。そのようなコンテクストでは、非公式の言語政策や言語社会化は、様々なタイプの言語を使用する労働者間、そして彼らが使用する言語間の不平等な境界を強化しがちである。国家ないし多数派の言語以外の言語を使用することは、組織にとって機能的で事実直接的な利益を生む一方で、労働者が単一言語使用者である場合以上に、力をその労働者に与えることはないのである。

　多言語を使用する職場への社会化に関する他の研究には、二言語使用や多言語使用、共通語の使用が（Firth 1996）、機能的で地位の高い実践として承認されるコンテクストに関するものもある。例えば、国際的な商談や「二言語使用の専門家」（Day and Wagner 2007）と呼ばれる人々の相互行為などである。これらのコンテクストは色々な面で既に述べた職場とは対照的である。第一に、これらは民族的ないし言語的に階層化されているのではなく、オランダの国際的なプロスポーツ選手のような（Kellerman et al. 2005）、多かれ少なかれ平等な地位や評価される技術を参与者が有している活動と関連している。第二に、これらはある特定の地理的領域に結びついていない。第三の点は、第一、第二の点から派生する。これらのコンテクストにおける言語社会化は特定の活動に依存する選択の問題である（Day and Wagner 2007）。選択とは、活動全体に向けられた及びその中でのコードの切り替えのための言語コードの選択に関連し（Mondada 2004; Poncini 2003; Rasmussen and Wagner 2002）、新たな「二言語使用の相互行為の秩序」（Day and Wagner 2007; Mondada 2004: 19）を生み出す。この秩序はコミュニケーションにおける困難や欠陥から構築されるのではなく、職場での出来事に対する実践的な反応として構築される。

　国際的な領域において、共通語としての英語がどのように使用されるかに関する研究では、言語の差異の問題について、同様の視点が示されている。Firth（1995, 1996）は、相互行為者は Ochs（2000）の用語でいうところの「広く

行きわたり、普遍的でありうるコミュニケーションの社会的実践」に基づい
て行動することを示した。こうすることにより、文化的差異を目立たせなく
し、差異を超える秩序を強調し、「複数の共同体やトランスナショナルな世
界への社会化を容易にする」（Ochs 2000: 232）。同様に、他の共通語に関する研
究は、話者の第一言語の語用論的な規範がいかに新しくよりインフォーマル
な規範へと移行したかを示したが（Rasmussen 1998; Wagner 1995）、これは新たな
「共通語を通した相互行為」（Day and Wagner 2007: 398）を連想させるものである。

6. 結論

　以上のミクロな相互行為に関する研究は、言語コードの方略的な選択やス
タイルのシフトの複雑かつ動態的な使用を記録するものである。このことは、
職場がますます多言語使用の場となっているように、言語社会化の過程もま
たそうなっていくだろうことを示唆している。カリフォルニアのシリコンバ
レーにおける多言語使用の配電盤製造工場に関する研究は（Kleifgen 2001）、本
レビューで扱った多くのテーマを強調するものである。本論文の締めくくり
として、それらのテーマを同時に記述するのに、その事例を用いてみよう。
特に、Kleifgen のミクロな相互行為の分析は、深く状況づけられ、かつ創造
的でもある言語使用を裏付けるものであり、そのような言語使用は、ハイテ
クな多言語使用の職場という言語環境の一部であった（Kleifgen 2001; Kleifgen and
Frenz-Belkin 1997）。

　このハイテク製造工場は自然発生的なチームを中心に組織化されている。す
なわち、そのチームでは労働者自身が作業チームを組織化し、会社の生産要
求を満たすために共有された言語や文化的な理解を用いるよう促される。分
析されたデータの事例は、ベトナム人の監督と機械オペレーターがある問題
を解決するという課題についてであった。Kleifgen（2001）は、いかに労働者が
Kleifgen のいう剥ぎ取られた（stripped-down）バージョンのベトナム語を、問題
解決という課題を達成するために英語への言語切り替えとともに使用してい
るかを記述した。これは単純化された、あるいはピジン化されたバージョン
のベトナム語ではなく、アメリカ英語の会話スタイルに影響を受けたベトナ

ム語であった。慣習的なベトナム語の人称の指示や敬語は、課題を達成するために、対称的な相互行為を生産するより直接的な会話モードに取って代わられたのだった。問題の解決が達成されると、監督はより非対称性を指標する形式へとシフトし直したが、これはベトナム語の義務的な呼びかけの体系というよりはむしろ行為指示を用いることで行われた。このようにして、相互行為者は2つの対照的なコミュニケーションの体系から言語や相互行為の規範を引き出して「創造的な混成語」を発達させていたのであり、そこでは「アメリカ合衆国の職場の規範と制限に対する、注目すべき社会的・言語的な適応が示されていた」（Kleifgen 2001: 302）。

　この研究は、長期的な学習に関する調査というよりはむしろ言語使用のスナップショットに過ぎないにしても、職場における言語社会化に関する本レビューで扱うテーマの多くを示している。それは変化しつつあり、そして変化させる力のある言語使用とコミュニケーションの環境の可能性を示している（Garret and Baquedano-López 2002）。多言語を使用する場における言語社会化は、創造的で混淆的な相互行為や、二言語を用いた相互行為の新しい秩序、そして多数派の話者の行動の変化を生産しうる。これらの変化はただ言語能力だけに関連するのではなく、変化しつつある文化的な慣習やハビトゥス、そして新しい様々なアイデンティティと関連している。Kleifgen による研究のもう1つのテーマは、いかに言語社会化がただ新たな言語の獲得についてだけではなく、いつ、いかに、相互行為のミクロな選択や束の間の解釈の瞬間のもと、様々な言語やスタイルを使用するか、という問題と関連している。

　シリコンバレーの企業は、水平化したヒエラルキーを伴う新たな労働の秩序や、言語社会化が新たなテクノロジーに部分的に媒介されるような場を例示している。これについての研究はまた、お互いの面子を保つための働きかけ（face work）、言語の選択、権力の所在、この3つの要因の間の関係に暗に疑問を投げかけている。すなわち、民族的な労働集団がどれだけ内部でサポートしあい、かつ経営の利益となっているか、しかしまた、その集団が職場内の支配的な言語や権力の集まる領域への社会化の機会をどれだけ阻んでいるか、という疑問である。

　本レビューはまた、言語社会化にとって古い条件と新しい条件の今日にお

ける混交を反映してもいる。多言語使用は認められた職業上の強みである場合もあるが、付加的な地位や報酬を与えられることなしに搾取される場合もある。単一言語の政策や実践が実施される多くのコンテクストでは、多数派言語への言語社会化はより安定した賃金の高い労働への唯一のルートである。多くの移民労働者が経験する言語的ペナルティーは、職場それ自体においてよりも、労働へのアクセスを得る際により大きいのである。

　職場において広く行き渡ったコンテクストは、言語社会化の条件とそれがとる形を決定する。企業や制度の優先事項、イデオロギーや構造、様々な職業の価値や実践、そして地元の労働集団の特定の社会的な傾向は、これらの条件やその動態を構築する。言語社会化は、労働者や専門家見習い個人の行為主体性とともに、これらの条件の帰結である。しかし、マルチ・モーダルな実践の中の言語的な混淆、言語の切り替えやシフトという観点から構成されるものは、いまだ相対的に未知の研究領域であり続けている。今後の研究では、ローカルな言語使用をミクロに分析するだけでなく、21世紀の職場の複雑なコミュニケーションの環境や要件のもとで言語社会化を構成するものの長期的な研究も含め、この領域を整理する必要があるだろう。

注

1——「超多様性 (superdiversity あるいは super-diversity)」とは、1990年代以降のイギリスの複雑化した多様性の状況を指す用語である (Vertoveç 2007)。その定義の特徴としては、移民を含む多様な民族や国籍だけでなく、移民のネットワークや法的地位、移民の人的資本、雇用へのアクセス、地域との繋がり、トランスナショナルな生活のありよう、そして地域の権威やサービス提供者あるいは地元住民からの移民に対する反応、といった人々の生活そのものに影響を与える様々な要素が増殖して複雑に絡まり合った状況に着想を得ている点が挙げられる (Vertoveç 2007: 1049)。この特徴から、超多様性は「多様性の多様化 (diversification of diversity)」した状況とも言い換えられる (Vertoveç 2007: 1025)。

2——カメオとは、めのう、大理石、貝殻などに人の横顔などを彫刻した装身具を指す。原文では、時間とともに流動的に変化する実態を考慮せず、固定的なものとして成員や共同体を描くことへの批判を行う際に、この用語が比喩的に用いられている。

3——原文の参考文献から抜けあり。Andersson, Helena and Nelson, Marie (2005). Communication at Work: The Communicative Situation of Immigrants at Swedish Workplaces. In Britt-Louise Gunnarsson (Ed.), *The Immigrant and the Workplace* (pp.20). Uppsala: FUMS,

Institutionen för Nordiska Språk vid Uppsala Universitet。

4——ディアスポラとは、「自発的あるいは強制的を問わず、故地から離れること、あるいは離散の状態にあること」を指す（臼杵陽「ディアスポラ」綾部恒雄（編）『文化人類学最新術語100』東京：弘文堂、pp.118–119）。

5——「gatekeeper（門番）」の役割を果たす行為を指す。門番は様々な分野で用いられる多義的な用語である。例えばメディア研究においては、ニュースなどを作成する際に、情報を取捨選択することを通して、組織の内部と外部の橋渡しの役割を担う者を指す。また、日本の厚生労働省などが進める自殺対策の取り組みにおいては、悩みを抱えた人々を適切な支援や組織につなげる役割を担う者を指す。本論文では、多言語社会における就職面接など、経済的な活動を行う企業・団体に属し、そこに参与しようとする外部の新参者を評価する役割を担う者を指している。いずれにせよ、これらに共通するのは、組織・団体・企業の内部と外部におけるいわば新参者の橋渡しを担うということである。

6——本文では、Bell, G となっているが、J(ill) の誤植。

7——原文ママ。Crischel ではなく、Pürschel の誤植。

8——原文ママ。Configuring の誤植。

9——出版後の書誌情報は次の通り。Heller, Monica. (2010) Language as Resource in the Globalized New Economy. In Nikolas Coupland. (ed.) *Handbook of Language and Globalization*, pp.349–365. Oxford: Blackwell.

10——原文ママ。しかし、Research Report No. 510 がタイトルから抜けている。

11——原文ママ。oriented の誤植。

参考文献

Andersson, Helena (2009) Intercultural Communication at a Swedish Hospital: Case Studies of Second Language Speakers in the Workplace. Unpublished Doctoral Dissertation. Uppsala: University of Uppsala.

Arakelian, Catharine (2009) Professional Training: Creating Intercultural Space in Multi-Ethnic Workplaces. In Anwei Feng, Michael Byram, and Mike Fleming (eds.) Becoming Interculturally *Competent through Education and Training*, pp.174–192. Bristol: Multilingual Matters.

Belfiore, Mary E. (1993) The Changing World of Work. *TESLTalk* 21: pp.2–20.

Bell, Ella L. (1990) The Bicultural Life Experience of Career-Oriented Black Women [Special Issue: The Career and Life Experiences of Black Professionals]. *Journal of Organizational Behaviour* 11: pp.459–477. New York: Wiley.

Bell, Gill[6] S. (2003) Back to School: Learning Practices in a Job Retraining Programme. In Robert Bayley, and Sandra Schecter R. (eds.) *Language Socialization in Bilingual and Multilingual Societies*, pp.251–268. Bristol: Multilingual Matters.

Bell, Jill S. (1995) Canadian Experiences of Training Linguistically Diverse Populations for the

Workplace. *Australian Review of Applied Linguistics* 18: pp.35–51.

Blommaert, Jan, James Collins, and Stef Slembrouck, S. (2005a) Spaces of Multilingualism. *Language and Communication* 25: pp.197–216.

Blommaert, Jan, James Collins, and Stef Slembrouck (2005b) Polycentricity and Interactional Regimes in "Global Neighborhoods." *Ethnography* 6: pp.205–235.

Blommaert, Jan (2007) Sociolinguistics and Discourse Analysis: Orders of Indexicality and Polycentricity. *Journal of Multicultural Discourses* 2: pp.115–130.

Brindley, Geoff (1994) Competency-Based Assessment in Second Language Programmes: Some Issues and Questions. *Prospect* 9: pp.41–55.

Bourdieu, Pierre (1991) *Language and Symbolic Power*. Cambridge: Polity.

Budach, Gabriele, Sylvie Roy, and Monica Heller (2003) Community and Commodity in French Ontario. *Language and Society* 32: pp.603–627.

Cameron, Deborah (2000) *Good to Talk? Living and Working in a Communication Culture*. London: Sage.

Campbell, Sarah, and Celia Roberts (2007). Migration, Ethnicity, and Competing Discourses in the Job Interview: Synthesizing the Institutional and the Personal. *Discourse and Society* 18: pp.243–272.

Clyne, Michael (1994) *Inter-cultural Communication at Work: Cultural Values in Discourse*. Cambridge: Cambridge University Press.

Clyne, Michael (2003) *The Dynamics of Language Contact*. Cambridge: Cambridge University Press.

Cook-Gumperz, Jenny, and Lawrence Messerman (1999) Local Identities and Institutional Practices: Constructing the Record of Professional Collaboration. In Srikant Sarangi, and Celia Roberts (eds.) *Talk, Work and Institutional Order*, pp.145–182. Berlin: Mouton de Gruyter.

Daly, Nicola, Janet Holmes, Jonathan Newton, and Maria Stubbe (2004) Expletives as Solidarity Signals in FTAs on the Factory Floor. *Journal of Pragmatics* 36: pp.945–964.

Day, Dennis (1992) Communication in a Multicultural Workplace: Procedural Matters. In Heiner Crischel[7] (ed.) *Intercultural Communication: Proceedings of the 17th International L.A.U.D. Symposium*. Duisburg: University of Duisburg.

Day, Dennis, and Johannes Wagner (2007) Bilingual Professionals. In Peter Auer, and Li Wei (eds.) *Handbook of Multilingualism and Multilingual Communication*, pp.390–404. Berlin: Mouton de Gruyter.

Duchêne, Alexandre (2009) Marketing, Management and Performance: Multilingualism as a Commodity in a Foreign Call Centre. *Language Policy* 8: pp.27–50.

Duff, Patricia (2005) Thinking Globally about English and New Literacies: Multilingual Socialization at Work. In Jim Anderson, Maureen Kendrick, Theresa Rogers, and Suzanne Smythe (eds.) *Portraits of Literacy across Families, Communities, and Schools*, pp.341–362. Mahwah NJ:

Erlbaum.

Duff, Patricia (2008) Language Socialization, Higher Education and Work. In Duff, Patricia and Nancy Hornberger (eds.) *Encyclopedia of Language and Education* 8: pp.257–270. New York: Springer.

Duff, Patricia, Ping Wong, and Margaret Early (2000) Learning Language for Work and Life: The Linguistic Socialization of Immigrant Canadians Seeking Careers in Health Care. *Canadian Modern Language Review* 57: pp.9–57.

Erickson, Frederick (1999) Appropriation of Voice and Presentation of Self as a Fellow Physician: Aspects of a Discourse of Apprenticeship in Medicine. In Srikant Sarangi, and Celia Roberts (eds.) *Talk, Work and Institutional Order*, pp.109–144. Berlin: Mouton de Gruyter.

Erickson, Frederick, and William Rittenburg (1987) Topic Control and Person Control: A Thorny Problem for Foreign Physicians in Interaction with American Patients. *Discourse Processes* 10: pp.401–415.

Farrell, Lesley (2000) Ways of Doing, Ways of Being: Language, Education and "Working" Identities. *Language and Education* 14: pp.18–36.

Farrell, Lesley (2001) The "New Word Order": Workplace Education and the Textual Practice of Globalisation. *Pedagogy, Culture, and Society* 9: pp.57–74.

Firth, Alan (1995) Talking for a Change: Commodity Negotiating by Telephone. In Alan Firth (ed.) *The Discourse of Negotiation: Studies of Language in the Workplace*, pp.183–222. Oxford: Pergamon.

Firth, Alan (1996) The Discursive Accomplishment of Normality: On "Lingua Franca" English and Conversation Analysis. *Pragmatics* 26: pp.237–258.

Friginal, Eric (2009a) *The Language of Outsourced Call Centers: A Corpus-Based Study of Cross-Cultural Interaction*. Amsterdam: John Benjamins.

Friginal, Eric (2009b) Threats to the Sustainability of the Outsourced Call Center Industry in the Philippines. *Language Policy* 8: pp.51–68.

Garrett, Paul, and Patricia Baquedano-López (2002) Language Socialization: Reproduction and Continuity, Transformation and Change. *Annual Review of Anthropology* 31: pp.339–361.

Gee, James P., Glynda Hull, and Colin Lankshear (1996) *The New Work Order: Behind the Language of the New Capitalism*. Sydney: Allen and Unwin.

Goldstein, Tara (1993) The ESL Community and the Changing World of Work. *TESL Talk* 21: pp.56–64.

Goldstein, Tara (1997) *Two Languages at Work: Bilingual Life on the Production Floor*. Berlin: Mouton de Gruyter.

Goodwin, Charles (1995) Seeing in depth. *Social Studies of Science* 25: pp.237–274.

Greatbatch, David, Paul Luff, Christian Heath, and Peter Campion (1993) Interpersonal Communication and the Human-Computer Interaction. *Interacting with Computers* 5: pp.193–216.

Grünhage-Monetti, Elwine Halewijn, and Chris Holland (2003) *Odysseus: Second Language in the Workplace*. Strasbourg: Council of Europe.

Gumperz, John J. (1997) A Discussion with John J. Gumperz. In Susan Eerdmans, Carlo Previgagno, and Paul Thibault (eds.) *Discussing Communication Analysis 1: John Gumperz*, pp.6–23. Lausanne: Beta Press.

Gumperz, John, Thomas Cyprian Jupp, and Celia Roberts (1979) *Crosstalk*. London: National Centre for Industrial Language Training.

Gunnarsson, Britt-Louise (2009) *Professional Discourse*. London: Continuum.

Hawthorne, Lesleyanne (1997) Defining the Target Domain: What Language Skills are Required for Engineers and Nurses? *Melbourne Papers in Language Testing* 6: pp.5–20.

Heath, Anthony Francis, and Sin Yi Cheung (2007) *Ethnic Penalties in the Labour Market: Employers and Discrimination*. Sheffield: Department of Work and Pensions.

Heath, Christian, and vom Lehn Dirk (2008). Construing[8] Interactivity: Enhancing Engagement with New Technologies in Science Centres and Museums. *Social Studies of Science* 38: pp.63–96.

Heller, Monica (2002) Globalization and the Commodification of Bilingualism in Canada. In David Block, and Deborah Cameron. (eds.) *Globalization and Language Teaching*, pp.47–63. London: Routledge.

Heller, Monica (2010) Language as a Resource in the Globalized New Economy. In Nikolas Coupland (ed.) *Handbook of Language and Globalization*. Oxford: Blackwell[9].

Hindmarsh, Jon, Christian Heath, and Mike Fraser (2006) (Im)materiality, Virtual Reality, and Interaction: Grounding the "Virtual" in Studies of Technology in Action. *Sociological Review* 54(4): pp.794–816.

Hobbs, Pamela (2004) The Role of Progress notes in the Professional Socialization of Medical Residents. *Journal of Pragmatics* 36: pp.1579–1607.

Holmes, Janet (2000) Talking English 9 to 5: Challenges for ESOL Learners at Work. *International Journal of Applied Linguistics* 10: pp.125–140.

Holmes, Janet (2005) Story-telling at Work: A Complex Discursive Resource for Integrating Personal, Professional, and Social Identities. *Discourse Studies* 7: pp.671–700.

Holmes, Janet (2006) *Gendered Talk at Work: Constructing Gender Identity through Workplace Discourse*. Malden: Blackwell.

Holmes, Janet, and Maria Stubbe (2003) *Power and Politeness in the Workplace: A Sociolinguistic Analysis of Talk at Work*. London: Pearson Education.

Hull, Glynda A. (ed.) (1997) *Changing Work, Changing Workers: Critical Perspectives on Language, Literacy and Skills*. Albany NY: SUNY Press.

Iedema, Rick (2003) *Discourses of Post-Bureaucratic Organisation*. Amsterdam: John Benjamins.

Iedema, Rick, and Hermine Scheeres (2003) From Doing to Talking Work: Renegotiating Knowing, Doing, and Talking. *Applied Linguistics* 24: pp.316–337.

Jack, Gavin (2009) A Critical Perspective on Teaching Intercultural Competence in a Management Department. In Anwei Feng, Michael Byram, and Mike Fleming (eds.) *Becoming Interculturally Competent through Education and Training*, pp.95–114. Bristol: Multilingual Matters.

Jacobs-Huey, Lanita (2003) "Ladies are Seen not Heard": Language Socialization in a Southern, African American Cosmetology School. *Anthropology and Education Quarterly* 34: pp.277–299.

Jacoby, Sally (1998) Science as Performance: Socializing Scientific Discourse through the Conference Talk Rehearsal. Unpublished Doctoral Dissertation. Los Angeles: University of California.

Jupp, Thomas Cyprian, Celia Roberts, and Jenny Cook-Gumperz (1982) Language and Disadvantage: The Hidden Process. In John Gumperz (ed.) *Language and Social Identity*, pp.232–256. Cambridge: Cambridge University Press.

Katz, Mira-Lisa (2000) Workplace Language Teaching and the Intercultural Construction of Ideologies of Competence. *Canadian Modern Language Review* 57: pp.144–172.

Kellerman, Eric, Hella Koonen, and Monique Van Der Haagen (2005) "Feet Speak Louder than the Tongue": A Preliminary Analysis of Language Provisions for Foreign Footballers in the Netherlands. In Michael H. Long (ed.) *Second Language Needs Analysis*, pp.200–224. Cambridge: Cambridge University Press.

Kleifgen, Jo A. (2001) Assembling Talk: Social Alignments in the Workplace. *Research on Language and Social Interaction* 34: pp.279–308.

Kleifgen, Jo A., and Patricia Frenz-Belkin (1997) Assembling Knowledge. *Research on Language and Social Interaction* 30: pp.157–192.

Lave, Jean, and Etienne Wenger (1991) *Situated Learning: Legitimate Peripheral Participation*. Cambridge: Cambridge University Press.

Lemke, Jay L. (2002) Travels in Hypermodality. *Visual Communication* 3: pp.299–325.

Li, Duanduan (2000) The Pragmatics of Making Requests in the L2 Workplace. *Canadian Modern Language Review* 57: pp.58–87.

Matthewman, Jim (1996) Trends and Developments in the Use of Competency Frameworks. *Competency* 4: pp.2–11.

Mawer, Giselle (1999) *Language and Literacy in Workplace Education: Learning at Work*. London: Longman.

Mawer, Giselle, and Laurie Field (1995). *One Size Fits Some! Competency Training and Non-English Speaking Background People*. Canberra: AGPS.

McCall, Christopher (2003) Language Dynamics in the Bi- and Multilingual Workplace. In Robert Bayley, and Sandra Schecter (eds.) *Language Socialization in Bilingual and Multilingual Societies*, pp.235–250. Bristol: Multilingual Matters.

McNamara, Tim (1997) Problematizing Content Validity: The Occupational English Test (OET) as a Measure of Medical Communication. *Melbourne Papers in Language Testing* 6: pp.19–43.

Mertz, Elizabeth (2007) *The Language of Law: Learning to Think like a Lawyer*. Oxford: Oxford University Press.

Mistica, Meladel, Timothy Baldwin, Mrisa Cordella, M., and Simon Musgrave (2008) Applying Discourse Analysis and Data Mining Methods to Spoken OSCE Assessments. In *The 22nd International Conference on Computational Linguistics: Proceedings of the Conference, October 1*: pp.577–584. Melbourne: University of Melbourne

Mondada, Lorenza (2004) Ways of "Doing Being Plurilingual" in International Work Meetings. In Rod Gardner, and Johannes Wagner (eds.) *Second language conversations*, pp.27–60. London: Continuum.

Ochs, Elinor (1993) Constructing Social Identity: A Language Socialization Perspective. *Research on Language and Social Interaction* 26: pp.287–306.

Ochs, Elinor (2000) Socialization. *Journal of Linguistic Anthropology* 9: pp.230–233.

Ochs, Elinor, and Bambi B. Schieffelin. (1983) *Acquisition of Conversational Competence*. London: Routledge.

O'Neill, Shirley, and Annabelle Gish (2001) *Apprentices' and Trainees' English Language and Literacy Skills in Workplace Learning and Performance: Employer and Employee Opinion*. Leabrook: National Centre for Vocational Education Research.

Parks, Susan, and Mary H. Maguire (1999) Coping with On-The-Job Writing Skills in ESL: A Constructivist-Semiotic Perspective. *Language Learning* 49: pp.143–175.

Paugh, Amy L. (2005) Learning about Work at Dinner Time: Language Socialization in Dual-Earning American Families. *Discourse and Society* 16: pp.55–78.

Phillips, Trevor (2003) *Speaking at J. P. Morgan's Leadership Day, 2003*. Retrieved November 25, 2003, from http://www.cre.gov.uk

Poncini, Gina. (2003) Multicultural Business Meetings and the Role of Languages Other than English. *Journal of Intercultural Studies* 24: 17–32.

Rasmussen, Gina (1998) The Use of Address Forms in Intercultural Business Conversation. *Revue de Semantique et Pragmatique* 3: pp.57–72.

Rasmussen, Gina, and Johannes Wagner (2002) Language Choice in International Telephone Conversations. In Kang Kwong Luke, and Theodossia-Soula Pavlidou (eds.) *Telephone Calls. Unity and Diversity in Conversational Structure Across Languages and Cultures*, pp.111–131. Amsterdam: John Benjamins.

Roberts, Celia, Evelyn Davies, and Tom Jupp (1992) *Language and Discrimination: A Study of Communication in Multi-Ethnic Workplaces*. London: Longman.

Roberts, Celia, and Sarah Campbell (2005) Fitting Stories into Boxes: Rhetorical and Textual Constraints on Candidates' Performances in British Job Interviews. *Journal of Applied Linguistics* 2: pp.45–73.

Roberts, Celia, and Sarah Campbell (2006) *Talk on Trial: Job Interviews, Language, and Ethnicity*. Retrieved from Department for Work and Pensions Web site: http://www.dwp.gov.uk/asd/asd5/rrs2006.asp#talkontrial

Roberts, Celia, Sarah Campbell, and Yvonne Robinson (2008) *Talking Like a Manager: Promotion Interviews, Language, and Ethnicity*[10]. London: Department for Work and Pensions of King's College.

Roberts, Celia, and Srikant Sarangi (1999) Hybridity in Gatekeeping Discourse: Issues of Practical Relevance for the Researcher. In Srikant Sarangi, and Celia Roberts (eds.) *Talk, Work and Institutional Order*, pp.473–504. Berlin: Mouton de Gruyter.

Roy, Sylvie (2003) Bilingualism and Standardization in a Canadian Call Center: Challenges for a Linguistic Minority Community. In Robert Bayley, and Sandra Schecter (eds.) *Language Socialization in Bilingual and Multilingual Societies*, pp.269–285. Bristol: Multilingual Matters.

Sarangi, Srikant, and Celia Roberts (2002) Discoursal (Mis)alignments in Professional Gatekeeping Encounters. In Claire Kramsch (ed.) *Language Acquisition and Language Socialization: Ecological Perspectives*, pp.197–227. New York: Continuum.

Schieffelin, Bambi B., and Elinor Ochs (eds.) (1986) *Language Socialisation across Cultures. Cambridge*. Cambridge: Cambridge University Press.

Scollon, Ron, and Suzannne W. Scollon (1995) *Intercultural Communication*. Oxford: Basil Blackwell.

Seale, Clive, Christpher C. Butler, Ian Hutchby, Paul Kinnersley, and Stephen Rollnick (2007) Negotiating Frame Ambiguity: A Study of Simulated Encounters in Medical Education. *Communication and Medicine* 4: pp.177–188.

Spike, Neil (2006) *International Medical Graduates: The Australian Perspective*. Academic Medicine 81: pp.842–846.

Suchman, Lucy (1992) Technologies of Accountability: Of Lizards and Airplanes. In Graham Button (ed.) *Technology in Working Order: Studies of Work Interaction and Technology*, pp.113–126. London: Routledge.

Vertoveç, Steven (2007) Superdiversity and its Implications. *Ethnic and Racial Studies* 30: pp.1024–1054.

Vickers, Caroline H. (2007) Second Language Socialization through Team Interaction among Electrical and Computing Engineering Students. *Modern Language Journal* 91: pp.621–640.

Wagner, Johannes (1995) Negotiating Activity in Technical Problem Solving. In Firth, Alan (ed.) *The Discourse of Negotiation: Studies of Language in the Workplace*, pp.223–246. Oxford: Pergamon.

Waldinger, Roger, and Michael Lichter (2003) *How the Other Half Works: Immigration and the Social Organization of Labor*. Berkeley: University of California Press.

Wenger, Etienne (1998) *Communities of Practice: Learning, Meaning, and Identity*. Cambridge:

Cambridge University Press.

Willing, Ken (1997) Modality in Task-Orientated[11] Discourses: The Role of Subjectivity in "Getting the Job Done." *Prospect* 12: pp.33–42.

第 2 部　　論 文 編

第 5 章

日本における言語社会化と「責任」の文化的形成

高田明

要旨

　言語社会化論は、子どもは成長の過程で（大半の心理学者が仮定するように）認知的な能力を発現したり獲得したりするのではなく、言語以外を含むさまざまな記号論的資源を用いることで、状況に応じた適切な行為を行うようになっていくというパースペクティブを提示している。こうしたパースペクティブに立脚して、筆者らは、日本／日本語における言語社会化が生じる過程について組織的な研究を推進してきた。本稿では、そうした研究の成果として、「お腹の赤ちゃん」をめぐる参与枠組み（第2節）、指さしによる注意の共有（第3節）、行為指示をめぐるコミュニケーション（第4節）、ものの移動による環境の更新（第5節）、感情語彙による道徳性の社会化（第6節）、物語りによる注意、感情、道徳性の組織化（第7節）について紹介する。こうした研究は、文化的に枠づけられた相互行為のなかで子どもが状況に応じて適切に振る舞うための時間的・空間的な幅を広げていく過程を解明し、その発話共同体を特徴付ける生活世界がどのように生産、維持、変革されるかについての私たちの理解を深めることに貢献する。

1. はじめに

　言語社会化論を精力的に推進してきたUCLA 人類学部・教授の Elinor Ochs は、もともとペンシルバニア大学の大学院で、コミュニケーションの民族誌 (Hymes 1964) などで有名な Dell Hymes に師事した。Hymes は、相互行為論のパイオニアである Erving Goffman の親しい同僚でもあった。Hymes や Goffman の仕事を反映して、Ochs らの言語社会化論は、ある行為が研究対象とする社会における相互行為の特定の時点において、特定のやり方で、特定の参与者によっておこなわれた理由について探究する。そしてそれを通じて、それぞれの共同体におけるコミュニケーションのコード、実践、方略のハビトゥスが、その社会・文化的な論理とどのように関連しているのかを検討する (Ochs et al. 2005: 548)。また言語社会化論は、社会化について論じるために、ある社会的集団のメンバーと子どもの相互行為に特別の注意を払ってきた。そのための理論的なツールとして Ochs et al. (2005: 552-553) は、「子ども向けのコミュニケーションのモデル」を提案している。このモデルは、言語社会化論における分析の範囲を言語的な発話以外のコミュニケーションのモードにも拡げている。子どもの発達に関する多くの研究が示唆するように、養育者－子ども間相互行為（以下、CCI と略す）においては、顔の表情、視線の方向、うなずき、指さしなどが、子どもが話し始めるよりずっと前から効果的に用いられる (e.g., 高田 2019; 安井・杉浦 2019)。これらの記号論的資源 (Goodwin, C. 2000) は、状況に埋め込まれている。その一方で、それぞれの参与者が相互行為においてどこに注意すべきかを指示することを通じて、状況を更新することができる。

　こうした知見に基づいて Ochs らは、子どもは成長の過程で（大半の心理学者が仮定するように）認知的な能力を発現したり獲得したりするのではなく、言語以外を含むさまざまな記号論的資源を用いることで、状況に応じた適切な行為を行うようになっていくというパースペクティブを提示している (e.g., Duranti 1997; Duranti et al. 2012; Ochs 1988)。筆者もまた、共同研究者とともにこうしたパースペクティブを追究しようとしてきた。本稿では、筆者らが進めてきた日本／日本語における言語社会化論に関する研究として、「お腹の赤ちゃ

ん」をめぐる参与枠組み（第2節）、指さしによる注意の共有（第3節）、行為指示をめぐるコミュニケーション（第4節）、ものの移動による環境の更新（第5節）、感情語彙による道徳性の社会化（第6節）、物語りによる注意、感情、道徳性の組織化（第7節）について紹介する。これらはいずれも、「養育者－子ども間相互行為における責任の文化的形成」と名付けられた研究プロジェクト（以下、CCIプロジェクト）の一環で、文化的に枠づけられた相互行為において子どもが状況に応じて適切に振る舞うための時間的・空間的な幅を広げていく過程を明らかにするためにおこなわれてきた <http://www.cci.jambo.africa. kyoto-u.ac.jp/>。

　CCIプロジェクトの鍵概念となっている「責任」は、人文・社会科学においてもっとも重要な概念の1つである。例えば刑法では、行為者の意図の有無は、その行為がもたらした結果についての責任を決定的に左右する（水野2000）。ただし、行為者の意図、さらには自由意志と関連づけて責任概念を規定することには、さまざまな理論的な困難が伴う（大庭2005）。これに対して私たちのアプローチでは、具体的な相互行為の呼応（call and response）を可能にする、行為間の関連性（relevance）に責任の基盤をみいだそうとする。こうした関連性は、以下のような相互行為にあらわれる（高田・嶋田・川島2016）。

(1) 責任1: 明確な社会的意味のやりとりには至っていない相互行為における応答。いいかえれば、(2) の前提条件となる応答（例えば、養育者の「はいどうぞ」といった発話・身振りによる呼びかけに対して、その社会的意味や意図の理解なしに子どもが視線を合わせるような行為）。

(2) 責任2: 隣接対（会話分析の用語で、対となる2つの行為のことを指す）をなす発話の交換にみられる呼びかけへの応答（例えば、養育者の「おはよう」というあいさつに対して子どもが返す「おはよう」というあいさつ）。

(3) 責任3: 隣接対をなす発話の交換に付随して生じる発話のやりとりにおいてみられる説明（例えば、養育者の「それAちゃんに貸してあげて」という要求に対して子どもが優先されない応答「いや」をおこなった場合、その子どもがその応答について説明を与える「これBちゃんの」という行為）。

　上記から明らかなように、私たちのアプローチにおける責任は、日常的な

概念としての「責任感」とつながってはいるが、同義ではない。また実際のやりとりでは、責任1〜3は複雑に絡み合い、さまざまなパターンを示す。そうしたパターンを丁寧に解きほぐし、さらにその成り立ちを考えることによって、「責任」概念をより深く理解することができる。これは、子育ての日常における子どもと養育者の関わりの形成と調整の仕組みを明らかにすることにもつながる。

　そこでCCIプロジェクトでは、2007年から2016年にかけて関西地域に在住しており、0〜5歳の子どもがいる18家族の縦断的観察をおこなった。このなかには、データ収集期間中に妊娠中であった母親も含まれる。対象となった家族は、京都大学・乳幼児発達研究グループ（https://www.bun.kyoto-u.ac.jp/~sitakura/infant_scientist.html）の活動に興味を示した家族から選択した。チームの研究者は、家庭における自然な状況で、1カ月に約2時間の相互行為を記録した。録画した動画は合計約540時間におよぶ。動画に収められた会話は、基本的にはすべて文字起こしした。また、動画を繰り返し視聴しながら相互行為の進行に影響を及ぼしている動作をおこなった者を同定し、その動作を記述した。さらに、文字起こしのはじめにその場の状況をできるだけ正確に記述し、相互行為の進行に影響を及ぼすような変化があったらその都度記していった。これらを会話の文字起こしと合わせてデータセットとした。このデータセットを用いた研究は、すでにさまざまな書籍や論文で公表されている（e.g., 高田・嶋田・川島 2016）。以下の議論は、そうした成果の一部に基づいている。

2.「お腹の赤ちゃん」をめぐる参与枠組み

　相互行為の文化的な枠付けは、子どもの誕生以前からはじまっている。川島・高田（2016）やTakada and Kawashima（2016）によれば、家族間の相互行為にはしばしば胎児が「お腹の赤ちゃん」として登場する。そしてその際には、「お腹の赤ちゃん」に関わる発話の (1) 時間的な展望、(2) 空間的な布置、(3) フッティングがさまざまなかたちをとる。

　「時間的な展望」としては、「お腹の赤ちゃん」は大きく分けてまさにその

ときおこなわれている相互行為の参与者として扱われる場合（例：おもちゃの食器でままごとをしている際、2歳8カ月の姉が自発的に「お腹の赤ちゃん」の皿を用意する。すると、妊婦である母親が胎児の動きに言及して、「あ、ほら、喜んで動いてはるわ。」と言う）と、その場にいる人々との将来的な相互行為への参与者として扱われる場合（例：上記と同じ場面。おもちゃの食器でままごとをしている姉（みさと）に対して、妊婦である母親が「みさと、これも（（生まれてくる妹あるいは弟に将来））貸したげんねやろ?」と言う）がある。

「空間的な布置」としては、大きく分けて、「お腹の赤ちゃん」がそのときおこなわれている相互行為における特定の空間的な位置をしめる場合（例：絵本の付録である衣類のシールで遊んでいる2歳9カ月の姉に対して、妊婦である母親「お腹の赤ちゃん、たぶんこれお尻やで。ここお尻やし、はかしたげて。」と言う）とそうした特定の空間的な位置が特定されない場合（例：電車のおもちゃで遊んでいる3歳1カ月の兄に対して父親が、「今度、赤ちゃん（が）生まれたら阪京あげよっか、赤ちゃんに。」と言う）がある。「お腹の赤ちゃん」が位置づけられる空間的な布置と時間的な展望は、しばしば連動する。そのときおこなわれている相互行為の参与者として扱われる場合は、その相互行為における特定の空間的な位置をしめることが多い。さらに、胎動が周囲の人々による発話に対する応答（上述の責任1）として扱われることもある。一方、その場にいる人々との将来的な相互行為への参与者として扱われる場合は、そうした空間的な位置が定まっていないことが多い。

「フッティング」は、もともとはGoffman（1981）の用語で、発話に対するその話し手の同調（alignment）、スタンス、姿勢、あるいは投射された自己などを提示する「足場」を意味する。胎児は直接発話を行うことはできないので、「お腹の赤ちゃん」が相互行為に導入される際には、しばしば他の参与者がその声を代弁する必要が生じる。その結果、話し手のフッティングは複雑な構造をとることが多い。筆者たちのデータセットでは、母親が生まれる前の赤ちゃんの代わりに発話を行う例（例：おもちゃの食器でままごとをしている際、2歳8カ月の姉が自発的に「お腹の赤ちゃん」の皿を用意する。この姉の行為に対して、母は「うれしいなぁ」と「お腹の赤ちゃん」の発言を代弁し、さらに「人参さんも欲しいなぁ」という発話でその要求を伝える）が比較的多くみられた。

具体的な妊婦を含む家族の相互行為では、上記の諸側面が入り組んだかたちで組織化されている。例えば、妊婦は相互行為において、胎動をはじめとした身体感覚をしばしばその文化で受け入れられている慣習的な枠組みと関連づけてあらわす。例えば、要求－応答－評価という連鎖構造のなかで、妊婦はしばしば連鎖の開始部である要求（第1要素）、あるいは終了部である評価（第3要素）として胎動を報告したり、生まれる前の赤ちゃんの声を代弁したりする。そして、その文化的な枠組みから期待される行為を年長児から引き出そうとする。また妊婦はこれらを通じて、自身がお腹の赤ちゃんの声を語る正当・真正な権利をもつという主張もしばしば行う。妊婦の身体へのアクセス権は通常はおもに彼女自身に属しているが、妊婦の言動によってはその場の相互行為の他の参与者にも開かれる。

　したがって、一見すると「生理的」な現象である妊婦の身体感覚の表明は、きわめて社会的な行為でありうる。妊娠をめぐって家族メンバーの間で繰り広げられる日常的な相互行為を通して、その家族を特徴づける社会関係は再編される。そうした場面では、生まれる前の赤ちゃんには、「胎教」や胎児の能力についての「科学的」な研究が示唆するよりもはるかに幅広く、柔軟な役割が与えられる。もちろん、こうした家族関係の再編は、簡単に達成されるわけではない。むしろ、最初はうまくいかないことの方が多いだろう。例えば、生まれる前の赤ちゃんが位置づけられる相互行為の時間的枠組みが明確に示されていない状況は、しばしば相互行為上のトラブル源となる。だが妊婦とその家族は、相互行為を展開するなかでそのトラブルを解消していく。こうした解消の動的な過程には、家族関係をめぐるゆらぎやひだがあらわれる。それを分析することは、家族が1つのシステムをなしていることを示すとともに、現代日本における家族のあり方の特色を明らかにすることでもある。

　興味深いことに、妊娠期にみられる上記の相互行為と類似する構造は、子どもが生まれた後の母子間相互行為にも認められる。例えば、母親は子どもが乳幼児期になってからも、ひんぱんにその身体的な位置取りや姿勢をアレンジし、相互行為におけるその役割設定を主導する。またしばしば代弁によって赤ちゃんのために発話し、その赤ちゃんの主体性を肩代わりする。さらに、

自身と赤ちゃんとの境界が曖昧になり、赤ちゃんを自らの身体の一部として扱うことも少なくない（第4節参照）。母子間相互行為の研究では、近年こうした母親の子どもに対する特権的な立場や特徴的な振る舞いが注目されている（Takada 2012, 2013）。出産が生まれてくる子ども、その子を産む母親、そしてその周囲の人々にとって、人生の大きな転機であることは間違いない。しかしながら、その前後の相互行為のパターンは完全に分断されているわけではなく、上のような連続性がみいだせる。妊娠や出産によって再生産されるのは、子ども自身というよりは社会関係のセットである（Strathern 1992）。そうした社会関係は子どもが生まれる前からつくられ始め、生まれた後のその子どもを支えている。この点で、子どもは生まれる前から社会的存在であり、言語社会化は誕生以前からはじまっているのである。

3. 指さしによる注意の共有

　子どもと養育者は相互行為のなかでさまざまな記号論的資源を用いてお互いの振る舞いを調整（align）し、注意を共有する。そのためにはしばしばジェスチャー、とりわけ指さし（ポインティング）が用いられる。Liszkowski, Brown, Callaghan, Takada and de Vos（2012）は、指さしは文化の違いを問わず、ヒトが社会のなかで成長していくにつれて普遍的に身につける特徴だと主張している。赤ちゃんは、言葉を話し始める少し前から指さしを行うようになることが多い。指さしは言葉をはじめとするシンボルの使用と密接な関わりを持っており、子どもの発達の研究者は早くからこれに注目してきた（e.g., Piaget 1937/1954, 1964/1968; Werner and Kaplan 1963/1974; Vygotsky 1978; Bruner 1983/1988; Tomasello 1999）。また、指さしには複数の個人間の生活世界、さらにはそうした複数の個人の生活世界と環境をつなぐ働きがある。したがって、指さしの使用に注目することは、子どもの発達研究の主流をなしてきた方法論的個人主義を乗り越えて、子どもと養育者が構成する間主観性やそれと環境の構造との関わりについて論じる、新たな研究領域を切り開くことにつながる。今世紀の初め頃から推進されてきた相互行為論的な指さし研究（e.g., Goodwin, C. 2007; Mondada 2014; Streeck 2017）は、そのパイオニアだといえよう。またこうした研究は、上述の

責任1の諸相、さらにはそこから責任2があらわれてくる仕組みを明らかにしてくれるだろう。

　こうしたパースペクティブから、遠藤・高田（2019）は、子どもの指さしに対する養育者の反応に注目し、どのようにして指さしが家庭内における活動のなかで相互行為の資源として働いているのかを論じている。遠藤・高田（2019）によれば、指さしがコミュニケーションにおいて何らかの働きをするためには、相手に見られる必要がある。これは当然のように聞こえるかもしれないが、幼い子どもの指さしにおいては常に成立している条件ではない。乳児期の子どもは、養育者が自分を見ていない状況で指さしをすることも少なくないのである。

　その後、子どもは次第に養育者が対象を見ることができる環境を確保してからそれに対する指さしを行うことが増えてくる。これと関連してKidwell（2005）は、保育所において養育者から向けられる視線のタイプ（単に見ている、あるいは介入すべき対象として見ている）に応じて、子どもが敏感に振る舞いを使い分けていることを報告している。

　遠藤・高田（2019）によれば、子どもの指さしはしばしば養育者によって活動を開始するものとして反応されたり、既に進行している活動の一部として反応されたりすることによって、子どもと養育者の共同注意を達成するための資源として働く。もっとも、子どもの指さしが実際のところ何を意図してなされたものなのかは、養育者には、そしてもしかすると子ども自身にもはっきりしないことがある。そして、養育者が子どもの指さしをどう位置づけるのかは、それが生起した環境に大きく影響される。また日常的な相互行為では、共同注意の達成そのものが目的となる活動もあれば、それが別の活動の前提でしかない場合（例：指さしによって食べ物を大事にしなければならないという規範を教示し、その規範に対する子どもの理解を引き出すこと）もある。後者の例ではしばしば、子どもによる指さしの意図の理解や共同注意の達成よりも、主たる活動の進行が優先される。

　こうした指さしの文脈依存性と関連して、指さしのあらわれ方にはかなりの文化的多様性が認められるという主張も少なくない。例えばWilkins（2003）は、人さし指で行う指さしの普遍性に疑念を表明している。Wilkins（2003）

によれば、オーストラリア中央部のアレンテ語を話す先住民などでは、人さし指を用いた指さしは指示の唯一の形式ではなく、これ以外にしばしば手全体、唇、親指などを使って対象物を指し示す。また、（日本のように）どのような指さしを用いるかが、それが人に向けられるかどうか、さらにはその人が指さしを行う者とどういった社会関係があるかによって制約される文化もある。さらに、人さし指による指さしが用いられる場合でも、その形態のバリエーション、その解釈、それが起こる空間、それが埋め込まれている文脈などは文化的に特異でありうる。そして私たちは、その社会における文化的実践（e.g., 道探索実践）を積み重ねることを通じてのみ、その文化的に特異な指さしを適切に用いることができるようになる。

　Wilkins（2003）が主張する、指示をするための指さしの文化的多様性とLiszkowski et al.（2012）が主張する指さしの普遍性とは、必ずしも矛盾しないだろう。時代や地域によってさまざまな言語が見られる一方で、言語を持たない社会集団は見つかっていない。それと同様に、どんな社会集団においても乳児は指さしをコミュニケーションにおける前言語的な基盤の1つとして発達させる（cf. Povinelli et al. 2003: 40）のに対して、その形式はその社会集団における慣習や文化的文脈によって社会文化的に、また記号論的に多様なあらわれ方をしうるのであろう。

4. 行為指示をめぐるコミュニケーション

　もちろん、養育者は指さしのようなジェスチャーだけではなく、発話によっても子どもの行うべき行為を示す。「聞き手に何かをさせるための発話」は、directive（行為指示）と呼ばれる（Goodwin, M. 2006: 107）。ほとんどの言語において、行為指示は、非常に直接的なもの（命令－例：「マッチをくれ」）から非常に間接的なもの（ほのめかし－例：「マッチがなくなってしまった」）までの連続的なスケールによって下位分類できる（Ervin-Tripp 1976; Falsgraf and Majors 1995）。例えばClancy（1986; 本書第2章）は、日本の母親たちが2歳児に対しておこなった行為指示のデータに基づいて、日本のCCIに適用可能な行為指示の「直接性スケール」を提唱している。このスケールは、行為指示の直接－間接性を調節

するために、日本語の幅広い文法形式が有効に用いられることを示している。

　また Takada（2013）は、Clancy（1986）の直接性スケールの修正版として複数次元からなる直接性スケールを提案している。1 つ目の次元は、発話形式における行為指示の強さ、いいかえれば受け手に対する強制力が相対的に高いものから低いものへと並べられる軸である。行為指示の直接性もまた、この順に低くなっていくと考えられる。第二の次元として、行為指示の直接性はそのフッティング（第 2 節参照）の変化に影響される。Takada（2013）の行為指示のコレクションでは、「報告発話（他者の発話を引用または報告すること、あるいはある発話を他者が言ったことにすること）」と「フィギュアへの発話（無生物を含むフィギュアに対して話者が行う発話。フィギュアは Goffman（1981）の用語で、発話の中で言及されるシーンに登場する行為主体を指す）」が全ケースのそれぞれ 9 ％と 2 ％をしめた。

　行為指示は、教えるという活動と密接に関連している（Ochs 1988; Schieffelin 1990）。興味深いことに、日本の CCI における行為指示連鎖は、しばしば「思いやり」を教える目的で使用されると主張されてきた（Burdelski 2006; Clancy 1986）。これと関連して、日本の CCI では養育者がまだ生まれていない赤ん坊または無生物を導入することでトライアンギュレーション、すなわち 3 者以上の間で達成される相互理解を推進することが少なくない（第 1 節を参照）。Takada（2013）の事例では、養育者がまだ生まれていない赤ん坊をフィギュアとして導入することで、報告発話の一種である「赤ちゃんのために話す」という方法（Schieffelin 1990）を採用し、まだ生まれていない赤ちゃんを現在の家族関係にとりこんでいた。従来の研究ではしばしば、日本人の養育者がこうした発話を用いて、子どもに人間ならびに生きとし生けるものへの「思いやり」を教えようとする、あるいは、こうした発話は日本的な価値観、例えば「八百万の神」に対する畏敬の念を反映したものだと論じられてきた（Burdelski 2006; Clancy 1986; Earhart 2004; 裴岩 2003）。こうした考え方は、一般的に「日本人論」と呼ばれる分析スタイルにおいて広範に用いられてきた。しかし、信念と行動との関係がもっと複雑なものであることは明らかである。Takada（2013）は、コミュニケーションのスタイルがこうした因果連鎖において逆の役割を果たしうること、すなわち、人や現象についての道徳的な信念が、特定のコミュニケ

ーションのスタイルによる相互行為の帰結として生じることもあることを示した。いいかえれば、養育者は子どもから目指す行為を引き出すために時としてトライアンギュレーションのフォーマットを採用し、まだ生まれていない赤ん坊あるいは無生物をフィギュアとして導入する。このフォーマットは、構造的には、養育者が相互行為の第3の参与者の voice（声）を用いて行為指示を行う状況に類似している。ここではフィギュアはトライアンギュレーションを行うために構造的に必要な要素であり、「思いやり」は、こうした手法を実践する「理由」としてというよりは、相互行為の「結果」として生じてくる。報告発話やフィギュアへの発話を通じて複数の声を用いることは、遊び心のある演劇的な状況を生み出し、相互行為の枠組みへの子どもの積極的な参加を促す。そしてこうした手法は、「思いやり」のような、文化に特有の価値観に合致する行為を引き出すような文脈を確立するのである。

　その一方で、子どもは常に行為指示の受動的な受け手であるわけではない。ときには、養育者のコントロールから逃れる能動的な行為主体でもある。Takada（2013）は、養育者の行為指示に対する子どもの応答を、受諾、修復の開始、枠組みの変更、正当性の主張、異議申し立て、拒否の6タイプに分類している。このうち行為指示と受諾や拒否の組み合わせは、上述の責任2の典型例である。これに対して修復の開始、枠組みの変更、正当性の主張、異議申し立ては、上述の責任3と関わっている。Takada（2013）は、このうちの枠組みの変更という方略に注目している。これは先行する行為指示とはややずれた事柄によって養育者の注意を引き、それに対する養育者の反応を引き出すことによって会話の枠組みを変えるという方略である。この試みが成功すれば、面目侵害的な状況を回避しつつ会話の話題を移行させ、新しい話題を相互行為に導入することができる。こうした手法もまた、日本文化に特有だとされる価値観と関連した、文化的に共有された道徳性が導入される文脈を確立することに貢献する。

　社会化の実践は、相互行為の参与者たちが上記のようなありふれた活動のなかでおこなっているきわめて微細な間主観的交渉の積み重ねのうえに成り立つ（Besnier 2013）。こうした交渉では、話者の主体性は参与者間の関係における構築物としてあらわれ、この構築物は行為とそれが埋め込まれている状

況との関係を通してみてとれる。さらにある行為を行うことは、次の行為のための文脈を準備する。こうしてコミュニケーションは、会話状況において、文化的に共有された道徳性を（再）生産する。そして会話状況は、CCI において相互理解を促進するために用いられる枠組みによって構成されている。

5. ものの移動による環境の更新

　養育者と子どもの間では、しばしばもののやりとりを通じた相互調整が見られる。ここで注目すべきなのは、ものが子どもから養育者、あるいは養育者から子どもへと移動することによって、お互いの注意の焦点もまた移動することである。それに伴って相互行為を取り巻く環境は更新され、再組織化されるであろう。また、ものをやりとりすることは相互行為における基本的かつ遍在的な活動だが、この活動を特徴付けている連鎖の組織は発話共同体間でかなり異なる可能性がある。こうした問題意識のもとに Takada and Endo (2015) は、言語社会化論のアプローチから、(1) 子どもが養育者からのものの要求（行為指示の下位カテゴリーとして位置づけられる）に対する受諾（上述の責任 2 に該当する）をどのように定式化するか、(2) 要求−受諾連鎖において要求された対象物が相互行為や環境の再組織化にどのような役割を担っているか、そして (3) 日本の CCI におけるものの要求の特異性について検討をおこなった。

　その結果、以下が明らかになった。ものの要求はしばしば CCI におけるトラブルを解消するためにおこなわれる。ここでのトラブルの定義は、ものの機能だけではなく、ものについての文化的な規範によって影響される。例えば、子どもはおもにものの機能に注目するのに対して、養育者はものについての文化的な規範を相互行為に導入することが多い。その後、子どもはトラブルを文化的な規範を反映した活動の枠組みに位置づけて、養育者からの助けを引き出そうとすること（例：折り紙を文化的に適切な仕方で折ることができないことを養育者に提示する）が増える。こうした移行は、さまざまなコミュニケーション能力（Hymes 1972）の発達、すなわち特定の社会的集団のメンバーとして必要な知識の増加とともに生じる。この点で要求−受諾連鎖の分析は、コミュニケーション能力を促進するために使用されるさまざまなコード間の関係を

解きほぐす。より多くのコードを使用することで、相互行為の組織はより複雑になる。Takada and Endo（2015）があげた例では、養育者（母親）は子どもとボールをやりとりしながら、日本語の豊富な感嘆詞、感情的なスタンスをあらわす彼女および乳児の身体的な姿勢、まだ話せない乳児の声を伝える報告発話、参与者（養育者、乳児、年長児）間の関係を空間的に構造化する入れ子型の身体的配置といった、さまざまな記号論的資源を効果的に利用していた。そのような実践は、しばしば文化的に特異な相互行為の組織化を通じた相互理解をもたらす。

　相互行為上のトラブルの解消は、日常的な活動における協調的関与を促すさまざまな方略の1つのタイプにすぎない。子どもから協調的行動を引き出すため、養育者はしばしば共同注意を促す特定のものを選択し、それが要求のターゲットとなるようにそのものを移動させる。そのような状況を確立する養育者は、しばしば文化的に特徴的な装置（言語や道具など）を使用して、活動を文化的に適切なものとして形作ろうとする（例：母親が娘に対しておこなった「なんか貸してあげて」という発話で、その娘が弟となかよく一緒に遊ぶように導く）。この例では、日本語の「動詞 + てあげる」という文法形式によって受益者の存在がコード化されている。年長の子どもへの要求でこの形式が使用されると、それは彼女の弟が受益者であり、したがって「姉は弟に親切であるべきである」という文化的に適切な規範を効果的に伝えることができる。

　一方、ものの要求に対する子どもの反応も、文化的に形成された道徳性を反映する。子どもは時として彼らの欲求や好みと合わない行為（例：手に持っている鍵を手渡すように母親から要求される）を避けるため、自らの記憶に基づいて向道徳的活動を相互行為に導入する（例：楽しかった誕生日パーティーを発話やジェスチャーで再現する）。あるいは子どもはさまざまな修正された反応（例：鍵の代わりにボールを手渡す）をおこなって、それと関連する文化的背景を活性化することもある。その結果、CCIにおけるものの移動は、反復による遊びとしばしば結びつく（例：子どもと母親が何度も楽しそうにボールをやりとりする）。多くの文化において、子どもと養育者の間、または子ども集団で多様なかたちの反復遊びが発展してきたことが知られている（e.g., Goodwin, M. 2006; Moore 2012）。

　Ingold（2001）が示唆するように、ものの移動は、子どもや養育者の身体が

環境とどのように関わっているかについての洞察を与えてくれる。いいかえれば、ものを操作することによって、子どもと養育者は自分たちが世界にどのように住むかを選択している。ものが子どもから養育者に移る際、共同注意の焦点も子どもの側から養育者の側に移ることが多い。同時に、前の発話によって形作られた文脈に反応することによって、子どもはそれに続く行為のために相互行為上の景観を更新する（例：子どもが手に持っている鍵を吹くという行為が、その子が誕生パーティーでロウソクの炎を吹き消したことについての記憶を母親に呼び起こす）。さらに、ものの交換はその場にいる他者の視点、ときには想像された他者（例：誕生パーティに出席していた友だち）の視点の取得を促す。これらの実践では、子どもは自らが属する共同体のハビトゥスに社会化されるだけでなく、その共同体のハビタット（Ochs et al. 2005）を構築することにも貢献する（例：上述の子どもの発話とジェスチャーが、誕生日を祝う慣習を遂行する相互行為環境を強化する）。つまり、子どもと養育者は要求–受諾連鎖に関与することによって、互酬的なコミュニケーションをより効果的にするだけではなく、その活動の枠組みを設定、変更することができる。さらに要求–受諾連鎖は、子どもと養育者の双方がその文化において共有されている道徳性を（再）構築するための交渉の場となっているのである。

6. 感情語彙による道徳性の社会化

　道徳性の（再）構築は、感情と深く関わっている。ある感情がさまざまな発話共同体を通して存在するとしても、その感情をその発話共同体の支配的な価値観と関連づけた場合の位置づけは発話共同体ごとに異なる可能性がある。東アジアの社会についての研究史においては、「恥」という感情に特別の注意が払われてきた（e.g., Clancy 1986; 土居 1971; Doi 1974; Fung 1999; Fung and Chen 2001; Lo and Fung 2012）。

　言語社会化論のアプローチからは、Clancy（1986）が日本の2歳児とその母親の相互行為の分析を通じて、「恥」などの感情について論じている。ここでClancy は、土居の「甘え」に関する主張（土居 1971; Doi 1974）に言及しながら、それを基本的には支持する議論を展開している。Clancy（1986）によれば、日

本における母子間相互行為は、その文化的な信念を反映するとともに強化している。母親はしばしば、子どもが望ましい行動を行うことを促すため、他者の怖い、悲しい、かわいそう、可愛いといった気持ちに言及して、子どもからの共感を引き出そうとする。その際に母親は、自らの気持ちを強調して子どもに伝えるだけでなく、そうした気持ちをもつ他者として、まだ生まれていない赤ん坊や無生物を会話の枠組みに導入することもある（第2節参照）。Clancy（1986）は、母親はこうした方略によって子どもの共感性、あるいは思いやりを育てる訓練をおこなっていると論じている。また他者の気持ちに寄り添うことは、同調の圧力をもたらす。したがって、共感と同調は同じコインの表と裏のような関係にある。そこで母親は、子どもの同調性を訓練するため、子どもに他者から笑われることに対する恐れを植え付ける。例えば不適切な行動をおこなった子どもが他者の disapproval（不承認）に直面した場合、その子は「恥ずかしい（ashamed）」と感じることが期待される。Clancy（1986）によれば、母親はそういうとき、たいてい主語を明示せず、単に「恥ずかしい」と言う。これは、母親がその子どものことを「恥ずかしい（shameful）」と感じていることを伝えるとともに、その子自身が同じように感じるべきだという主張を含意しているという。

「恥」の感覚を基調とするとされてきた文化は、日本のそれに限らない。Lo and Fung（2012）によれば、彼女たちが調査対象とした台湾と韓国でも、「恥」の感覚は、子どもの日常生活からはじまってさまざまなかたちで生涯にわたって存在し続ける。そしてそれは、道徳性を考える上で本質的な要素だと考えられている。こうした研究史に連なって Takada（2019）は、日本語における「恥ずかしい（英語では、shaming、shy、あるいは awkward などと訳される）」という感情語彙が CCI においてどのように生じるのか、またそれが社会化の文脈をどのように組織化するのかについて検討している。この研究はとくに、Clancy（1986）や Lo and Fung（2012）では十分に検討されていなかった、「恥」と関連した発話の accounting（説明）、すなわち上述の責任3としての働きに注目している。

Takada（2019）のデータでは、「恥ずかしい」という感情語彙は、養育者が子どもの行為を記述する際により多く用いられていた。中でも「恥ずかし

い」という感情語彙がよくみられたのは、子どもが適切な行為を行うことをためらっていると養育者がみなした場合（この場合、「恥ずかしい」という感情語彙はshynessにあたる意味で用いられることが多い）、あるいは養育者が子どものおこなった行為を社会的な規範に照らして不適切であるとみなした場合（この場合は、shamefulにあたる意味で用いられることが多い）であった。

「恥ずかしい」という感情語彙がひんぱんに生じていたもう1つの文脈は、teasing（からかい）である。例えばTakada（2019）の事例では、2歳の女児Aが臨月の母親と一緒に、Aがまだ乳児だったころに撮られたビデオを見ていた。まもなくAは、甘えたような声で泣き真似を始めた。これに対して母親は、「hh今（h）でも（h）赤ちゃん（h）なった（h）やろ.」という発話をおこなった。この発話は、Aが演じた役割、すなわち赤ちゃんのような泣き真似と通常のAとのギャップを笑いながら指摘するもので、teasing（からかい）としてデザインされていた。さらに母親は、「は（h）ず（h）か（h）しい（h）.」という発話でAの行為に対するassessment（評価）をおこなった。この「恥ずかしい」は、からかいという遊戯的な文脈のもとではあるが、shamefulに近い意味で用いられている。つまり母親はこの発話で、実際よりも幼く振る舞ったAはそれについて羞恥心を感じるべきだ、とAをからかっていた。

Takada（2019）のデータでは、子どものためらいに言及する、および子どもをからかう「恥ずかしい」があらわれた場面に、いずれも通常は家族のメンバーに含まれていない人物が同席していることが多かった。このように、通常の家族内のコミュニケーションのルーチンからいくぶんずれた文脈におかれた子どもは、その場の文脈に照らして適切に振る舞うことが難しく、「恥ずかしい」と帰属されうる行為が顕在化しやすいのだと考えられる。子どもが適切な行為を行うことを躊躇したにせよ、不適切だとみなされうる行為をおこなったにせよ、これらの文脈で用いられた「恥ずかしい」という語は、その行為はその場の状況によって生じた一時的な感情によるものだという説明の候補を提示し、それを許容しうるものとする働きをもっている。これによって子どもは、次の行為によって先行する行為をその場の文脈に照らしてより適切なやり方で正当化、修正、あるいは繰り返す機会を与えられる。したがって、ここでの「恥ずかしい」という感情語彙を含むフレーズは、日本の

発話共同体における子どもの言語社会化にとって有用な道具として働いている。

　また、上述のからかいの文脈で用いられた「恥ずかしい」は、Aの行為に対する評価としても働いていた。Clancy（1986）は、子どもに他者から笑われることに対する恐れを植え付けることで、子どもの同調性を訓練するために、からかいが用いられることがあると論じている。これに対して上記の事例では、からかいは遊戯的な文脈のもとでおこなわれており、同調性の訓練という志向性は薄い、あるいは認められない。むしろ、その場の相互行為を協調的かつ楽しい雰囲気で進めていくことに動機づけられていた。

　さらに養育者は、「恥ずかしい」という感情語彙を用いる際、視線、表情、姿勢、先行する行為の強さやフッティングといったさまざまな記号論的フィールド（Goodwin, C. 2000）に目を配りながら、子どもの微細な行動や状況をモニターしていた。そして、彼女らが知覚した多様な記号論的資源を結びつけるとともに、子どもに対して共感的な態度、あるいは協調的かつ楽しい雰囲気を作り上げていた。日本社会はしばしば、さまざまな伝統的な社会的規範が生活のすみずみまで及んでいるよく組織化された社会として描かれてきた。しかし、実際の行為は、しばしばそうした社会的規範には一致しない。「恥ずかしい」という感情語彙は、そうした状況で生じる実践と社会的規範の間に生じたギャップを埋め、相互行為の参与者が相互調整を行うために、私たちが洗練させてきた文化的道具だといえるだろう。そして、「恥ずかしい」という感情語彙、さらにはおそらく感情語彙全般は、さまざまなタイプの記号論的資源が時間的に展開され、組織化されることで形成される社会的な意味の網の目における結び目（Ingold 2013）として働いていると考えられる。

7. 物語りによる注意、感情、道徳性の組織化

　多くの社会において長い時間をかけて洗練され、さまざまな形をとるようになってきた文化的道具としてはさらに、storytelling（物語り）があげられる。物語りは、会話のもっとも基本的かつ根本的な規則である話し手と受け手との間の順番交替をいったん延期し、話し手が複数の単位からなるターンを産

出するという、拡張された語りである（Schegloff 2007; Stivers 2013）。養育者は物語りを行うとともに、子どもにもそれをおこなわせることによって隣接対（例：「質問」と「回答」のような第1要素と第2要素からなる発話のペア）を超えた文化的な枠付けを行う。いいかえれば、物語りを行うことで話し手は、今ここの状況から離れた出来事について語り、相互行為におけるトークにより広い文脈と関連づけた文化的知識を導入することができる（Reese 1995; Ochs and Capps 2001）。物語りはこのようにして、多くの社会において「状況の文脈」と「文化の文脈」（Ochs and Schieffelin 2012）を橋渡しするための効果的な道具を提供する重要な言語ジャンルとなっている。これを通じて物語りは、相互行為において子どもが上述の責任2（応答責任）だけではなく、責任3（説明責任）をも担うようになることを促進する。

　ただし、まさに上記の働きのため、会話の経験の浅い子どもが物語りの実践に適切に参加することは容易ではない。物語りでは、話し手の側はトークにおけるターンを延長する必要があり、受け手の側は物語りのはじまりと終わりを正しく知覚し、物語りの全体を通じて適切に対応することが求められる。先行研究によれば、話し手としても聞き手としても、子どもが物語りの実践に適切に参加するためには、養育者からの相当な支援を必要とする（e.g., Filipi 2017）。この意味で、「物語は、話し手と受け手によって共同構築され、その産出の機会に合わせて仕立てられる、相互行為的な生産物である」（Mandelbaum 2013: 492）。したがって、養育者や子どもが日常的な相互行為において「文化の文脈」の知覚、導入、および展開を含む物語りの実践にどのように関わっているかを明らかにすることがとくに重要となる。こうしたパースペクティブのもと、Takada and Kawashima（2019）では、絵本を読むという活動において2歳から3歳の子どもが物語りを開始、展開、終了することを促すために養育者が用いている方略について検討している。

　まず開始部分では、養育者はさまざまな行為指示を繰り返すことで子どもに物語りを開始させようとすることが多かった（例：母親が子どもに向かって「絵本、読んであげたら？」と発話する）。ここではまず、養育者がモダリティ・マーカーを操作して、行為指示の強度を調整する例が多く見られた（第2節を参照）。上の例では、条件付きの提案を示すモダリティ・マーカー「たら」を用いるこ

とで、子どもが他の行為を行う可能性を認めるという、やや弱い行為指示が行われている。第二に、この発話では「あげる」という、動詞の受益形または使役形を作る補助動詞が用いられている。養育者はしばしばこの形式（i.e., 動詞＋てあげる構文）を使用して、子どもが年少のキョウダイの世話をするように気を配る（遠藤 2015; Takada and Endo 2015）。この「動詞＋てあげる構文」では、提案された行為のターゲット（上の例では、絵本を読んであげる相手）は、話し手（同、母親）ではなく第三者（同、母親のお腹にいる赤ちゃん）である。それゆえ、この発話によってお腹の赤ちゃんは物語りの「アドレスされた受け手」（Goffman 1981）として位置づけられている。また養育者は、子どもの位置取りや姿勢にもしばしば介入し、相互行為の参与者が物語りに適切に関与できるように気を配っていた。

　次に物語りの展開部分では、まず、養育者が子どもの発話ターンを引き取るなどして、子どもと共同で発話を構築するという方略が見られた。日本語では、大人同士の会話でも発話を共同構築するためのさまざまな手段が発展していることが知られている（Hayashi 2003, 2005）。こうした手段はCCIでもしばしば用いられ、子どもが養育者とともに発話を構築することを促している。発話ターンの引き取り以外にも、養育者が先行する子どもの発話の中にあった語彙やフレーズを繰り返すことによって協力的な姿勢を示すという方略が認められた。また、主語がしばしば明示されないこと（e.g., 小林 2005, 2006）や自発をあらわす自動詞（例：見える、聞こえる）がよく用いられること（e.g., 二枝 2009; Elberfeld 2011; 國分 2017）は、その発話が誰についてのものか、誰に向けられているのか、誰が行為主体なのかなどについての解釈の多義性を許容することで特徴的なフッティング（Goffman 1981）を構築し、この協力的な姿勢を示すという方略に貢献していた。さらに、物語りを「今ここ」あるいは実際の生活状況と関連づけて、子どもの物語りを促す（例：絵本に登場する「お腹の赤ちゃん」を実際の母親の妊娠と関連づける）という方略も見られた。これは、日常的な物語りのもっとも重要な機能の1つ、すなわち過去の出来事を現在に持ち込み、それを未来と関係づけるという働きと結びついている（Ochs and Capps 2001）。

　物語りの終了部分では、養育者は、子どもが慣習的なフォーマットにした

がって物語りの終結を示唆する（例：子どもが「おしまい」と発話する）と、まだスクリプト上では物語りが続くことが期待される場合でさえも、それを承認しやすい傾向があった。物語りの終結をあらわすための定型的な語彙やフレーズの使用は、社会－歴史的に発展してきた文化的な規範を反映している。養育者はしばしば、そうした文化的な規範を用いて、相互行為のなかで子どもと物語りの終了を共同で達成することを志向していた。

養育者はしばしば、以上のような多様かつマルチモーダルな方略を用いて、子どもと共同で物語りを開始、展開、終了しようとしている。絵本のテキストを声に出して読み上げ、それに生気を与えることによって、子どもは豊かな文化的知識と結びついた身体化された知識と self-reflection（自己反省）を経験することができる。これらによって、物語りは養育者と子どもの相互行為における注意、感情、および道徳性を組織化し、言語社会化を可能にするための貴重な装置として機能しているのである。

8. まとめ

本稿では、筆者らが進めてきた日本／日本語における言語社会化論に関する研究として、「お腹の赤ちゃん」をめぐる参与枠組み（第2節）、指さしによる注意の共有（第3節）、行為指示をめぐるコミュニケーション（第4節）、ものの移動による環境の更新（第5節）、感情語彙による道徳性の社会化（第6節）、物語りによる注意、感情、道徳性の組織化（第7節）について紹介した。これらの研究の背後にある、相互行為における応答可能性あるいは応答する力が基礎となって責任 1、2、3 が文化的に形成されていくというパースペクティブは、言葉を話し始める前後の子どもとその周囲の人々の相互行為を、質的な変容と機能的な連続性の双方の面から分析することを可能にする。養育者と子どもは本稿で見てきたような方略を用いてお互いをモニターし、その行為を調整している。「責任の文化的形成」というパースペクティブからさらに研究を推進することによって私たちは、文化的に枠づけられた相互行為において子どもが状況に応じて適切に振る舞うための時間的・空間的な幅を広げていく過程を解明し、その発話共同体を特徴付ける生活世界がどのように生

産、維持、変革されるかについての理解を深めていくことができる。

参考文献

Besnier, Niko (2013) Language on the Edge of the Global: Communicative Competence, Agency, and the Complexity of the Local. *Language and Communication* 33: pp.463–471. Elsevier.

Bruner, Jerome (1983) *Child's Talk: Learning to Use Language.* Oxford: Oxford University Press. （ジェローム・S・ブルーナー　寺田晃・本郷一夫訳（1988）『乳幼児の話しことば』新曜社）

Burdelski, Matthew J. (2006) Language Socialization of Two-Year Old Children in Kansai, Japan: The Family and Beyond. *Ph. D. Thesis*, University of California, Los Angeles.

Clancy, Patricia (1986) The Acquisition of Communicative Style in Japanese. In Bambi B. Schieffelin, and Elinor Ochs (eds.) *Language Socialization Across Cultures*, pp.213–250. Cambridge: Cambridge University Press.

土居健郎（1971）『「甘え」の構造』弘文堂.

Doi, Takeo (1974) Some Psychological Themes in Japanese Human Relationships. In John C. Condon, and Mitsuko Saito (eds.) *Intercultural Encounters with Japan: Communication-Contact and Conflict*, pp.17–26. Tokyo: Simul Press.

Duranti, Alessandro (1997) *Linguistic Anthropology.* Cambridge: Cambridge University Press.

Duranti, Alessandro, Elinor Ochs, and Bambi B. Schieffelin (eds.) (2012) *The Handbook of Language Socialization.* Malden, MA: Wiley-Blackwell.

Earhart, H. Byron (2004) *Japanese Religion: Unity and Diversity (4th ed.).* Belmont, CA: Wadsworth/Thomson Learning.

Elberfeld, Rolf (2011) The Middle Voice of Emptiness: Nishida and Nishitani. In Bret W. Davis, Brian Chroeder, and Jason M. Wirth (eds.) *Japanese and Continental Philosophy: Conversation with the Kyoto School*, pp.269–285. Bloomington: Indiana University Press.

遠藤智子（2015）「構文の使用と社会的規範：家庭内相互行為における「てあげる」構文を例に」『日本認知言語学会論文集』15: pp.171–182.

遠藤智子・高田明（2019）「家庭内の共同活動における子どもの指さしと養育者の反応」安井永子・杉浦秀行・高梨克也編『指さしと相互行為』pp.161–189. ひつじ書房.

Ervin-Tripp, Susan (1976) Is Sybil There? The Structure of Some American English Directives. *Language in Society* 5(1): pp.25–66. Cambridge: Cambridge University Press.

Falsgraf, Carl and Diane Majors (1995) Implicit Culture in Japanese Immersion Discourse. *Journal of the Association of Teachers of Japanese* 29(2): pp.1–21. American Association of Teachers of Japanese.

Filipi, Anna (2017) The Emergence of Story-Telling. In Amanda Bateman, and Amelia

Church(eds.) Children's Knowledge-in-Interaction: Studies in Conversation Analysis, pp.279–295. Singapore: Springer.

Fung, Heidi (1999) Becoming a Moral Child: The Socialization of Shame among Young Chinese Children. *Ethos* 27: pp.180–209. American Anthropological Association.

Fung, Heidi and Eva C. H. Chen (2001) Across Time and Beyond Skin: Self and Transgression in the Everyday Socialization of Shame among Taiwanese Preschool Children. *Social Development* 10(3): pp.419–436. Wiley.

Goffman, Erving (1981) *Forms of Talk*. Philadelphia, PA: University of Pennsylvania Press.

Goodwin, Charles (2000) Action and Embodiment Within Situated Human Interaction. *Journal of Pragmatics* 32: pp.1489–1522. Elsevier.

Goodwin, Charles (2007) Environmentally Coupled Gestures. In Susan D. Duncan, Justine Cassel, and Elena T. Levy (eds.) *Gesture and the Dynamic Dimension of Language*, pp.195–212. Amsterdam/Philadelphia: John Benjamins Publishing Company.

Goodwin, Majorie H. (2006) *The Hidden Life of Girls: Games of Stance, Status, and Exclusion*. Malden, MA: Blackwell.

Hayashi, Makoto (2003) *Joint Utterance Construction in Japanese Conversation*. Amsterdam: John Benjamins.

Hayashi, Makoto (2005) Joint Turn Construction through Language and the Body: Notes on Embodiment in Coordinated Participation in Situated Activities. *Semiotica* 156(1): pp.21–53. International Association for Semiotic Studies.

裴岩奈々 (2003)「人間関係の中で育つ思いやり」『児童心理』57（10）: pp.10–15. 金子書房.

Hymes, Dell (1964) Introduction: Toward Ethnographies of Communication. *American Anthropologist* 66(6): pp.1–34. American Anthropological Association.

Hymes, Dell (1972) Models of the Interaction of Language and Social Life. In John Gumperz, and Dell Hymes (eds.) *Directions in Sociolinguistics: The Ethnography of Communication*, pp.35–71. New York: Holt, Rinehart and Winston.

Ingold, Tim (2001) From the Transmission of Representations to the Education of Attention. In Harvey Whitehouse. (ed.) *The Debated Mind: Evolutionary Psychology versus Ethnography*, pp.113–153. Oxford: Berg.

Ingold, Tim (2013) *Making: Anthropology, Archaeology, Art and Architecture*. London: Routledge.

川島理恵・高田明 (2016)「家族をなすこと―胎児とのコミュニケーションにおける応答責任」高田明・嶋田容子・川島理恵編『子育ての会話分析―おとなと子どもの「責任」はどう育つか』pp.171–198. 昭和堂.

Kidwell, Mardi (2005) Gaze as Social Control: How Very Young Children Differentiate "the Look" from a "Mere Look" by Their Adult Caregivers. *Research on Language and Social Interaction* 38(4): pp.417–449. Taylor and Francis.

小林修一 (2005)「日本語における《話し手》の位相と主体性―「主語なし」文の背景から」

『東洋大学社会学部紀要』43（2）: pp.37–54.

小林修一（2006）「日本語の「場所」性をめぐって―認知言語学と言語の身体性に関する論議から」『東洋大学社会学部紀要』44（1）: pp.5–22.

國分功一郎（2017）『中動態の世界―意志と責任の考古学』医学書院.

Liszkowski, Ulf, Penny Brown, Tara Callaghan, Akira Takada, and Conny de Vos (2012) A Prelinguistic Gestural Universal of Human Communication. *Cognitive Science* 36: pp.698–713. The Congnitive Science Society.

Lo, Adrienne and Heidi Fung (2012) Language Socialization and Shaming. In Alessandro Duranti, Elinor Ochs, and Bambi B. Schieffelin (eds.) *The Handbook of Language Socialization*, pp.169–189. Malden, MA: Wiley-Blackwell.

Mandelbaum, Jenny (2013) Storytelling in Conversation. In Jack Sidnell, and Tanya Stivers (eds.) *The Handbook of Conversation Analysis*, pp.492–510. Chichester: Blackwell.

水野謙（2000）『因果関係概念の意義と限界―不法行為帰責論の再構成のために』有斐閣.

Mondada, Lorenza (2014) Pointing, Talk, and the Bodies: Reference and Joint Attention as Embodied Interactional Achievements. In Mandana Seyfeddinipur, and Marianne Gullberg (ed.) *From Gesture in Conversation to Visible Action as Utterance: Essays in Honor of Adam Kendon*, pp.95–124. Amsterdam/Philadelphia: John Benjamins Publishing Company.

Moore, Leslie C. (2012) Language Socialization and Repetition. In Alessandro Duranti, Elinor Ochs, and Bambi B. Schieffelin (eds.) *The Handbook of Language Socialization*, pp.209–226. Malden, MA: Wiley-Blackwell.

二枝美津子（2009）「中動態と他動性」『京都教育大学紀要』114: pp.105–119.

Ochs, Elinor (1988) *Culture and Language Development: Language Acquisition and Language Socialization in a Samoan Village*. Cambridge: Cambridge University Press.

Ochs, Elinor and Lisa Capps (2001) *Living Narrative: Creating Lives in Everyday Storytelling*. Cambridge, MA: Harvard University Press.

Ochs, Elinor and Bambi B. Schieffelin (2012) The Theory of Language Socialization. In Alessandro Duranti, Elinor Ochs, and Bambi B. Schieffelin (eds.) *The Handbook of Language Socialization*, pp.1–21. Malden, MA: Wiley-Blackwell.

Ochs, Elinor, Olga Solomon and Laura Sterponi (2005) Limitations and Transformations of Habitus in Child-Directed Communication. *Discourse Studies* 7(4–5): pp.547–583. SAGE Journals.

大庭健（2005）『「責任」ってなに？』講談社.

Piaget, Jean (1937) *La Formation Du Symbol Chez L'enfant*. Neuchatel-Paris: Delachaux et Niestle. (Piaget, Jean (1954) *The Construction of Reality in the Child*. New York, NY: Basic Books.)

Piaget, Jean (1964) *Six Études De Psychologie*. Paris: Éditions Gonthier.（ジャン・ピアジェ　滝沢武久訳 (1968)『思考の心理学―発達心理学の 6 研究』みすず書房）

Povinelli, Daniel J., Jesse M. Bering and Steve Giambrone (2003) Chimpanzees' "Pointing": Another Error of the Argument by Analogy? In Sotaro Kita (ed.) *Pointing: Where Language, Culture, and*

Cognition Meet, pp.35–68. Mahwah, NJ: Lawrence Erlbaum Associates, Publishers.

Reese, Elaine (1995) Predicting Children's Literacy from Mother-Child Conversations. *Cognitive Development* 10(3): pp.381–405. Elsevier.

Schegloff, Emanuel A. (2007) *Sequence Organization in Interaction: A Primer in Conversation Analysis: vol.1*. Cambridge: Cambridge University Press.

Schieffelin, Bambi B. (1990) *The Give and Take of Everyday Life: Language Socialization of Kaluli Children*. Cambridge: Cambridge University Press.

Stivers, Tanya (2013) Sequence Organization. In Jack Sidnell and Tanya Stivers (eds.) *The Handbook of Conversation Analysis*, pp.191–209. Chichester: Blackwell.

Strathern, Marilyn (1992) *Reproducing the Future: Essays on Anthropology, Kinship and the New Reproductive Technologies*. New York, NY: Routledge.

Streeck, Jürgen (2017) *Self-Making Man: A Day of Action, Life, and Language*. Cambridge: Cambridge University Press.

Takada, Akira (2012) Pre-Verbal Infant-Caregiver Interaction. In Alessandro Duranti, Elinor Ochs, and Bambi B. Schieffelin (eds.) *The Handbook of Language Socialization*, pp.56–80. Malden, MA: Wiley-Blackwell.

Takada, Akira (2013) Generating Morality in Directive Sequences: Distinctive Strategies for Developing Communicative Competence in Japanese Caregiver-Child Interactions. *Language and Communication* 33: pp.420–438. Elsevier.

高田明（2019）「子どもの発達研究における指さし」安井永子・杉浦秀行・高梨克也編『指さしと相互行為』pp.35–60. ひつじ書房.

Takada, Akira (2019) Socialization Practices Regarding Shame in Japanese Caregiver-Child Interactions. *Frontiers in Psychology* 10: 1545. Frontiers Media.

Takada, Akira and Tomoko Endo (2015) Object Transfer in Request-Accept Sequence in Japanese Caregiver-Child Interaction. *Journal of Pragmatics* 82: pp.52–66. Elsevier.

Takada, Akira and Michie Kawashima (2016) Relating with an Unborn Baby: Expectant Mothers Socializing Their Toddlers in Japanese Families. In Amanda Bateman and Amelia Church. (eds.) *Children's Knowledge-in-Interaction: Studies in Conversation Analysis*, pp.211–229. Singapore: Springer.

Takada, Akira and Michie Kawashima (2019) Caregivers' Strategies for Eliciting Storytelling from Toddlers in Japanese Caregiver-Child Picture-Book Reading Activities. *Research on Children and Social Interaction* 3(1–2): pp.196–223. Equinox.

高田明・嶋田容子・川島理恵編（2016）『子育ての会話分析―おとなと子どもの「責任」はどう育つか』昭和堂.

Tomasello, Michael (1999) *The Cultural Origins of Human Cognition*. Cambridge, MA: Harvard University Press.（マイケル・トマセロ　大堀壽夫・中澤恒子・西村義樹・本多啓訳 (2006)『心とことばの起源を探る―文化と認知』勁草書房）

Vygotsky, Lev S. (1978) *Mind in Society: The Development of Higher Mental Processes*. Cambridge, MA: Harvard University Press.

Werner, Heinz and Bernard Kaplan (1963) *Symbol Formation: An Organismic-Developmental Approach to Language and the Expression of Thought*. New York, NY: John Wiley. (ハインツ・ウェルナー　バーナード・カプラン　柿崎祐一監訳 (1974)『シンボルの形成―言葉と表現への有機・発達論的アプローチ』ミネルヴァ書房)

Wilkins, David (2003) Why Pointing With the Index Finger Is Not a Universal. In Sotaro Kita (ed.) *Pointing: Where Language, Culture, and Cognition Meet*, pp.171–215. Mahwah, NJ: Lawrence Erlbaum Associates.

安井永子・杉浦秀行 (2019)「相互行為における指さし―ジェスチャー研究、会話分析研究による成果」安井永子・杉浦秀行・高梨克也編『指さしと相互行為』pp.3–34. ひつじ書房.

第 6 章

デジタル社会の
言語社会化：

スカイプ・ビデオによる三世代家族会話を事例に

砂川千穂

要旨

　本章は、日本とアメリカに離れて住む三世代家族によるスカイプ・ビデオ会話を分析し、テクノロジーを介したコミュニケーション場面における言語社会化実践について考察する。特に子どもが「ありがとう」のような典型的、かつルーチーン化されたポライトネス表現を使用する場面に焦点を当て、テクノロジー介在場面における適切な振る舞いの実践プロセスを明らかにする。スカイプ・ビデオ越しに子どもが感謝表現を適切に使用するためには、発話のタイミングを適切に理解するだけでなく、感謝する相手と画面を介して共在空間を構築し、感謝する対象物を画面越しに提示した上で発話しなければならない。このプロセスを子どもが実践するため、親や祖父母は発話の促しのみならず、身体位置の調整、ウェブカメラの前に広がる操作領域の調節といった、環境整備を協働的に行う。スカイプ・ビデオ会話のような、テクノソーシャルな場面における、言語社会化実践に関する分析は、既存の理論的枠組みの適応領域を再考する上でも重要である。例えば「ありがとう」を伝えるといった、一見シンプルに見える発話も、スカイプ・ビデオ会話では、対面場面とは異なる会話の時間的組織化のプロセスを経る。このことは、テク

ノロジーを介した場面における、社会的状況の成立には、対面場面とは異なる参与構造の調節が必要であることを示唆している。本章の分析により、言語を身につける過程と、自分の居る実空間、相手空間、そして、会話が構築されるバーチャル空間における参与構造の複層的調節スキルの習得がどのように関連しているのかが明らかになった。

1. はじめに

　近年のIT技術の発達により、私たちの日常生活に、スマートフォンやコンピューターをはじめとするデジタル機器の存在がかかせないものとなってきている。特にインターネットの発明は印刷技術の発明に続き、人々の言語、コミュニケーション、社会的実践に「革命」的な変化をもたらしている（Crystal 2001）。本章では、こうした時代背景に鑑み、テクノロジーが日常化しつつある現代社会における言語社会化実践を考える。特に、日本国内外の遠隔地に居住する家族間のスカイプ・ビデオ会話データから、「ありがとう」のような典型的かつルーチーン化されたポライトネス表現の使用場面に焦点をあて、子どもがスカイプ・ビデオで、どのように、感謝を伝えるように教えられるかを明らかにする。

　スカイプ・ビデオ会話を日常的に使用し、異世代・異世帯間の多人数会話が習慣化しているような場合、参与者は、実空間における参与構造だけでなく、空間をまたいだ参与構造も調節する（砂川 2017）。このような複層的な参与構造の調節には、言語実践だけでなく、身体行動の調節や環境整備が必要である。本研究では、こうした特徴をもつ遠隔地間コミュニケーション場面における、言語社会化実践の事例を取り上げ、誘導や促しといった社会化方略（Burdelski 2012）の実践が、子どもの母語習得を中心とする第1段階の言語社会化（primary language socialization）（Duranti 2009:293）に有効なだけでなく、大人の家族成員がウェブカメラを介した場面での会話に慣れ、相互行為のパターンを習慣化するプロセスに貢献していることを明らかにする。

2. 遠隔地間コミュニケーションと言語社会化

　言語社会化の実践研究は、1980年代から様々なコミュニティでの民族誌研究が報告されているが（第1部参照）、テクノロジーを介したコミュニケーション場面での社会化実践の事例研究はまだ数が少ない。その背景には、メディアを使ってコミュニケーションを図るのは、第1段階の言語社会化の過程を終了している大人がメインであることが関連しているであろう。大人中心のメディアを介した会話では、対面場面で培われた言語実践がそのまま通用しない場合があり、それまでの社会的秩序や価値観、言語使用が指標する社会的意味が、調整、交渉される場合が少なくない。例えば、ろう者の電話コミュニケーションの促進を図ることを目的に、試験的に家庭に導入されたウェブカメラによる家族会話の分析では、対面場面での指さしが画面越しでは、わかりにくかったり（Keating and Mirus 2003）、手話会話で重要な、頭を含む上半身を写す手話スペースが、十分に画面に映らないために、指文字の使用が多くなる（Lucas et al. 2013）といった言語実践のパターンに変化が見られたり、インスタントメッセージや携帯の普及で、コミュニケーション媒体や、ことばの使用に対する認識に変化が生じたりすることが報告されている（Ito and Okabe 2005; Jones and Schieffelin 2009）。

　また、民族誌的アプローチを用いる談話研究の多くは、ウェブカメラをはじめ、メディアにまつわる事象を中心的研究課題として扱ってこなかった（Cook 2004; Wilson and Peterson 2002）。それは、文化的な思考パターンが浮き彫りになる日常的なコミュニケーションは対面場面で起こり、対面場面での会話こそ「自然な」会話であるという前提に基づいているからであろう。Goffmanによれば social situation（社会的状況）の成立には、mutual monitoring possibilities（相互観察の可能性）が必要である。すなわち、人と人がお互いの視野に入り、その存在に気がついていることを、お互いに認識していなければならない（Goffman 1964）。屋外の公共の場では、こうした相互観察が成立し、次第に人々があつまって輪を作り、会話が始まり、会話が継続する間は、その場にいる人々は特定の F-formation（F陣形）を維持しようとする（Kendon 1990）。現代の IT 化社会では集まって会話している人びとは、たとえ F 陣形を身体で形成してい

ても、スマートフォンを持って何か調べたり、テキストメッセージを送ったり、実空間における会話以外の相互行為にも同時に関与していることが珍しくない。1990年代以降、携帯電話の普及にともない、こうしたマルチタスク型の相互行為は増加しつつある。それに伴い、特定の相互行為が続行中に、他の相互行為に関与することの規範意識も変化しつつある（見城 2006）。こうした複数同時進行型の相互行為を理論的にどのように位置づけるのかも課題である。例えば、スマートフォンを使って、別の空間にいる他者との会話に参加する場合、スマートフォンを実空間の参与構造の一部を形成する道具の1つとして扱うか、スマートフォン越しに繰り広げられるやり取りを相互行為の全体像とするかなど、参与構造やF陣形といった、既存の理論的枠組みの適応可能領域を検討する必要がある（坊農 2009）。

　本研究では、テクノロジー介在場面を、現代のコミュニケーションの日常が観察できるコンテクストの1つと位置づけ、参与者がどのように習慣的言語実践を特定のコンテクストに応用しているかに焦点を当てる。第1段階の言語社会化の過程にある子どもが、「ありがとう」のような、典型的な感謝表現を実践する時、発話のタイミングだけでなく、ボリュームや身体配置などの調整が必要である。テクノロジーを介して人間関係を構築することが日常的になりつつある中、スカイプ・ビデオ会話のようなテクノロジー介在場面は、デジタル社会における言語社会化実践を観察する最適の場所であると考える。

3. データ収集と分析方法

　本研究は、筆者が日本とアメリカなど、遠方に居住する日本人家族間のコミュニケーション実践を約5年間にわたり、ethnography（民族誌）の手法を用いて観察した記録に基づく。特に本章で分析対象とするのは、日本とアメリカに離れて住む小田家（仮名）の会話に注目する。

　アメリカに住む小田家は、日本語が流暢な日系アメリカ人の母親、留学後結婚と就職を機にアメリカに移住した日本人の父親、その2人の子ども（颯太3歳半、絵里1歳）から構成されている。母親の両親（子どもの母方の祖父母）は

米国内の近郊都市に住んでいるが、父親の両親（子どもの父方の祖父母）は日本に住んでいて、2人の子ども達は父方の祖父母には実際に対面したことがない。小田家では、颯太が生まれたのを機に、父方、母方の両祖父母との定期的なビデオ会話を始めた。颯太が生まれる少し前に、父親、母親がそれぞれの実家に出向いて、出産後にスカイプ・ビデオ会話ができるように設置した。日本在住の祖父母とは、颯太が生まれてから、定期的にウェブカメラ越しにコミュニケーションをとっているため、一度も会ったことがないにもかかわらず、祖父母－孫の親しい関係が構築されている。

　筆者は、アメリカ在住の小田家宅で、スカイプ・ビデオ会話の様子を観察した。データ収録環境は、ビデオカメラ1台を、居間の隅に設置し、会話中の実空間内の動きを収録した。また、実際スカイプ・ビデオ会話が行われているパソコンの録画機能を利用し、パソコンのスカイプ画面の映像を収録した。本研究の分析対象となる会話が行われている時は、筆者は室外に出ており会話には参加していない。アメリカの小田家にのみ、設置されたビデオカメラからのデータを元に、会話を書き起こしたが、書き起こしには物理的な空間（アメリカと日本）によって欄を分けて記述した。

　一度も対面で会ったことのない祖父母と孫が、習慣的なスカイプ・ビデオ会話で、祖父母を認識し、家族の人間関係を構築している場面に注目し、特に、「ありがとう」のような典型的なポライトネス表現が、養育者によってどのような資源を用いて導入、実践されているかを詳細に記述した。

4. ウェブカメラの前に立つ：
ウェブカメラを介した共同操作領域

　ウェブカメラ越しの会話場面では、子どもは、適切な表現を的確な場面で使うように教えられるだけでなく、それらの表現を使うときに、適切な場所に立つように促される。本節では、子ども、両親、祖父母の三世代スカイプ・ビデオ会話における、適切な身体配置と、感謝表現の使用、ウェブカメラの画面に映し出される視覚情報との相関関係を分析する。

　第3節で述べたように、小田家の颯太（3歳半）と絵里（1歳）は、日本の祖

父母（父方）とは、対面場面で、まだ一度も直接会ったことがない。しかし、颯太誕生からの３年間、定期的にウェブカメラ越しにコミュニケーションをとっているため、颯太は祖父母の顔を画面に確認すると、自分の祖父母であることを認識し、「おじぃちゃん」「おばぁちゃん」と呼びかけることができる。このような人間関係を構築するためには、ウェブカメラが写す視野に身を置いて、カメラ越しの copresence（共在）空間を認識する必要がある。

　図１は、アメリカ在住の小田家が日本在住の祖父母（父方）と会話するときの典型的な参与者の位置やノートパソコンの位置をあらわしたものである。

図1 会話時における参与者の実空間内配置（小田家：アメリカ）

　小田家ではウェブカメラ内蔵型ノートパソコンを使用し、スカイプのようなソフトウェアを介して祖父母と会話する。図１があらわすように、祖父母とのスカイプ・ビデオ会話時は、ノートパソコンをリビングのソファ上に置き、画面の正面に子どもを立たせ、両親がその脇を囲むように座ることが多い。このような空間使用と参与者の身体配置は、小田家のスカイプ会話時に典型的で、子ども達は祖父母とのウェブカメラ会話時には、祖父母に自らの姿が見える場所に移動するように教えられている。

　人々が集まって何らかの社会的相互行為が始まる時、発話だけでなく身体

の位置や向きの調節も欠かせない。第3節でも述べたように、Kendon は、相互行為のおこる場所における空間と人の関係を、F陣形の概念を用いて明らかにしている（Kendon 1990）。Kendon によれば、個人の身体の前方には社会的なコミュニケーション活動を理解する上で重要な transactional space（操作領域）がある。例えばソファに座ってテレビを見ているような場合、鑑賞者の前に他者が立ちはだかったりすると、「テレビを見る」という行為は達成されない。すなわち、社会的行為の達成には、邪魔されない操作領域を維持することが重要である。人が対面で会話する場合、参与者同士はそれぞれの操作領域を重ね合わせて円形の空間を構築し、その共同空間を維持しようと努める。言い換えれば、対面会話の場合、参与者たちはこの空間を維持することで、その場に形成される社会行為への積極的関与を表示している。ウェブカメラ越しに会話への関与を維持する場合、参与者はカメラが映し出す視野にあわせて操作領域を調節しなければならない。図1は、家族成員それぞれが画面の前の限られた空間で身体配置を調節している。この調節の手続きには身体の空間的配置に加え、ウェブカメラの位置や高さ、周辺の環境整備が含まれる。ウェブカメラ越しに顔をみて会話するという行為達成のために、それぞれの操作領域を参与者は対話相手の顔が見えて、対話相手からも自分の顔が見える場所に自分を位置づけなければならないのである。

　参与者の身体配置と、それにより構築される共同の操作領域は、単にウェブカメラを介した会話の技術的特徴と空間使用の相関関係をあらわしているだけでなく、画面の向こうにいる参与者との社会的関係や文化的規範を指標している。図1の場合は、子ども達を中心とした操作領域ができあがっているが、右端の母親はパソコン画面の方に体を向けてはいるものの、ソファの端に座り、ウェブカメラには写らない位置に身をおいている。この身体配置は、母親がウェブカメラのアドレッシーである祖父母と義理の関係にあり、控えめなスタンスをとっていることを指標している。このような身体配置や空間使用とそこに生起する相互行為の関係は、話者が人間関係や社会関係をどのように捉えているかを観察することができる重要な分析の手がかりの1つである。例えば、西サモア諸島の研究者である Duranti（1997）によれば、養育者から子どもに向けられる *nofo i lalo*（「座りなさい」）という命令表現は、単に

どこかに座って静かにすることが期待されているわけではない。子ども達は、周りに大人や年配者がいる場合、あるいは、実際にはいなくてもいると仮定し、身を低く、床に足を交差させてあぐらをかくように座ることが求められている。スカイプ・ビデオ会話における、三世代家族会話においても、ウェブカメラからの限られた視野領域内に、誰の操作領域を優先的に配置するかは、参与者同士の人間関係や文化的規範を指標する。図1の場合は子ども達の母親が、義理の娘という立場をわきまえつつ（井出 2006）、孫やその父親の『顔をみせる』ため、子どもを中央に立たせ自分は控えめな場所に身を置いている。

　もっとも母親は視野的には控えめな場所に身をおいているものの、第5節でみるように、子どもの感謝表現の使用を通した言語社会化実践では、積極的に発話を促し、環境を整備して、中心的な役割を果たしている。

5. スカイプ・ビデオ会話における 「ありがとう」表現の実践

　スカイプ・ビデオ会話で、子どもが感謝表現を適切に使用するためには、①感謝する相手との共在空間の構築と維持、②感謝する対象の明示化、③感謝表現の発話と身体位置の調整といった複雑な段階を理解しなければならない。養育者はそれぞれの段階で、さまざまな資源を使いながら子どもを適切な方向へ促す。小田家のスカイプ・ビデオ会話からの事例を使って、その過程を順番にみてみよう。小田家の子ども達（颯太、絵里）は、日本の祖父母との定期的なスカイプ・ビデオ会話に加え、誕生日やひな祭りなどのお祝い事に合わせて、お互いに贈り物や手紙を郵送しあっている。本節で分析する会話の断片は、3月某日に行われたスカイプ・ビデオ会話からの抜粋である。前日に、祖父母から、子ども達がひな祭りにあわせた手紙と贈り物を郵便で受け取り、そのお礼を伝えるために祖父母宅とスカイプ・ビデオ会話を行った。両親は言語的な促しだけでなく、子どもの腰に手を置いて、立つ場所を調整したり、パソコンの位置を会話中に移動させたりなどして、子どもが適切なタイミングで「ありがとう」を使用できる環境を調整している。

5.1 共在空間の構築

　参与者に子どもが居る場合に限らず、カメラ越しに話しかける時、カメラの向こうのアドレッシーとの共同操作領域の構築・維持がうまく保てないことがある（Keating and Mirus 2003）。子どもが居る場合は、アドレッシーが画面の向こうで、どこに居るかわからないのに、画面越しに共同注視を促したり、会話の途中でパソコンの置いてある場所からだいぶ離れた所に行って話し続けてしまって会話が途切れたり、意思疎通が思うようにできないことがある。このような場合、画面越しの共同操作領域の構築と維持には、子どもと同空間にいる養育者が、連続的に名前をたずねたり、子どもの腕や肩、手の位置を調節したりするといった促し行動が観察される（Sunakawa 2012）。感謝表現の実践には、感謝する相手が画面に映り、感謝を言う子どもの姿も、相手に見えているような対面状態を構築する必要がある。例1の断片はウェブカメラ接続直後、颯太が感謝を伝える相手である祖母を呼び出すプロセスがどのように実践されているかをあらわしている。

　アメリカと日本の家が映像でつながると、子ども達の画面には、祖父しか映っていない。祖父は祖母を呼びに行って席を立ってしまい、子ども達の感謝のアドレッシーは一時的に画面からいなくなる。祖父母が戻るまでの間、母親は画面周辺に子ども達を引き寄せ、颯太がお礼を言うための準備をする。

例1　アドレス性維持

		アメリカ	日本	
1.	母	°おばぁちゃんはいるの?°		
2.	父	おばぁちゃんはいるの?（（画面の方へ身を乗り出す））		
3.	颯太	おばぁちゃ:ん		
4.			祖父	ちょっと呼んでくるわ（（画面から消える））
				°おい°
5.	母	°颯太 (.) これ°		
6.	颯太	うん?		

7.	母	°颯太これ (.) 本ありがとう って言うんだよ° ((本を颯太に渡す))		°颯太°
8.		もうちょっと奥にやらない と絵里いじるよ		
9.	颯太	((本を受けとりパソコンの 脇に置く))		
10.	母	((パソコンの位置をずら す))		( )
11.	母	[((父をみる))		
	父	[((母をみる))	祖父	も-も:出てくるよ
12.				((ウェブカメラに写り着 席))
13.				おばぁちゃん服きがえて はんねん
14.	母	h[hhhh		
15.	父	[hhhh 服が-ちゃんと着 替えないと出るところに 出られないらしい		
16.	母	.hhhh		

　ウェブカメラ接続直後のアメリカ側の画面には祖父のみが映っていた。子ども達が祖父母両方にお礼を伝えるためには、祖母にも画面の前に出てきてもらう必要がある。冒頭のやりとりでは、祖母を呼ぶための依頼を両親と子ども達が共同で構築している。まず冒頭で母親は「°おばぁちゃんはいるの?°」と小声で問いかける（1行目）。スカイプ・ビデオ会話のような遠隔地間会話において、声のボリュームを落とすことは、発話が実空間にいる参与者に向けられていることをあらわしていると解釈できる。したがって1行目の母親による小声の発話も、画面の向こうにいる祖父ではなく、隣にいる父親に向けられていると考えられる。図1で、母親は義理の両親とのやり取りでは控

えめな身体配置をとっていたが、ここでも、祖母を自ら直接呼び出すのではなく、父親を経由して祖母を呼んでいる。実際、父親はすかさず、画面に乗り出しながら、声のボリュームは落とさず、母親の質問を繰り返す。さらに、颯太は「おばぁちゃ：ん」（3行目）と祖母を呼び、颯太は、「ありがとう」を祖父のみに言う前に、感謝を伝えるもう一人の相手である祖母も、画面に呼び出す必要性があると理解している。祖父が「ちょっと呼んでくるわ」（4行目）と言い席を立ち、祖母を呼びに行ってしまうと、画面にアドレッシーが誰も映っていない画面がしばらく映し出される。母親は、すかさず、床に置かれていた本を颯太に手渡し、「°颯太これ（.）本ありがとうって言うんだよ°」（7行目）と促したり[1]、1歳の絵里がパソコンに触らないような位置にノートパソコンを移動させたりする（8～10行目）。このような発話の促しや、環境整備は、これから始まる相互行為のアドレス性（木村2003）を維持し、まだ画面に見えないアドレッシーとしての祖父母との共在空間に注意を向け続けるために重要な役割をはたしている。

5.2 感謝対象の明示化

感謝の対象行為が直前の発話内に確認できる場合（例えば褒め言葉など）と異なり、郵便で受け取った贈り物に感謝を伝える場合、贈り物に言及し、感謝の対象を明示化する必要がある。颯太の場合、母親が実際に本を渡して「°颯太これ（.）本ありがとうって言うんだよ°」（7行目）と言う。すなわち母親は、贈られた本を画面越しに見せながらお礼を言うことを例示している。

例2は例1の続きである。颯太は祖母より先に戻ってきた祖父に、先にお礼をいうことになった。

着替え中の祖母を待たず、先に戻ってきた祖父をみて、母親は「颯太（.）おじぃちゃんに本ありがとうって」（18行目）と促す。颯太はすかさず本を手に取り顔の前にかかげる（図2）。

例2　本をもって「ありがとう」

		アメリカ		京都
17.			祖父	あ - あの - （　　）
18.	母	颯太（.）おじぃちゃんに本ありがとうって		
19.	颯太	((本を手に取り、顔の前にかかげる))	祖父	（誕生会に）出てこようと思ってはんねん =
20.	父	= あ： そうなん =		
21.			祖父	= ちょっとだけ出て - 顔出す： いうてはんねん（て）=
22.	母	= °颯太（.）本ありがとう [って°		
23.	颯太	[これありがと：		

図2　顔の前で本を持つ（19行目）

　祖父が祖母の着替えの理由を説明している間（19行目〜21行目）、颯太は図2の体勢を保ち続ける。21行目の祖父の説明発話が終わるとすぐ、母親が「°颯太（.）本ありがとうって°」と、誘導模倣（バーデルスキー 2016）の形で颯太の感謝表現を小声で促す。23行目で、颯太はようやく「これありがと：」と本

を見せながら感謝表現を言うことに成功する。

5.3 感謝表現と身体位置の調整

　例2で、颯太は、単に感謝のことばを発話するだけでなく、一緒に実際のプレゼントである本を見せながら「本ありがとう」と言うように教えられていた。母親の誘導的な促しで、颯太は本を顔の前にかかげながら「これありがと：」(23行目)と言えたのだが、母親はさらに祖父に感謝を伝えるように促しを続ける。颯太は、本を持って「ありがとう」を発話するだけでなく、スカイプ・ビデオ会話において適切な身体配置（この場合は顔の配置）で自分の顔を相手に見せ、宛て手である祖父から適切な応答を引き出せるまで、「ありがとう」実践を修正していく。

　例3は例2の続きである。颯太が祖父に「これありがと：」(23行目)と言うが、母親は再び子どもを促し、「ありがとう」の発話を繰り返させる場面である。

例3　ありがとうの繰り返し1

	アメリカ		日本	
23.	颯太	これありがと：		
24.			祖父	あ(.)ついたか？
25.	父	ついた		
26.	母	°颯太スマイル：して°	祖父	今日つい-
27.	颯太	((本を横にずらす))		あ(.)(幼稚園?)今日ついた?=
28.	母	=°どうもありがと：って(.)大きい声で°=		
29.	颯太	=どうもありがとう	祖父	=はい：　よかったな：

　颯太が感謝の対象である贈り物の本を持って「これありがと：」(23行目)とお礼を述べたとき、図3に示すように、颯太は顔の手前で本を持って、顔の上半分を本で覆っているような状態であった。

図3　颯太顔の位置（23行目）

　母親は26行目で「°颯太スマイル：して°」（26行目）と、カメラに顔をみせるように促す。これは英語のsmileからの転用であると考えられ、バイリンガル環境で生活する颯太親子の言語社会化実践を特徴づける促しである。

　「Smile」という英語の表現は、写真撮影時に、写真を撮る側が、写真に写る側に働きかけて笑顔を引き出すための誘導的表現の1つである。日本語でも、特に大人が子どもの写真を撮る場合、「はい、チーズ」や「こっち向いて」「良いお顔して」といった表現を使って子どもの注意をカメラの方に向けようとする。こうした注意喚起のための日本語の表現に対し、「Smile」という命令表現が指標するのは写真撮影時に、単に顔をカメラの方にむけるだけではなく、歯をみせて、嬉しそうな顔をすることが重要視されている点である[2]。母親による「°颯太スマイル：して°」（26行目）という促しは、こうした英語圏における『レンズの前で、嬉しい顔を見せる』規範を応用しているといえる。意識的にカメラに笑顔を写すことで、言語的に「ありがとう」と発話するだけでなく、嬉しそうな顔を祖父に見せ、同時に、颯太が祖父をモニターしていることを指標している。

　祖父に顔をみせ、祖父を見ていることを表示することで、颯太は「ありがとう」に対する返事を引き出すための状況を構築している。母親が「°颯太ス

マイル：して°」（26行目）というと、颯太はすぐに本を横にずらし、顔を隠す仕草をやめる（図4）。

図4　顔をみせる颯太（27行目）

　母親は続けて「°どうもありがと：って（.）大きい声で°」（28行目）と再度感謝を促すと、颯太は本を掲げつつ、自分の顔を見せながら祖父に感謝を伝えることができる（29行目）。こうして颯太が顔を画面にうつしながら、感謝表現を的確に発話すると、祖父も「はい：よかったな：」（29行目）と確認の応答を返す。

6. 養育者の促しと参与者の関与促進

　第5節で、スカイプ・ビデオ会話場面での感謝表現の指導と実施について分析した。颯太は祖父母に、郵便で届いた贈り物にお礼を言うために、言語表現だけでなく身体の位置、物の場所を調節し、共在空間を維持しながら感謝表現を使用することができた。本節では、第5節の断片でみられた、複数回にわたる母親の促しが、颯太だけでなく、周りの参与者（祖父母）の積極的な関与をも促すものであることを隣接ペアの観点からみていく。

　例3を振り返ってみよう。颯太が、母親の促しにより、颯太は2回感謝表現を使っている（23行目、29行目）。1回目の颯太の「これありがと：」（23行目）を受け、祖父は「あ（.）ついたか？」（24行目）と応答しているにもかかわらず、

その後 28 行目で、母親が「°どうもありがと：って (.) 大きい声で°」と再度
促している。これはなぜだろうか。「ありがとう」を「どういたしまして」の
ような受容表現を必要とする隣接ペアの構造としてとらえれば、祖父の「あ
(.) ついたか?」は一種の質問文で、前出の颯太の「ありがとう」に対する第
2 ペア部分ではなく、別の第 1 ペア部分の提示と考えられる。実際、25 行目
で「ついた」と父が「答え」の第 2 ペアを提供していることから、颯太の第
1 ペアが適切な第 2 ペアを受け取る前に、「質問－答え」の構造を持つ別の隣
接ペアが、祖父と父によって挿入されているといえる（図 5）。

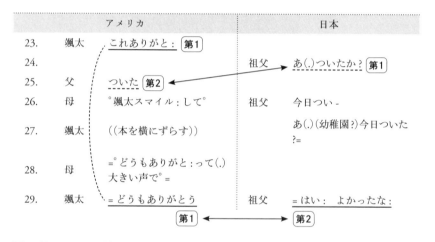

		アメリカ		日本	
23.	颯太	これありがと： [第1]			
24.			祖父	あ(.) ついたか? [第1]	
25.	父	ついた [第2]			
26.	母	°颯太スマイル：して°	祖父	今日つい -	
27.	颯太	((本を横にずらす))		あ(.)(幼稚園?)今日ついた ?=	
28.	母	=°どうもありがと：って (.) 大きい声で°=			
29.	颯太	=どうもありがとう	祖父	=はい：　よかったな：	
		[第1]		[第2]	

図5　祖父・父による挿入ペア

　このことから、母親の「°颯太スマイル：して°」（26 行目）や、「°どうもあ
りがと：って (.) 大きい声で°」（28 行目）といった促しは、間接的に祖父の発
話を促していると解釈できる。すなわち、感謝表現の習得は、単に子どもが
その言語表現の産出ができたところで終了するわけではない。颯太が、顔を
見せ、適切な場所で「ありがとう」を発話し、ウェブカメラの前で「スマイ
ル」を継続させながら、祖父をモニターし、適切な第 2 ペアを引き出すこと
ができるまで継続する。この事例は、まさに、言語習得が、相互行為上の適切
さを射程にいれた言語社会化実践に他ならないことを裏づけているといえる。

こうした言語社会化実践には、周りの参与者の積極的な関与が重要である。着替え中であった颯太の祖母が画面に登場してからも、このような周りの大人の関与調整が継続する。祖父にお礼を伝えた颯太は、ソファから離れ、床に置かれたおもちゃに注意を移してしまう。例4は着替えの終了した祖母が、スカイプ・ビデオ画面にあらわれたので、颯太が画面の前の共同操作領域に呼び戻される場面である。

例4　ありがとうの繰り返し2

		アメリカ		日本
1.	母	°颯太ほらおばぁちゃん来たよおばぁちゃんに本ありがとうって° = ((颯太の腰に手をあてる；パソコンの画面の角度を変える))	祖母	え:り:ちゃん
2.	颯太	= 本ありがと ((床の本を拾う))		>絵里ちゃん<
3.				絵里ちゃ:ん
4.	母	°颯太言ってごらん° ((颯太腰にあてた手で腰を3回たたく))		あ (.) 颯太君こんばんは
5.	颯太	こんばんは ((本を顔の前にかかげる))		
6.	父	この前と同じで友達のビデオ録画してるし		
7.	母		祖母	久しぶりの本ね
8.	父	°聞いてないわ°		(写真がいっぱい載っている)本ね
9.	母	颯太本ありがとって ((颯太を見る))		(　　　　)たのね
10.	父	((颯太を見る))		
11.	母	もう一回言ってごらん		
12.	颯太	本ありがと ((本のページをめくる))	祖父	うん(ついたついた)

13.	母	颯太 (.) こっちみて言わないと＝ ((パソコン画面を指さす))		
14.	父	＝もっとこっち側に ((颯太の腰に手を当てて前方に誘導))		
15.	颯太	＝本ありがとう: ((本を顔の右脇に置き、表紙を画面側にみせる))		
16.			祖母	いいえ:どういたしまして (.) 頑張って読んでね:
17.	母	もう一回言ってごらん		

　ソファを離れ、カメラから少し離れた場所に移動してしまった颯太を呼び戻すため、母親は「°颯太ほらおばぁちゃん来たよおばぁちゃんに本ありがとうって°」（1行目）と小声で言いながら、颯太の腰に手を当てて颯太を共同操作領域に誘導する。颯太はすぐに「本ありがと」（2行目）と言うが、この時点では、まだ母親の後ろに隠れてしまって、祖母から見える場所に移動していない。颯太が本を拾い、母親の誘導により、パソコン画面の近くまで戻ると、母親は腰を3回そっとたたきながら。「°颯太言ってごらん°」（4行目）と発話を促す。こうした、颯太と母親の間で交わされた、感謝を祖母に告げるための準備のやりとりは、祖母側からは十分に認識されていないことが推察される。絵里に話しかけていた祖母が4行目で、「あ (.) 颯太君こんばんは」（4行目）と、颯太に気がついて、挨拶を投げかける。颯太は「こんばんは」（5行目）と応答しつつ、母親の促しにもしたがって、お礼の対象物である本を顔の前にかかげている。祖母は、「久しぶりの本ね」（7行目）や「(写真がいっぱい載ってる) 本ね」（8行目）と本に対するコメントを始める。颯太の側に設置したビデオカメラの画像・音声からは、祖父母の発話が明確には聞き取れないものの、祖母の本に対するコメントをきっかけに、祖父母は実空間内での二人の会話がしばらく続いていることが観察できる。このことは、父親の「°聞いてないわ°」（8行目）という発言からも裏づけられる。颯太と母親の一連の会話がすべて祖

父母に聞こえているわけではないために、颯太が母親と協働し、「ありがとう」を言おうとしていることは、気がついていない可能性がある。それまでは小声で促していた母親も、声のボリュームを通常に戻して、「颯太本ありがとって」(9行目)「もう一回言ってごらん」(11行目)と再度感謝を伝えるように促す。目線を本に写して「本ありがと」(12行目)と言った颯太に対しては、母親はパソコン画面を指さし、父親は「もっとこっち側に」(14行目)と言いながら颯太の身体位置を前方に誘導し、両親が協力して颯太を適切な共同操作領域に連れ戻す。両親の度重なる発話の促し、協同的かつ積極的な誘導は、祖母の「いいえ:どういたしまして」という第2ペアの提示で終結する。

7. まとめ

　本研究では、小田家のスカイプ・ビデオ会話における、「ありがとう」表現の使用場面を分析し、ウェブカメラを介した場面における言語社会化実践のプロセスを明らかにした。養育者は、子どもに適切な表現を適切な場面で使うように促すだけでなく、①共在空間が構築・維持されるように相手の行動や相手の視界に注意を払い、②感謝の対象を画面越しに明らかにし、③相手の視野に入るような場所に身体を配置するように、子どもの言語・身体行動を総合的に誘導・調節していた。図6は、その調節のパターンを象徴的にあらわした図である。例4の終盤、颯太の両親が、颯太の目線をパソコンのウェブカメラ付近に移動させ、身体の位置をパソコンの前方に誘導している場面からの抜粋である。

　図6に示されるような、養育者による子どもの身体行動・位置に関する調節は、アドレッシー(祖父母)の視野を想像することをも促しているといえる。特に「ありがとう」のような隣接ペアの構造で使用することが多い表現は、第2ペアの応答によって、実践が確立する。母親(や父親)が颯太へ何度も「ありがとう」を言うよう促すのは、颯太の発話実践を修正することを目的としているのではなく、周りの参与者の積極的な関与を促し、「ありがとう」の受容表現としての第2ペアを提示するように、間接的に祖父母に求めていると考えられる。

図6 「こっち見て言わないと」-共同操作領域への誘導（13~14行目）

　小田家の祖父母のような、高齢者層と両親世代では、メディアを介したコミュニケーション場面に関する認識の違いが推測できる（砂川・秦・菊地 2018）。デジタル機器に関する経験値の差異や、認識の違いを考慮すれば、両親の颯太への言語社会化方略の繰り返しは、メディアを介した場面への社会化を促進しているといえよう。対面場面の言語実践を、メディアを介した場面でも「自然に」実践できるように、子どもだけでなく周辺の大人も言語行動を調節し、実空間の環境を継続的に整備する必要がある。

　本研究で明らかになった祖父母、両親、颯太のやりとりは、テクノロジー使用場面が、言語社会化の実践の新しい側面を観察できる場所であることを示唆している。また、Goffman の社会的状況を再考する上でも新しい視座を与える。対面の日常会話では、参与者は単一の相互行為空間において、参与者それぞれが、自分の身体前方に広がる操作領域空間と視野を並行的に重ね合わせ参与構造を調整している。一方、ウェブカメラを介した会話の場合、調整する空間は、アメリカ側、日本側、その間をつなぐスカイプの領域と、広範囲に広がっており、参与者の操作領域と視野の調整も、同時・複層的に行われていた。そのため、「ありがとう」を伝えるといった、一見典型的な言語社会化実践も、単に発話産出にのみ焦点があてられるのではなく、ウェブカメラの特性を理解し、それに適した視野、身体調整、会話の時間的組織化

に関するスキルの習得をも射程にいれていると考えられる。こうしたテクノソーシャルな場面における、言語運用スキルを包括的に考察していくことで、デジタル社会における社会的状況の新しい一面が浮き彫りになる。

注

1──母親の発話は言語社会化方略の一種である「遂行指示」（バーデルスキー2016）と考えられるが、指示の実行は発話直後ではなく、祖父母が再び画面にあらわれカメラ越しの共同操作領域が確立した後である。

2──アメリカにおいて、写真撮影時に歯を見せて笑顔を作ることが規範になったのは20世紀以降で、コダック社によってカメラの技術が大きく発展したことが大きな要因の1つであるといわれている（Kotchemidova 2005）。

参考文献

坊農真弓（2009）「5.2　F陣形.」坊農真弓・高梨克也（編）『多人数インタラクションの分析』pp.172–186. オーム社.

Burdelski, Matthew (2012) Language socialization and politeness routines. In Alessandro Duranti, Elinor Ochs, and Bambi. B. Schieffelin (eds.) *Handbook of Language Socialization*, pp.275–295. Malden, MA: Wiley-Blackwell.

バーデルスキー, マシュー（2016）「養育者−子ども間の会話における謝罪表現の言語的社会化.」高田明・嶋田容子・川島理恵（編）『子育ての会話分析』pp.99–120, 昭和堂.

Cook, Susan (2004) New technologies and language change: Toward an anthropology of linguistic frontiers. *Annual Review of Anthropology*, 33: pp.103–115.

Crystal, David (2001) *Language and the Internet*. Cambridge: Cambridge University Press.

Duranti, Alessandro (1997) Indexical Speeeh across Samoan Communities. *American Anthropologist*, 99(2): pp.342–354.

Duranti, Alessandro (ed.) (2009) *Linguistic Anthropology: A Reader* (Second edi). Oxford: Wiley-Blackwell.

Goffman, Erving (1964) The neglected situation. *American Anthropologist*, 66(6): pp.133–136.

井出祥子（2006).『わきまえの語用論』. 大修館書店.

Ito, Mizuko and Daisuke Okabe (2005) Technosocial situations: Emergent structurings of mobile e-mail use. In Mizuko Ito, Misa Matsuda, and Daisuke Okabe (eds.) *Personal, portable, pedestrian: Mobile phones in Japanese life*, pp.257–276. Cambridge, MA: The MIT Press.

Jones, Graham M. and Bambi B. Schieffelin (2009) Enquoting voices, accomplishing talk: Uses of be + like in Instant Messaging. *Language and Communication*, 29: pp.77–113.

Keating, Elizabeth and Gene Mirus (2003) American Sign Language in virtual space: Interactions between deaf users of computer-mediated video communication and the impact of technology on language practices. *Language in Society*, 32: pp.693–714. https://doi.org/10.1017/S0047404503325047

Kendon, Adam (1990) *Conducting interaction*. Cambridge: Cambridge University Press.

見城武秀（2006）「第 8 章「他者がいる」状況下での電話.」山崎敬一（編）『モバイルコミュニケーション―携帯電話の会話分析 』pp.145–164，大修館書店.

木村大治（2003）『共在感覚―アフリカの二つの社会における言語的相互行為から』京都大学学術出版会.

Kotchemidova, Christina (2005) Why we say "cheese": Producing the smile in snapshot photography. *Critical Studies in Media Communication*, 22(1), pp.2–25.

Lucas, Ceil, Gene Mirus, Jeffrey L. Palmer, Nicholas J. Roessler, and Adam Frost (2013) The effect of new technologies on Sign Language research. *Sign Language Studies*, 13(4): pp.541–564.

Sunakawa, Chiho (2012) *Japanese family via webcam: A ethnographic study of cross-spatial interactions. Lecture Notes in Computer Science (including subseries Lecture Notes in Artificial Intelligence and Lecture Notes in Bioinformatics)* (Vol. 7258 LNAI).

砂川千穂（2017）「第 5 章 空間をまたいだ家族のコミュニケーション―スカイプ・ビデオ会話を事例に」片岡邦好・池田佳子・秦かおり（編）『コミュニケーションを枠づける―参与・関与の不均衡と多様性』pp.91–108，くろしお出版.

砂川千穂・秦かおり・菊地浩平（2018）「Beyond the gap ―コミュニケーションにおける「異なり」はどう処理されるのか」社会言語科学，20（2），28–33.

Wilson, Samuel, and Leighton Peterson (2002) The anthropology of online communities. *Annual Review of Anthropology*, 31: pp.449–467.

第 7 章

言語社会化と物語り：

オーストラリア在住日本人家族の夕食時の
会話を中心に

武井紀子

マシュー・バーデルスキー

要旨

　本章は、オーストラリアに在住する日本人家族の夕食時の会話における物語りに着目する。言語社会化において会話における「物語り（narrative, storytelling）」は「言語を使うための社会化」と「言語を使うことを通した社会化」へ導く重要な実践である。また、言語社会化は直接的（社会規範や適切な言語の使い方を明示的に教える）かつ間接的な（社会規範や適切な言語の使い方などを暗に伝えるなど）過程である。普遍的な人間の活動の１つである物語りが、複数の言語を使用する家族の間接的な言語社会化にどのように貢献しているのだろうか。本章ではこの問いを探究する。ここでは、「母（マキの母）の物語」と「娘（マキ）の物語」に焦点をあて、双方の物語が言語社会化の重要な手段として機能していることを示す。母の物語では、両親が自分たちの世代が受けた教育と保護者の世代が受けた教育を比較し、保護者の礼儀作法に違和感を覚える理由を、スタンスの表示や評価を使って社会化を行う。娘の物語では、再生産と変革の言語社会化をみる。娘が日常の家庭生活の中で社会化されたことの１つに、食べ物と飲み物の組み合わせがある。娘は、それを日本滞在中に実践するが、同世代の若者のそれは、娘の常識とは違っていた。日本で経験したことが期

待外れだったという物語を語る過程で、親に今の日本の若者の嗜好を逆に教えることで新たな世界観をもたらす。

1. はじめに

言語社会化において会話における「narrative, storytelling（物語り）」[1] は重要な実践である。なぜならば、それは、言葉の使い方や語り方についての習得（「言語を使うための社会化」）、そして、社会規範、アイデンティティ、イデオロギー、感情、知識、道徳性などについての習得（「言語を使うことを通した社会化」）へ導くからである。言語社会化は直接的（価値観、信念、社会規範、適切な言語の使い方を教える）かつ間接的な（価値観、信念、社会規範、適切な言語の使い方などを暗に伝えたり、見せたりする）過程であり、日常生活では、圧倒的に後者のやり方で社会化が行われている（Cook 2008, Ochs 1990）。

言語社会化という分野が確立した1980年代から（Ochs and Schieffelin 1984）、相互行為における物語りが研究の課題として注目されてきた（Fung, Miller and Lin 2004; Heath 1982; Miller, Potts, Fung, Hoogstra, and Mintz 1990; Paugh 2012など）。従来の研究は、モノリンガル（一言語使用）の場面を中心に、親と幼少期の子どものやりとりを主な対象としてきた。しかし、社会化は人生のごく限られた時期に行われるものではなく生涯に亘るプロセス（Ochs and Schieffelin 2012）である。つまり、言語社会化において、対象が子どもに限定されるのではなく、思春期の子どもや大人も対象とされる。また、昨今の国際状況の急速な移り変わりを背景にトランスナショナルな家族が増加の一途をたどっており（Duff 2015; Fogle and King 2017; Kheirkhah and Cekaite 2015; Zentella 1997）、複数言語を使用する場面にも関心が向けられてきている。こうした流動的な社会状況を背景に、物語りが複数の言語を使用する家族にとって、間接的な言語社会化にどのように貢献しているのだろうか。

そこで本章では、オーストラリアに在住する日本人家族（父、母、女子大学生）を対象に、夕食時の会話における物語りに着目する。夕食は、テーブルマナーや当該コミュニティの文化に応じた適切な言語使用の教示（Blum-Kulka 1997）や、味覚（Ochs, Pontecorvo, and Fasulo 1996）、道徳観（Sterponi 2003）などを社会化す

る場だけではなく、過去の出来事を語り合い、アイデンティティや価値観が形成される有意義な場である（Aukrust and Snow 1998; Cook 2006; Ochs and Taylor 1992など）。家庭で常時語られる個人の物語りは、経験や価値観が異なる世代や文化的背景の異なる成員をつなぐ媒体であり、それを通してそれぞれの成員が自己を探究する機会を得る（Platt and Fiese 2004）とともに、「私自身は何者であるのか」（Bamberg 2011）を参与者が一体となって適切な応えを導くことを可能にする。保坂（2014）[2] によると、我々が物語りを通して自らのアイデンティティを語ろうとするとき、その物語りに登場する人物と自身を照らしあわせ、同じところと異なるところを強調しながら自身のアイデンティティを主張するという。移住者の家族にとって、物語りは家族の成員の間でそれぞれのアイデンティティを確認し、構築する手段ではないだろうか。家族間で言語や文化的背景が異なる成員が、物語りを通してコミュニティや言語・文化の共有を主張したり、違う立場を示したりすることはごく日常的に行われている行為だと思われる。

　本章では、夕食時の会話における物語りに着目し、語り手が登場人物を通して自己と他者をどう位置付けるのか、位置付けの資源としての比較・対比をどう活用しているのか、そして、聞き手は物語りにどのように関与し、いかに協働でアイデンティティを構築していくのか、また、再生産・変革の社会化がどのように行われているのかに着目し、物語りにおける言語社会化の過程を観察する。

2. 先行研究

2.1 物語り

　物語を語り、それを通して世界を理解することは、人間の本質である（Johnstone 2001: 635）。物語りは「経験を有機的に組織化し、意味づける行為」（やまだ 2000: 1）と定義される。物語りの特性は、過去の出来事が生じた状況から別の状況への時間軸の移行を描写するという（Ochs 2011; Ricoeur 1981）もので、少なくとも時間軸に沿った2つの出来事が述べられなければならない（Labov 1972）。但し、我々は、常に時間軸に沿って物語を語るわけではなく、時間軸から逸脱

してそれを語ることも往々にしてある。Ochs（1994）は、我々は過去の経験を再構築するだけではなく、未来に経験するであろうことをも前もって構築し、それを明示的に、または非明示的に語ることもあると述べている。

　物語りには、インタビューで調査者が協力者から引き出すもの（Labov and Waletzky 1967）と日常会話に埋め込まれたもの（Bamberg and Georgakopoulou 2008; Mandelbaum 2013; Ochs and Capps 2001など）という2つの概念がある。Ochs and Capps（2001）は、前者を「大文字（Big N）のNarrative」、後者を「小文字（little n）のnarrative」と称した。小文字のnarrativeは、報告性がいつも高いわけではなく、語り手が複数人の場合もあり、会話の途中でふと湧き出てすぐに消失するような物語りも含まれる。会話分析、narrative analysis（物語り分析）、言語社会化などの研究分野では、小文字のnarrativeの観点から、物語りを「social action（社会的行為）」（謝り、文句など）として捉える。会話分析では、「storytelling（語ること）」に焦点をあて、認識可能な活動として物語り生成に関与する語り手と聞き手の一連の行為を究明する（Mandelbaum 2013; Schegloff 1997）。それは、我々が物語りを通して何を行うのかという問題と関連している。物語りは、娯楽（冗談や逸話）、説明（説明や出来事の描写）、教示（訓話や神話）、社会規範（ゴシップ）を志向して物語が語られる（Thornborrow and Coates 2005: 7）。そして、なぜその物語を語るのかという報告性を考えるとき、通常、我々は出来事の始めから終わりまで全てを語るのではなく、話す価値や意味があると思われる出来事を取捨選択して語っていることに気付く。Bruner（1990）は、出来事が話す価値を持つためには、予測されるスクリプトの正当性から違反または逸脱していなければならないとし、これを「deviations from the ordinary（通常からの逸脱）」（p.47）と呼んだ。つまり、我々は、日常生活で起こった期待外れの出来事やまれな出来事、語り手や物語りの主人公にとって問題であるような出来事（Ochs 2004: 271）に焦点をあてることによって、話す価値を産出しているのである。我々は、出来事や経験を意味づけ、筋立てる行為（やまだ2000）としてそこで見出される意味に着目する（保坂2014）。そして、物語りが社会的行為による協働の産物（Brockmeier and Carbaugh 2001）であるということを鑑みると語り手や参与者は自身の行為や他者の行為に対して意味を見出すことで理解しようとする（能智2006）。能智（2006）によると、意味づけのプロセスは、個

人によって異なっており、そのことが、〈わたし〉を特異なものにするという。すなわち、出来事や経験を語る視点そのものに〈わたし〉をみるという。また、ある物語は、他者への志向性を持って語られる。語り手は、自身と相手にとって価値のある物語であるからこそ語るのである。

　自分自身の経験について語るということは、自身が何者であるのか、何をしているのか、なぜそうするのかについての物語を創造することと同じである（Bamberg and Georgakopoulou 2008）。すなわち、我々は、物語りを通して自己を構築し、アイデンティティを構築しているのである。物語り研究の第一人者である Bamberg and Georgakopoulou（2008）によると、「small story（スモールストーリー）」は、語り手と聞き手の共有により機能し、相互行為を通して意味付けが為され、解釈が行われるという。そして、語り手は、自身を聞き手との相互行為の中に位置付け、互いの交渉を通じて、「自身が何者であるのか」を導きだすのである（Bamberg 2011）。語り手は、特定の発話や物語りを通して、ナレーターや登場人物など複数の役（Goffman 1981）を演じ、聞き手は、その共著者の「声」となる（Bakhtin 1981）。そして、話者のアイデンティティに対する意識は、「いま、ここ」「そこ、そのとき」において自己と他者から生じる複数のアイデンティティの調整にあるという（Ochs and Capps 1996）。

2.2 言語社会化における物語り研究

　言語社会化の研究では、主に物語りの実践を通して構築される役割に着目してきた。当該研究の初期の研究対象は、読み聞かせ（昔話など）や聖歌（Heath 1982, 1983）など、主に母子の物語りの実践であった。それらの実践は、子どものリテラシー能力の発達やコミュニケーション能力の育成、コミュニティの文化の知識や規範の習得、道徳性の発達に繋がるといわれている。

　1990年代から、言語社会化における物語り研究は日常会話の実践に着目してきた。その実践としての物語りは、アイデンティティを構築する活動でもある。例えば、Ochs and Taylor（1992, 1995）は物語りの実践に関して、従来言語社会化が対象としてきた母子間という限られた参与枠組みに焦点を当てるのではなく、日常会話の中で、複数の家族の成員が展開する物語りの実践に着目し、参与枠組み（Goffman 1981）の視点から、いかに家族の役割が、物語

りや報告を通して構築されるのかをコーパスを用いて調査を行った。それによると、物語りの役割は、物語りの「introducer（開始者）」「protagonist（主人公）」、「problematizer（問題化する人物）」、「problematizee（問題化される人物）」などに分類されるという。また、Ochs and Taylor（1995）は、男性（父親）が主に問題化する人物という役割をとり、母親や子どもたちが問題化される人物という、家族間の物語りに潜在する、非対称性の利害に深く根付いたジェンダーイデオロギーを 1950 年代に放送されたアメリカのテレビドラマの題名に基づいて「パパは何でも知っている（Father Knows Best）」という表現を用いて指摘している。

物語りの実践は、家族の成員のアイデンティティだけではなく、集団性のアイデンティティを構築する場でもある。例えば、Baquedano-López（2009）は、ロサンゼルスにあるメキシコ系移民の宗教の授業で、教師と生徒がいかに物語りを通して社会的アイデンティティを構築するのかを観察した。その中で、Baquedano-López は、教師と学生とのやりとりに着目した。質問と応答の会話連鎖において、教師が学生に出生地を尋ねる質問から、メキシコからの移民グループとアメリカ生まれのメキシコ系アメリカ人のグループを識別するのであるが、Baquedano-López が着目したのは、学生の使用する一人称複数 "we" の使用であった。それは、集団性のアイデンティティを指標する。要するに、文法およびディスコースに関する全てのレベルにおける言語的資源は、当該社会の成員が互いに相互行為を通して構成するもので、当該社会の成員の社会的アイデンティティと関連する社会的意味をも帯びる（Ochs 1993）。言語社会化では、社会的アイデンティティは、行為とスタンスから構築されると考えられている（Ochs 1993）。その観点から、日常会話における物語り研究は、物語りにおける情緒的スタンス（感情など）が、アイデンティティや文化的価値観、道徳性などを表していることに着目する。例えば、Fung, Miller, and Lin（2004）は、台湾人の子どもが、親や兄弟との日常のやりとりを通して、道徳規範や善悪の区別をすることや、悪い行いをした場合に恥を意識することに着目した。そして祖母をはじめとする養育者や兄弟がいたずらをした子どもに対し、物語りを通して、儒教を背景とする台湾社会の道徳的価値観や社会性を教示することを報告している。台湾人家庭における家族

間の物語り実践は、台湾社会に根付く儒教に影響を受けたヒエラルキーの社会構造が、コミュニケーションにも反映されており、養育者は、物語りを通して子どもに道徳規範を教示する熟練者、子どもは聞き手として教示される新参者というように、対人関係レベルで役割が異なることも示している。すなわち、コミュニケーションスタイルに表れる非対称性が当該社会の社会構造および熟練者・新参者のアイデンティティを反映しているといえるだろう。また、Fung（1999）は、中国人の「恥」という概念の社会化に物語りが介在していることに着目した。恥に代表される感情の社会化は言語社会化において、当該コミュニティの成員になるための重要なステップであり（Fung 1999; Fung, Miller, and Lin 2004）、集団性のアイデンティティでもある。

　本章では上述したことを踏まえて、日本人の移住者家族のアイデンティティ構築を探究する。それを探究する上で主に次の2つの点に着目する。「言語を使うための社会化」と「言語を使うことを通した社会化」の観点から、1つはバックグラウンドの異なった両親と娘が夕食の時間に語る物語を通して、両親がいかに文化的価値観を言語使用と社会規範および道徳的態度の両方の側面で社会化するのか。もう1つは、再生産と変革（Garrett and Baquedano-López 2002）の社会化である。娘は両親から日本の文化や言語、価値観、社会規範などを社会化される立場にあり、日本への帰省は両親から教わったことを実践する絶好の機会である。日本滞在中の経験から得た日本社会の実像やそこで感じたことを、物語りを通して両親に伝えることによって、暫く日本から離れて生活している両親に、これまで自分たちが持っていた価値観や現代の日本人への見方に変化をもたらす相互行為のプロセスに注目する。

3. 研究方法

　物語りを通して、いかに話し手が自己を呈示するのか（Ochs and Capps 2001 など）、そして、そのことが日本人移住者の家族のコンテクストにおいて、家族の成員の社会化にどのように貢献しているのかを、2011年のフィールド調査から、主に夕食時に収録された約8時間の会話の音声データ、フォローアップインタビュー及び2015年のフィールド調査の中で行われた約2時間のイ

ンタビュー調査に基づいて分析する。

　対象者のマキと両親は、ニューサウスウエールズ州に在住する日本人移住者である。マキは1歳で母親と海外に渡り、その後父親もマキと母親に合流してそこで生活を送った後、彼らは、1990年代半ばにオーストラリアに移住した。データ収録当時、マキは地元の大学に通う20代前半の大学生であった。母親は日本語教育関連の仕事に従事し、父親は自営業を営んでいる。両親は、日本の社会や教育環境の中で一人娘のマキを育てるよりも海外で育てた方が言語や国際感覚の習得などマキの将来にプラスになると考え海外移住を決意した。

　マキに調査を依頼したのは、日本人コミュニティにおけるバイリンガル話者のアイデンティティ研究の調査協力者として理想とする対象者であるからである。彼女は、日本語と英語の会話能力がほぼ同等で日本人の両親を持つバイリンガル話者である。マキは日本語と英語の2つの世界に通じており、マキのケースでは、2つのアイデンティティが物語りにおいて表出することが考えられる。

　本研究で焦点をあてる物語りの例は、家庭において語られるものである。マキの家庭では、「family language policy（家庭の言語方針）」(King, Fogle, and Logan-Terry 2008など)として、家庭での使用言語を日本語と決めている。そして、家族間の会話は主として日本語で行う「language ideology of purity（一言語使用の言語イデオロギー）」。言語社会化の2つの重要な領域である「言語を使うための社会化」と「言語を使うことを通した社会化」は、日本人移住者家族において日本語の習得やアイデンティティといった文化的要素の習得とおおいに関連している。家族間で語る、という行為を表す物語りは、社会化そのものを検討する重要な道具であり、アイデンティティの原動力である（Miller, Koven, and Lin 2012）といわれる。特に世代やバックグランドが異なる移住者の家族は、それぞれの経験が違うことから、物語りを通して互いの世界観を示す。そのプロセスにおいて、話し手は、複数の文章から成る長いターンを構成し、聞き手は、話し手の語りにあいづちや評価、意味の確認を行う。すなわち、物語りは話し手と聞き手の協働構築の賜物であり、社会化実践の場でもある。したがって、移住者の言語社会化のプロセスを明らかにするために物語りの分

析が求められるであろう。

　次節の分析では、母親とマキがそれぞれの物語りを通して自身のアイデンティティをいかに表出するのか、聞き手が語り手の物語りにどのように参与し、協働でアイデンティティを構築していくのか、そのプロセスをみていく。

4. 日本人に関する物語り： 自己と他者の比較・対比

　本研究のオーストラリア在住日本人家族の夕食時の会話では、よく物語が語られる。その中で、日本社会や日本人の言動に関する話題がしばしば取り上げられる。このような話題に関する語りにおいて、日本本国に在住する日本人とオーストラリアに居住する日本人との対比、日本本国の若年層と中年層の対比、ひいてはオーストラリアに在住する日本人グループ内の成員間の比較といったように自己（自分たち）と他者との比較が観察される。本稿にスペースの制限があるため取り上げないが、オーストラリア人の言語行動をその他の英語圏の人々（米国人と英国人）のそれと比較した会話もある（Takei and Burdelski 2018 を参照）。

　本節では、日本人家族の会話から現地の日本人（母の物語）と日本本国の日本人（娘の物語）に関する 2 つの物語りを取り上げる。この 2 つの例に共通して行われる行為は自己と他者の比較・対比で、これらの物語りを通して参与者全員（父、母、娘）のスタンスやアイデンティティが示される。また、言語社会化の観点から日本人移住者の家庭で行われる再生産と変革の社会化に着目する。

4.1 母の物語

　例 1 は、母がマキと父に昨日土曜校（日本語補習校）でけいこさんというオーストラリアに在住する日本人保護者（40 歳前後）と話しをした時のことを語っている会話の断片である。この物語りを通して両親は、マキに日本の社会規範を社会化する。この物語りの直前には、マキがオーストラリア兵とイギリス兵の違いについて社会階級の存在が影響しているということを両親に説明

していた。なお分析は、この物語りを二部に分けて行う。例（1-a）（「土曜校」）
では、母がけいこさんのある行動について語る。

例1-a　「土曜校」

01	母：	[きー昨日けいこさんが]
02	マキ：	[　　.h .h hhhhh　　] [　.h　]
03	父：	[°うん?°]
04	母：	けいこさんが土曜校の親がさ　(0.6)
05		あの (1.2) 座ってた土曜校の親が私に話しかけてき [て：]
06	父：	[　う] ん
07	母：	.h 私立ってたのに (0.2) その親はずっと ¥ 座ったまま
08		[話してた (　　) .¥ hhh]
09	マキ：	[　　hhhhhhh　　]
10	母：	やっぱ私の年代だとさ：¥って [いって] さ ¥
11	父：	[ほぉ]
12	母：	.h 一応先生には .h (0.3) ¥ 立って話すよね：って言ってさ ¥ .h h h
13	父：	やあ ::: そんな奴多いん [だよ　]
14	母：	[((咳))]
15	父：	ほんとね (0.9) あれはよ：↓なんで?
16		(0.7)
17	マキ：	>立つのがめんどくさいから<
18		(0.6)
19	父：	>やそういう意味じゃなくて<なんでああなっちゃうの
20		俺自然に立っちゃうよ
21	母：	>立っちゃうんだよ<そう
22	父：	それはよ：
23	母：	うん
24		(0.2)
25	父：	もう [条件反射　　] なんだよ
26	マキ：	[> でもそれは <]

　　この場面で、母は、保護者のけいこさんが昨日土曜校で自分に話しかけて
きたことを語り始める（01行目、04行目と05行目）。その時自分は立っていたの

にもかかわらず（07行目）、けいこさんは「ずっと¥座ったまま話していた¥」（07–08行目）という「unexpected event（予想外の出来事）」（Ochs and Capps 2001）をマキと父に伝える。この発話で、母は笑いながら「affective stance（情緒的スタンス）」（Ochs and Schieffelin 1989）を示す。母はその語りを継続し、「やっぱ私の年代だとさ：」（10行目）と自分がけいこさんより年上であることと、再び笑いながら「一応先生には .h（0.3）¥立って話すよね：¥」（12行目）という自分と他者の社会的役割を指摘し、その役割において相手の期待される行動（「立って話すこと」）をけいこさんに忠告したことを述べる。この忠告を通して、母は特定の年齢層と「先生には立って話す」という行為を結びつける。そして、非明示的に「私の年代（40–50代）」と「保護者の年代（30–40代）」を対比させるとともに「（先生には）立って話す」と「座ったまま話す」というそれぞれの年代に応じて取るであろうと思われる行為をも対比させる。また、母は物語りを通してこのような礼儀作法に関する日本社会のイデオロギーをマキに伝えている。イデオロギーとは社会や人間などはこうあるべきだという思想を指し、本質的に非対称の権力関係を表す（Thompson 1984）。

　また、言語イデオロギーとは言語に対する信念（イギリス英語は正統な英語であるなど）（Woolard and Schieffelin 1994 など）や言語行動（こう話すべきなど）に関するイデオロギーである（Riley 2012 を参照）。それは、言語形式（敬語など）や内容に限定されるのではなく、日本語の場合は特に非言語行動（お辞儀や名刺交換など）にも密接に関連する（Dunn 2013 を参照）。本例のように、母が保護者の「立って話す」という社会規範に逸脱した行動（母にとっては予想外の出来事）を物語として語り、それを通してマキに日本社会における社会規範とモラルスタンス（道徳的態度）を社会化する。そして、非言語行動にイデオロギーが表れることも暗に伝えている。また、社会化は、マキに対してだけではなく、第三者であるけいこさんにも行われている。物語りにおいて母は、社会規範から逸脱した同胞の日本人に対して教示する教師の立場に自身を位置づけることで「教師」という社会的アイデンティティを示す。

　ここまでの物語りに対して父は、けいこさんのように応対態度に問題がある日本人が多いこと（「そんな奴多いんだよ」）（13行目）を negative stance（消極的なスタンス）を示し、「俺、自然に立っちゃうよ」（20行目）と母がけいこさんに忠

告したことの正当性を自分の反応に対応させて、母と同じ価値観を共有する。これらの父の発話で特に興味深いのは、「奴」という第三者に言及する指示詞の使用と「自然に」という自分の行動に言及する副詞の使用である。前者は、相手の社会的立場が上の場合や相手が年上である場合、相手と同様に「立って話す」という礼儀作法を遵守しない人に「奴」という蔑みの語を充てることによって非明示的にnegative assessment（消極的評価）を示し、「そんな」を付加して奴を強調する。後者は、自ら立ってしまうという自身の習慣を述べている。社会的立場が上の人や目上の人と話す時に、自ら立つという行為を自然にとってしまうのは、日本の社会構造に基づく制度的場面に沿った行為で、言語イデオロギーを指標している。続いて、母が「立っちゃうんだよそう」（21行目）と父に賛同したことに対して、父は、さらに「もう条件反射なんだよ」（25行目）と述べる。この発話は、先述の「自然に立っちゃうよ」の言い換えで、習慣的に立つ行為が確実に自身に身についていることを強調している。このように、社会規範を逸脱した予想外の出来事に関する物語りを通して、母と父は協働でマキに間接的に社会規範を伝える。このことに対して、マキは受動的に受けとめるのではなく、自らのスタンスを示すことで積極的な立場を取る。特に、速い口調で笑いを交えながら「立つのがめんどくさいから」（17行目）と、「座って話す」ことへの理由づけを行う。この発話は、むしろオーストラリア社会で育ったマキ個人の考えを表しているものであり、この発話を通して両親と同じイデオロギーと価値観を完全には共有していないことも同時に示していると思われる。

　ここまでの例1–aでは、社会的立場が上の人や目上の人と話すときに、相手が立っていれば同じ姿勢で応じる（立って話す）という日本の社会規範について、母と父の共有の価値観をバックグランドの異なる娘に社会化する過程を観察した。その過程において、母と父は自分たちより比較的若い保護者のけいこさんの行動と自分たちの行動とを比較・対比し、アイデンティティやスタンスを示していることも観察した。

　続いて、この物語りの続きの場面では、上述のマキの理由付け（「立つのがめんどくさいから」）に対し、家族全員が「座ったまま話す」という言動に理由づけを行う言語社会化の過程をみていく。特にこの事例の最後の部分では、両親

が道徳的な理由づけをすることを観察する。例1–bでは、父の「条件反射」（で立ってしまう）という発話の直後に、母が「だから教育だって」という理由づけを行い、話題を展開していく場面に焦点をあてる。

例1–b 「土曜校の続き」

27	母：	だ [から] 教育だって
28	マキ：	[たぶん]
29	父：	[教育だろ]
30	マキ：	[> だからその <] 教育だし、親をみて育ってるからでしょ¿
31	父：	[いや俺は] 思う [んじゃないな]
32	マキ：	[.h (自分)] [((咳))]
33	父：	親じゃないな
34	マキ：	でも周りをみて育ったわけでしょ¿
35		オージーはどこみてもそんな人いないから
36		も-[もともとだよ]
37	母：	[いや教育だよ]
38	父：	教育だよ [な:]
39	母：	[あの] 友達先生:友達親子 [っていうかさ]
40	マキ：	[う:ん]
41	母：	.hhhhh もうほう-横行 [してる]
42	マキ：	[う:ん]
43		(2.9)
44	母：	((咳))
45		(0.3)
46	父：	いやっ-よっ-(0.2) 条件的にぱっと立っちゃうっていうのはあ [れね]
47	母：	[うん]
48	父：	あれはね [:あ] れなんだよ
49	母：	[うん]
50		((咳))
51		(0.8)
52	父：	もう あの あんまり覚えてないけど
53		多分ね、めちゃくちゃ厳しくね:しつけられたと思うよ
54		(0.2)

55	母：	°うん°
56		(0.3)
57	父：	ちっちゃいとき
58	母：	°うん°
59		(0.5)
60	父：	<u>な</u>
61	母：	°うん°
62	父：	だから (0.2) こう自然に立っちゃうんであってさ
63	母：	[あとお客さん] が来た時とか<u>ね</u>
64	マキ：	[う：：ん　　　]
65	父：	う：ん
66		(0.2)
67	父：	[そうだよね　　　　]
68	母：	[>そうだよ<だって] .h (0.9) <私>「シェー」¥とかしたことあるけどさ¥=
69	マキ：	=¥「<u>シェー</u>：」って何?¥ [ｈｈｈ　]
70	母：	[無礼講で]
71		.h お客 [さん]
72	マキ：	[あの] [こ-こ-] これ? ((「シェー」のポーズをする))
73	父：	[(　).]
74	母：	そんなの [あんた：：] 特別中の特別でさ
75	マキ：	[°ｈｈ° 　]
76	父：	(　　　)
77	マキ：	これ?
78		(1.4)
79	マキ：	.h .h
80	母：	お客さんが来<u>たら</u>：： ((声がかすれている))
81	父：	後は： (0.4)
82	母：	あっそうお出向かいして<u>ね</u>
83		(0.9)
84	父：	>そうだよ<
85		>ほいで<
86	母：	あいさつして [:
87		[°う：ん°

(88〜116 行目まで省略)

117	父：	教 [育だよね]
118	母：	[う：：ん]
119	父：	絶 [対教] 育 [だよ]
120	母：	[うん] 　　　[教育] だよ 教育
121		(0.6)
122	マキ：	でも今の日本の人でもそういう人いっぱいいんじゃん
123	父：	いる [よ]
124	母：	[だ] から [日本の 　　] 教育 [が (0.2) 　　　] 悪いの
125	父：	[いっぱいいる] 　　　[> 教育が悪い <]
126	マキ：	う：：[ん]
127	父：	[本当] に悪 [いの 　　]
128	母：	[> めっちゃ] くちゃ <
129		((父が日本の教育が悪化しているのはアメリカナイズされているのではないかと憶測を述べる。))

　父の理解の表示（「条件反射」など）に対して、母は「だから教育だって」（27行目）と日本の教育にその原因があることを示唆すると同時に、自分の年代はそういう教育を受けたという経験をここで端的に述べる。この母の理由づけに対して、マキは「だからその教育だし、親をみて育ってるからでしょ」（30行目）とここで両親に協調的なスタンスを示す。父は「教育だろ」（29行目）と母に同意する。ここまでの父と母とのやりとりでは、母は昨日土曜校でけいこさんという保護者と話しをしたが、そのときのけいこさんの態度が自分の常識とは異なるものであったことを年齢層のカテゴリーとそれに結びつく活動を使って対比させ、暗にこの保護者の態度に消極的なスタンスを示し、非明示的に批判を行ってきた。さらに、母は39行目で「友達先生：友達親子っていうかさ」、41行目で「横行してる」と、けいこさんが目上の自分に対してとったふるまいを日本の縦社会の崩れやヒエラルキーの意識の稀薄に起因するという自身の解釈を示す。つまり、かつては、先生も親も子どもからみれば、社会的に一線を置いた関係にあり、敬うべき対象であったのが、近年は、そのような敬意が薄れ、友達のような関係になっていることを指摘する。母は、この点が、けいこさんが自分に対して取った行動を生じさせた原因だ

と推測し、近年の日本の教育の悪化に関連づけている。

　他方、同年代で、同じ文化背景を共有する母と父は、自分たちが受けた日本の教育が教師や目上の人と接するときに取るべき行動規範の礎となっているという共通の認識を共有する。厳しいしつけを受けたという共通の認識（52–58行目）から、具体的にどのような場合にどういった行動をとっていたのかについて、母は幼少の頃の経験を述べる。68行目で母は、「> そうだよ < だって .h (0.9) < 私 >「シェー」¥とかしたことあるけどさ¥」と笑いを交えながら、1960年代に日本中で流行した漫画「おそ松くん」の登場人物の一人「イヤミ」のポーズをして来客に見せたことを語る。それに対してマキは、「¥「シェー：」って何?¥」（69行目）と笑いながら母に質問する。マキの笑いと重複して母は、「無礼講で」（70行目）と述べた後、マキの質問に応答せず、「お客さん」（71行目）と自分の発話を続けようとする。マキは、「あのこ - こ - これ？（72行目）と「シェー」のポーズを示す。つまり、自身の理解をジェスチャーで示している。それに関して第一筆者がEメールで母に確認したところ、この会話の以前にその漫画をマキに読ませたことがあると思うという回答であった。母は、自身の体験話の中に、「シェー」というかつての流行語を導入し、それをマキに間接的に伝える。

　その後、「お客さんが来たら：：」（80行目）と繰り返し、社会規範として来客にどういう応対をすべきかに言及するスペースを作る。父の「後は：」（81行目）という足場作りをきっかけに「あっ、そうお出向かいしてね」（82行目）、「あいさつして」（86行目）と日本社会では来客にどう応対するのかを具体的に示す。父はこの足場作りによって、同じ経験を共有する者として母の語りに大きく貢献している。ここでは父と母が協働で発話を構築することによってマキに来客への応対の仕方を教示している。

　この物語りが終わると、再び、父の「教育だよね。絶対教育だよ」という発話により理由づけに戻る（117と119行目）。父は「絶対」という「extreme case formulation（極端な定式化）」を使って「座ったまま話す」というふるまいと来客への応対が教育と結びついていることを確信する「epistemic stance（認識的スタンス）」（Cook 2012など）を示す。母は「教育だよ」（120行目）と父と同意見であることを伝える。ここまで、父と母は、「教育」がそのようなふるまい

と関連があることを述べてきたが、具体的に何の教育なのかは示していない。ところが、マキの「でも今の日本の人でもそういう人いっぱいいんじゃん」（122行目）という発話をきっかけに母は、「だから日本の教育が悪いの」（124行目）と述べる。この発話で母は再度「だから」という接続詞を使用して、初めて明示的に日本の教育に言及する。この発話の中で、「悪いの」（124行目）と評価し、「座ったまま話す」というけいこさんのふるまいに対する理由づけをする。また、この発話では、「の」という終助詞を使用し（Cook 1990を参照）、断定的なスタンスを示す。他方、父は「教育が悪い」（125行目）、「本当に悪いの」（127行目）と母の評価を繰り返し強調することによって同じ価値観を共有する。この評価は、単なる断定的なスタンスだけではなく、モラルスタンスでもある。Fader（2012）は、ニューヨーク在住のユダヤ教（ハシディーム派）を信仰する家族の観察を通して、行為に対するモラルスタンスは、文化的規範によって概念化されると主張する。ここでの父と母のモラルスタンスは、けいこさんのような日本の社会規範から逸脱した社会的行為を暗に批判している。すなわち、両親のモラルスタンスは日本の社会・文化から影響を受けており、それが娘に再生産されることを示唆している。

　以上、例1–aと1–bの物語りを通して、両親が大学生の娘（マキ）に日本の社会規範を社会化する過程を観察した。この社会化の過程において、興味深い点が2つ挙げられる。1つ目は、社会化のやり方である。両親は娘に対し、幼い子どもに行うような行為指示などを用いて直接日本の社会規範を教示するやり方ではなく、第三者のふるまいに関する物語りを通して社会化を行っていること。2つ目は、社会規範を逸脱する行為がなぜ起こるのかという理由づけについて、両親と娘の間に相違が生じている点である。すなわち、日本では、目上の人に敬意を払うというイデオロギーが集団としての形式化された礼儀作法に指標されるのに対し、オーストラリアでは、特に日本のように集団としての形式化された礼儀作法がないと思われる。したがって、家族の成員が異なる文化背景を持つ移住者および移民の家庭では、このようにイデオロギーから生じる価値観や考え方の相違がしばしば起こることが考えられる。それを克服する1つの道具として物語りが機能すると考えられる。

4.2 娘の物語

　前節では、親から子どもへの社会化をみたが、本節では、子どもから親への社会化に着目する。前節と異なるのは、娘が両親へ日本滞在中に経験した出来事を語ることを通して、既成概念から外れた、日本の若者の食に関する嗜好を娘が親に社会化するという点である。その社会化の道具として物語りが用いられている。そして、言語社会化の重要な理念である再生産と変革も本節で注目すべき点である。娘は両親から社会化されたと思われる典型的な日本人の行動をオーストラリアではなく日本で実践する。また、娘の物語によって親に新たな世界観がもたらされる。さらに、両親が娘の物語りにどう参与していくのかについて、彼らの返答もみていく。例1と同様に、二部に分けて分析を行う。本節においても、物語りと応答において自己（自分たち）と他者の比較・対比がアイデンティティを構築する資源として使用されることに注目する。

　例2–a（「お茶」）は、マキが夏休み（日本の冬）に東京にあるフレド・マレー（仮名）というブランドの店でアルバイトをした時、昼食での出来事に焦点を当てて語っている会話の断片である。この語りの中でマキは、自身と中年の女性はお茶を飲み、若い人たちはジュース類を飲んでいたことを語る。なお、この場面の前にオーストラリア人の好む飲み物（炭酸系飲料）について話していた。

例2–a　「お茶」

01	マキ：	>だからさ あたし< バイトしたじゃんフレドマレー<u>で</u>
02		(0.2) .h あのあそこのセールで あれ<u>ね</u>
03		<u>ラ</u>ンチがでるの
04		.h [　　(0.2)　　] で　あのときに :: [(0.4)]
05	母：	[((鼻をすする))]
06	父：	[な　]
07	マキ：	うんそう　お昼出てくる-出してくれんの
08		(0.2) で (0.4) あのクー<u>ポン</u>みたいなのもらってね
09		それと交換するんだけど :
10		.h そのときに飲み物がお茶とか :::

11	父：	うん
12		(2.6) ((食べている音))
13	マキ：	あの :: えっ : と (0.6) なんかいろんなのがあるのね : あの : 分
14	父：	うん
15	マキ：	＞なんだったっけ＜カルピスとか :
16	母：	うん
17	マキ：	.h （　　）.んで、お茶飲んでんの°ぱ°私とおばさんだけだっ［たの］
18	母：	［ hh ］
19	マキ：	［hh］
20	母：	［hh］ hhhhh
21	父：	［［hh］］
22	母：	［［hh］］［h］h
23	マキ：	［［hh］］［.h］ わ<u>かい</u>人<u>みん</u>なカルピスだとか :
24		なんかジュースとか飲んでんのに
25	母：	日本［人なのに？　　　］
26	マキ：	［（　　）.＞日本］人なのに＜
27		＞わたしとおばはんだけ＜おばはんたちだけ
28		みんな .h.h¥ お茶飲んでんの ¥
29	母：	［えっ : 若い子］日本人そうなんだ
		［ ((高い声)) ］
30	マキ：	う : ん
31	母：	今
32		(0.3)
33	マキ：	うん［日本人で］もそうだと思う
34	父：	［そうだよ］
35		(0.8) ((食べている音))
36	母：	［　　　だから肥満 - 　　］
37	父：	［いやっ若い人はみん］なそうだよ :::
38		（　　）
39	父：	俺が先駆者だよ
40		(1.5) ((食べている音))
41	母：	あっ¥ それ先駆者ってなに ¥
42		(0.8)
43	父：	寿司食いながら牛乳飲んでたから

44	母：	いや :::だ :
45	マキ：	¥いやっ:::そ:れ::¥
46		(0.5)
47	マキ：	よく飲めるね::
48	父：	へっ? (0.2) 飲めるよ 美味しいよ
49		(1.6) ((食べている音))
50	父：	ほいで (0.3) 寿司に s-(0.2) >あれだよ < (0.2) .tch (0.4)
51		>ゆっとくけどね :<寿司にね、マヨネーズ (0.3) .h いっ-(0.5)
52		食ったのが俺いっち番最初 [だ]
53	母：	[h] hhhhh.

　マキは両親にアルバイトに提供された昼食で自分の好きな飲み物を選択できたことを両親に語った後（10, 13, 15行目）、お茶を選択したのは、アルバイトの中で自身とおばさんだけであった（17行目）と予想外の出来事を述べる。この予想外の出来事は、母の笑い（18、20、22行目）を誘発し、マキと父も笑うこと（19、21行目）で家族全員が同調のスタンスを示す。続いてマキは、「わかい人みんなカルピスだとか :なんかジュースとか飲んでんのに」（23、24行目）と発話し「若い人」と直前の発話の「おばさん」（17行目）とを対比させ、さらに「みんな」の「みん」を強調して情緒的スタンスを示す。自身と中年女性の二人という限定された自分たちと、アルバイトに来ていた多数と思われる若い人達を対比させ、自身を中年のグループに位置付ける。そして、マキと中年の女性（おばさん）はお茶を飲み、若い人たちは、カルピスやジュース類を飲む傾向があるというように、それぞれの年齢層を飲み物の嗜好に結びつけ、伝統的な日本人と現代の日本人というアイデンティティを構築する。

　この物語に対して、母と父は積極的な聞き手の立場を取り、物語りの展開に影響を及ぼしているが、母と父が示すスタンスが異なる。つまり、母はまたはアルバイトに来ていた若者に対し、期待はずれのスタンスを示すのに対し、父は彼らを肯定するスタンスを示す。まず、母は、マキが描写した若い人の飲み物の選択に対して「日本人なのに?」（25行目）と上昇イントネーションで返答する。この発話は、自身の予想に反してお茶を選択しなかった日本の若者に対する期待はずれと認識的スタンスを示している。そして、母がこ

こで「日本人」という自身にも当てはまる集団的で国籍を表すアイデンティティを明示的に示すことで、マキのアイデンティティ構築にも言及し、物語りの展開に貢献する。母の発話を受けて、マキは、「> わたしとおばはんだけ – < おばはんたちだけ みんな .h.h¥ お茶飲んでんの ¥」(27、28行目)と応答するが「日本人なのに」を発話の冒頭で繰り返すことで、期待はずれの日本人（お茶を飲まない）を強調する情緒的スタンスを示す。そして、期待通りの行動をとった（お茶を飲む）自身を含む中年層のグループを対比させる。この発話において人称の使用の変化にもマキのスタンスの変化がみられる。「おばはんだけ – おばはんたちだけ みんな」と「おばはん」を「おばはんたち」と三人称単数から三人称複数へ修復することによって、一人の中年女性から、複数の中年女性にシフトする。さらに「だけ みんな」と限定を表す副助詞を使うことで、期待通りの行動をとったのは、自身を含む、複数の中年女性のグループのみであったことを強調する。そして、語の使い方で興味深いのは、「おばさん」(17行目)から「おばはん」(27行目)への言い換えである。17行目では「お茶のんでの゚ぱ 私とおばさんだけだったの。」と過去形「だったの」を用いている。その時の状況を母と父に説明するときに「おばさん」と標準語を用いているのに対して、「> わたしとおばはんだけ –< おばはんたちだけ　みんな .h.h¥ お茶飲んでんの ¥」(27–28行目)と関西弁の「おばはん」に言い換えたときは、現在形「飲んでんの」を使用し笑いを交えて、あたかも今、自分が中年の女性に交じって茶を飲んでいるという状況を再現しているかのような効果を醸し出している。すなわち、「おばさん」から「おばはん」に言い換えることで過去の出来事の報告から、今、自分もここで中年女性のグループに交じってお茶を飲んでいるそのグループの一員であるという連帯感を示している。

　母は次のターンで「えっ: 若い子日本人そうなんだ。」(29行目)「今」(31行目)と現代の日本の若者の嗜好が自身の期待と外れたことを「えっ:」と「change-of-state token（状態変化のトークン）」(Heritage 1984)を産出して示す。この認識状態の変化は、マキの語りからもたらされたものである。つまり、日本の社会や文化を熟練者として教える立場から教えられる側（新参者）への転換を意味し、マキが母に新たな世界観をもたらす。

次に、父は、34行目で母の発話に対し、「そうだよ」と応答した後、「いやっ若い人はみんなそうだよ：：：」（37行目）と「いやっ」という逆接の表現を用いて、母が現代の日本の若者の期待はずれな行動に対してとった驚きのスタンスや認識的状態の変化を否定する。父はマキと母に対抗するように日本の若者を肯定し、「俺が先駆者だよ」（39行目）という発話を通して、この予想外の出来事に対するマキと母とは異なるスタンスを示す。しかし、父がここで述べる「先駆者」も年代または年齢層のアイデンティティを示唆しており、若い世代と古い世代という対比を作りだしている。このことから、父は自身を日本の若者グループに位置付けながら、その中でも古い世代であることを示す。そして、この発話は自身の経験の導入でもあり、「寿司食いながら牛乳飲んでたから」（43行目）と寿司と牛乳という一見ミスマッチな組み合わせをとっていたという具体例を示す。このことは、父が日本人の持つ既成概念（寿司とお茶）に対抗するスタンスを示す。この発話に対して、母は「いや：：：だ：」（44行目）と消極的な評価をし、マキも、笑いながら「¥いやっ：：：そ：れ：：¥」（45行目）と母と同様に消極的な評価をする。今の日本の若者にとって米飯にお茶以外の飲み物を組み合わせることは新奇なことではない。父は、自身の経験を母とマキに語ることで、日本人が持つ既成概念への対抗を示す情緒的スタンスを取り、日本の若者グループの一員として自身を位置付ける。

　次に、例2-b（「お茶の続き」）では、マキがお茶の温度にも言及し、冷たい・温かいという温度のカテゴリーに年代を関連づけるとともに自身を中年層に位置づけ、伝統的な日本人のアイデンティティを構築する過程に着目する。マキは、日本の同世代が集うアルバイト先で親から継承されてきたと思われる既成概念および固定観念を自身の実践を通して行う。

例2-b　「お茶の続き」

54	**マキ：**	ね：(0.2) 冷たいも-お茶ならまだある-いるんだけど 何人かね
55		.h でもあったかいお茶を：
56	**父：**	お前話題をちょっ [と]
57	**マキ：**	[食] べながら：：
58	**父：**	もうちょっと言いたかった [のに]

59	母：	[　hh] hh [hh]
60	マキ：	[hh] .h
61	母：	それでうっぷんたまってあんた椅子を蹴ったりするの？
62	マキ：	でなんか [　　　弁]->あのそのお昼食べなが（ら）<
63	父：	[>うるさい<]
64	マキ：	あったかいお茶飲むの私とほんとにおばさんしかいなかったの
65		(0.9)((食べている))
66	マキ：	いなかったの ほかに h
67		(1.4)((食べている音))
68	母：	だってあの時冬じゃなかった？
69	マキ：	冬でしたけど：(0.5)食べてるところが食べてるとこだったと思うよ¿
70		中で::あったかくて
71		(0.5)でフレ［ドマ-］フレドマレーって
72	母：	［でも-］
73	マキ：	あの：(>大抵)あいてるときは<あの：セール時期だから
74		人がいっぱいで (0.3).hつ-常に動き回ってるから
75		寒くないんだと思う みんな
76		((最近はどこでも冷暖房完備になっているので肥満が多いという話題に転換する))

　父が自身の経験を語った後、マキは「冷たいも－お茶ならまだある－いるんだけど、何人かね」(54行目)と、上述した「わかい人みんな」(23行目)を「何人かね」という全体の一部に訂正し、全ての若者がジュース類の飲み物を選択したわけではないことに言及する。この発話で、マキはお茶の温度（冷たい）を「若い人」に結びつけ「何人かの若い人は冷たいお茶を飲む」というカテゴリー活動を産出する。これに対して、「あったかいお茶飲むの私と本当におばさんしかいなかったの」(64行目)と、「あったかいお茶」を「私とおばさん」というお茶の温度のカテゴリーと年齢層に結びつけ、同様に「自身を含む中年層は温かいお茶を飲む」というカテゴリー活動を産出し、若い人たちと自分たちの行為を対比させる。また、「ほんとに」という副詞や「しか」という限定の意味を表す副助詞を用いていかに、自身とその中年女性が少数派であるのかを強調する。この場面で興味深いのは、「あったかい－冷たい」

という対義語を年齢層と結びつけ、対比の効果を一層強めていることである。ここでこの物語りは終了し、健康に話題が移る。

　マキはこの物語りの中で飲み物の選択およびその温度と年齢層を結びつけ、それらを対比させることにより、自身は伝統的な日本人グループの成員であるというアイデンティティを構築し、親から継承されてきたと思われる既成概念と固定観念を再生産している。また、両親と同世代だと思われる中年女性と自身を同位置に位置づけることで、両親と同じグループに自分は属していると暗に訴えていると思われる。

　本節では、再生産と変革の社会化とマキのアイデンティティ構築の過程をみた。本例から観察される興味深い点は、親の本国日本に関する事柄（日本人の食に関する嗜好の変化）を娘から教えてもらうという変革の社会化と、親から社会化された期待される日本人像を娘のマキは、オーストラリアで実践しているのではなく、日本の、日本人の間で実践し、日本人としてのアイデンティティを構築しているという点である。本節では、例1と同様にアイデンティティの構築に使用される資源として、比較・対比が用いられている。本節の事例は、移住者が物語りにおける比較や対比を通して自己と他者の位置づけを示す好例であり、自己と他者のアイデンティティの構築に重要な資源であることを示唆している。

5. おわりに

　本章は、オーストラリアに在住する日本人移住者家族の夕食時の物語りから、「母の物語」と「娘の物語」を取りあげ、言語社会化の枠組みに基づいて分析を行った。分析からみえてきたのは、物語りが間接的、かつ再生産と変革の社会化に貢献するということである。移住者家族における言語社会化では再生産と変革の社会化が重要である。

　言語社会化において、コンテクストの中で言語や文化を教示するということが重視されている。ここでいうコンテクストとは、予想外の出来事（日本社会の規範や既成概念の逸脱）に基づいた物語りのことを指し、物語りが言語社会化の重要な手段として機能する。「言語を使うことを通した社会化」では、スタ

ンスと社会的行為を通してアイデンティティの構築を実現する。本章の物語りでは、その資源として比較・対比が用いられる。なおイデオロギーや言語イデオロギーが言語社会化の実践と結びついているが、当該社会の成員が同じイデオロギーを共有しているとは限らないといえよう。

今後の課題と展望として、日本国内外の2つ以上の言語を使用する移民の家族や国際結婚家族を対象にそれぞれの家庭で、物語りを通して言語社会化がどのように行われているのか、国境を越えて人々の移動が進む現代社会において再生産と変革の社会化に着目した調査が求められる。

謝辞

本研究にご協力いただいた研究協力者の皆様に深く感謝申し上げます。本章の執筆にあたっては、クック治子先生、高田明先生に貴重なコメントをいただき感謝申し上げます。

注

1——本章では「過去の出来事や経験したこと」を「物語 (story)」、語るという行為、およびその行為が複数人の参与によって構築される活動を「物語り (storytelling)」と表記する。

2——保坂は「ナラティヴ」と表記している。

参考文献

Aukrust, Vibeke G., and Catherine Snow (1998) Narratives and explanations during mealtime conversations in Norway and the U.S. *Language in Society* 27: pp.221–246.

Baquedano-López, Patricia (2009) Creating social identities through Doctrina narratives. In Alessandro Duranti (ed.) *Linguistic anthropology*, pp.343–358. Malden, MA: Wiley-Blackwell.

Bakhtin, Mikhail M. (1981) *The dialogic imagination: "Four essays"*. Austin: University of Texas Press.

Bamberg, Michael (2011) Who am I? Narration and its contribution to self and identity. *Theory and Psychology* 21(1): pp.1–8.

Bamberg, Michael, and Alexandra Georgakopoulou (2008) Small stories as a new perspective in narrative and identity analysis. *Text and Talk* 28(3): pp.377–396.

Blum-Kulka, Shoshana (1997) *Dinner talk: Cultural patterns of sociability and socializing in family discourse.* Mahwah, NJ: Erlbaum.

Brockmeier, Jens, and Donal Carbaugh (2001) Introduction. In Jens Brockmeier, and Donal Carbaugh (eds.) *Narrative and identity: Studies in autography, self and culture,* pp.1–19. Amsterdam: John Benjamins.

Bruner, Jerome (1990) *Acts of meaning: Four lectures on mind and culture.* Cambridge, MA: Harvard University Press.

Cook, Haruko M. (1990) The role of the Japanese sentence-final particle *no* in the socialization of children. *Multilingua* 9: pp.377–395.

Cook, Haruko M. (2006) Joint construction of folk belief by JFL learners and Japanese host families. In Margaret Dufon, and Eton Churchill (eds.) *Language learners in study abroad contexts,* pp.120–150. Clevedon: Multilingua Matters.

Cook, Haruko M. (2008) *Socializing identities through speech style: Learners of Japanese as a foreign language.* Bristol: Multilingual Matters.

Cook, Haruko M. (2012) Language socialization and stance-taking practices. In Alessandro Duranti, Elinor Ochs, and Bambi Schieffelin (eds.) *The handbook of language socialization,* pp.296–321. Malden, MA: Wiley-Blackwell.

Duff, Patricia A. (2015) Transnationalism, multilingualism, and identity. *Annual Review of Applied Linguistics* 35: pp.57–80.

Dunn, Cynthia D. (2013) Speaking politely, kindly, and beautifully: Ideologies of politeness in Japanese business etiquette training. *Multilingua* 32(2): pp.225–245.

Fader, Ayala (2012) Language socialization and morality. In Alessandro Duranti, Elinor Ochs, and Bambi Schieffelin (eds.) *The handbook of language socialization,* pp.322–340. Malden, MA: Wiley-Blackwell.

Fogle, Lyn W., and Kendall King (2017) Bi- and multilingual family language socialization. In Patricia Duff, and Stephen May (eds.) *Encyclopedia of language and education: Language socialization,* pp.79–95. New York: Springer.

Fung, Heidi (1999) Becoming a moral child: The socialization of shame among young Chinese children. *Ethos* 27 (2): pp.180–209.

Fung, Heidi, Peggy Miller, and Lu-Chun Lin (2004) Listening is active: Lessons from the narrative practices of Taiwanese Families. In. Michael W. Pratt, and Barbara Fiese (eds.) *Family stories and the life course across time and generations,* pp.303–323. New Jersey: Laurence Erlbaum Associates.

Garrett, Paul B., and Patricia Baquedano-López (2002) Language socialization: Reproduction and continuity, transformation and change. *Annual Review of Anthropology* 31: pp.339–361.

Goffman, Erving (1981) *Forms of talk.* Philadelphia: University of Pennsylvania Press.

Heath, Shirley B. (1982) What no bedtime story means: Narrative skills at home and school. *Language in Society* 11(1): pp.49–76.

Heath, Shirley B. (1983) *Ways with words: Language, life, and work in communities and classrooms.* New York and Cambridge: Cambridge University Press.

Heritage, John (1984) A change-of-state token and aspects of its sequential placement. In J. Maxwell Atkinson, and John Heritage (eds.) *Structures of social action: Studies in conversation analysis*, pp.299–345. Cambridge: Cambridge University Press.

保坂裕子（2014）「物語研究の可能性を探るための一考察〈Who-are-you?〉への応えとしての〈わたし〉の物語」『兵庫県立大学環境人間学部研究報告』第 16 号：pp.1–10.

Johnstone, Barbara (2001) *Discourse analysis.* Malden, MA: Wiley-Blackwell.

Kheirkhah, Mina, and Asta Cekaite (2015) Language maintenance in a multilingual family: Informal heritage-language lessons in parent-child interactions. *Multilingua* 34(3): pp.319–346.

King, Kendall A., Lyn W. Fogle, and Aubrey Logan-Terry (2008) Family language policy. *Language and Linguistics Compass* 2, pp.1–16.

Labov, William (1972) The transformation of experience in narrative syntax. In William Labov (ed.) *Language in the inner city: Studies in the black English vernacular*, pp.354–396. Philadelphia: University of Pennsylvania Press.

Labov, William and Joshua Waletzky (1967) Narrative analysis. In June Helm (ed.) *Essays on the verbal and visual arts*, pp.12–44. Seattle: University of Washington Press.

Mandelbaum, Jenny (2013) Storytelling in conversation. In Jack Sidnell and Tanya Stivers (eds.) *The handbook of conversation analysis*, pp.492–507. Malden, MA: Wiley-Blackwell.

Miller, Peggy J., Randolph Potts, Heidi Fung, Lisa Hoogstra, and Judy Mintz (1990) Narrative practices and the social construction of self in childhood. *American Ethnologist* 17(2): pp.292–311.

Miller, Peggy J., Michelle Koven and Shumin Lin (2012) Language socialization and narrative. In Alessandro Duranti, Elinor Ochs, and Bambi Schieffelin (eds.). *The handbook of language socialization*, pp.190–208. Malden, MA: Wiley-Blackwell.

能智正博（2006）「"語り"と"物語"のあいだ」能智正博（編）『〈語り〉と出会う：質的研究の新たな展開に向けて』東京：ミネルヴァ書房

Ochs, Elinor (1990) Indexicality and socialization. In James Stigler, Richard Shweder, and Herdt Gilbert (eds.) Cultural psychology: Essays on comparative human development, pp.287–308. Cambridge: Cambridge University Press.

Ochs, Elinor (1993) Constructing social identity: A language socialization perspective. *Research on Language and Social Interaction* 26(3): pp.287–306.

Ochs, Elinor (1994) Stories that step into the future. In Douglas Biber, and Edward Finegan (eds.) *Perspectives on register: Situating language variation in sociolinguisitcs*, pp.106–135. Oxford: Oxford University Press.

Ochs, Elinor (2004) Narrative lessons. In Alessandro Duranti (ed.) *A Companion to linguistic anthropology*, pp.269–289. Malden, MA: Wiley-Blackwell.

Ochs, Elinor (2011) Narrative in everyday life. In Teun A. Van Dijk (ed.) *Discourse studies: a multidisciplinary introduction*, pp.64–84. London: Sage.

Ochs, Elinor, and Lisa Capps (1996) Narrating the self. *Annual Review of Anthropology* 25: pp.19–43.

Ochs, Elinor, and Lisa Capps (2001) *Living narrative*. Cambridge, MA: Harvard University Press.

Ochs, Elinor, Clotilde Pontecorvo, and Alessandra Fasulo (1996) Socializing taste. *Ethos* 61(1–2): pp.7–46.

Ochs, Elinor, and Bambi Schieffelin (1984) Language acquisition and socialization: Three development stories and their implications. In Richard Shweder, and Robert A. Levine (eds.) *Culture theory: Essays on mind, self, and emotion*, pp.276–320. Cambridge: Cambridge University Press.

Ochs, Elinor, and Bambi Schieffelin (1989) Language has a heart. *Text and Talk* 9(1): pp.7–25.

Ochs, Elinor, and Bambi Schieffelin (2012) The theory of language socialization. In Alessandro Duranti, Elinor Ochs, and Bambi Schieffelin. (eds.) *The handbook of language socialization*, pp.1–22. Malden, MA: Wiley-Blackwell.

Ochs, Elinor, and Carolyn Taylor (1992) Family narrative as political activity. *Discourse and Society* 3(3): pp.301–340.

Ochs, Elinor, and Carolyn Taylor (1995) The "Father Knows Best" dynamic in dinnertime narratives. In Kira Hall, and Mary Bucholtz (eds.) *Gender articulated: Language and the socially constructed self*, pp.432–449. New York: Routledge.

Paugh, Amy L. (2012) Speculating about work: Dinnertime narratives among dual-earner American families. *Text and Talk* 32(5): pp.615–636.

Platt, Michael, and Barbara Fiese (2004) Families, stories, and the life course: An ecological context. In Michael Pratt, and Barbara Fiese (eds.) *Family stories and the life course across time and generations*, pp.1–23. Hillsdale, NJ: Laurence Erlbaum Associates.

Ricoeur, Paul (1981) *Hermeneutics and the human sciences*. Cambridge: Cambridge University Press.

Ricoeur, Paul (1990) *Time and narrative*. Chicago: University of Chicago Press.

Riley, Kathleen C. (2012) Language socialization and language ideologies. In Alessandro Duranti, Elinor Ochs, and Bambi Schieffelin (eds.) *The handbook of language socialization*, pp.493–514. Malden, MA: Wiley-Blackwell.

Schegloff, Emmanuel A. (1997) "Narrative Analysis" thirty years later. *Journal of Narrative and Life History* 7(1–4): pp.97–106.

Sterponi, Laura (2003) Account episodes in family discourse: the making of morality in everyday interaction. *Discourse Studies* 5(1): pp.79–100.

Takei, Noriko, and Matthew Burdelski (2018) Shifting of "expert" and "novice" roles between/within two languages: Language socialization, identity, and epistemics in family dinnertime conversations. *Multilingua* 37(1): pp.83–117.

Thompson, John B. (1984) *Studies in the theory of ideology*. Berkeley and Los Angeles: University of

California Press.

Thornborrow, Joanna, and Jennifer Coates (2005) The sociolinguistics of narrative identity, performance, culture. In Joanna Thornborrow, and Jennifer Coates (eds.) *The sociolinguistics of narrative*, pp.1–16. Amsterdam: John Benjamins.

Woolard, Kathryn, and Bambi Schieffelin. (1994) Language ideology. *Annual Review of Anthropology* 23: pp.55–82.

やまだようこ（2000）「人生を物語ることの意味」やまだようこ（編）『人生を物語る』pp.1–38 東京：ミネルヴァ書房

Zentella, Ana C. (1997) *Growing up bilingual: Puerto Rican children in New York*. Malden, MA: Wiley-Blackwell.

第 **8** 章

学習者の行為主体性が第二言語語用論能力に及ぼす影響

池田麻衣子

要旨

　第二言語習得分野で、agency（行為主体性）は、言語習得に影響を与える大きな要因の１つとして注目されてきた。しかしながら、行為主体性が言語習得にどのような影響を与えるのかに焦点を当てた研究は未だ少ない。本研究は、言語社会化理論の枠組みから、言語習得で困難と言われる語用論的能力への学習者の行為主体性の影響を検証する。第二言語としての日本語の語用論的能力で、状況に応じたスピーチスタイルの選択と使用は、学習者にとって特に困難と報告されている。本研究では、スピーチスタイルに関する語用論的能力に焦点を当て、学習者の行為主体性の影響について考察する。本研究のデータは、約３ヶ月に渡る日本人大学生と日本語学習者で構成されるグループで行われたコンピュータを媒介とした相互行為（以下 CMC）上で使用されたスピーチスタイルと、学習者と日本人大学生に行ったインタビューである。学習者と日本人学習者が使用したスピーチスタイルを量的手法および質的手法を用いて分析した。分析結果から、学習者は能動的に状況に相応しいスピーチスタイルを選択していることがわかった。また、従来第二言語習得研究では、母語話者が語用論的言葉遣いの規範を構築し、学習者はそれに従

うと考えられてきたが、本研究では、学習者も言語使用の選択を通じて、積極的に規範の構築を行っていることが明らかになった。つまり、学習者は語用論規範の構築に行為主体性を発揮することが示された。しかしながら、規範の構築は主に暗示的に言語使用から生じる社会的意味を通じて行われることから、学習者の不十分な社会文化的知識のために、母語話者のスピーチスタイルの使用から生じる社会的意味を正確に解釈できず誤解を生じていることも明らかになった。

1. はじめに

第二言語で円滑なコミュニケーションを行うためには、語彙、文法、音韻などをはじめとした言語能力だけでなく、言語使用の状況や場面、相手との人間関係に応じて適切に発話することに関わる「語用論的能力」の重要さが認識されてきている。しかしながら、第二言語語用論的能力の習得は上級学習者でも困難であることが多くの研究によって指摘されている（Kasper and Rose 2002）。近年、学習者の語用論的側面に焦点をおいた研究が盛んになされ、それらの研究から、学習者の行為主体性は、語用論的能力の習得に影響をあたえうる要因の1つとして、研究者たちの注目を集めている。しかしながら、学習者の行為主体性に焦点を当て、第二言語学習者の語用論的能力の習得への影響をみる研究は、未だ少ない（e.g., Ishihara 2008）。したがって、本研究は、新参者の行為主体性を認めている言語社会化の理論的枠組みから、新参者としての学習者の行為主体性が語用論的能力に与える影響を検証する。第二言語としての日本語語用論的能力で、特にスピーチスタイルの状況に応じた適切な選択と使用の習得は、日本語学習者にとって困難であることが多くの研究から報告されている。そこで本研究では、学習者のスピーチスタイルの選択・使用を通して、学習者の主体性が語用論的能力習得に与える影響を探る。

最初に2節で言語社会化論を概説する。次に、言語社会化の枠組みの中で新参者の行為主体性がどのように捉えられているかを概観する。3節では、第二言語の語用論研究での、学習者の行為主体性が語用論的言葉遣いへの影響について鑑み、先行研究上で解明されていない点について言及する。4節で

は、収録したデータおよび方法論を一通り説明する。5 節では、量的質的分析から、学習者の主体性の語用論的言葉遣いへの影響を述べる。最後に、本研究の結果をまとめ、今後の課題を示唆する。

2. 言語社会化理論

2.1 言語社会化理論とは

　個人の認知発達のみに焦点を置いたそれまでの言語習得理論の反動から、社会文化的要素に焦点をおく理論的枠組みの 1 つとして注目されてきたのが、Ochs と Schieffelin によって提唱された「言語社会化」である（Ochs 1986; Schieffelin and Ochs 1986）。言語社会化理論では、親や熟練者との日常的な言語的または非言語的な相互行為が、子どもや（何かの分野の）初心者・新参者が、ある社会や共同体に参加するのに必要な言語能力と社会文化的知識（共有されている規範、価値観、信念、期待、行動様式などの知識）を習得し、社会に適応していく（社会化していく）過程に重要な役割を果たすと考える。それゆえ、言語社会化の分野では、熟練者と新参者の相互行為を微視的に分析することで、1）相互行為がいかに言語と非言語様式で構成されているのか、そしてその構成は、どのような文化的諸概念を反映しているのか、2）相互行為に必要な言語知識と社会文化知識はいかなるプロセスで習得されるのかを研究対象としている。

　Ochs（1990）は、言語社会化で「言語を使うための社会化」と「言語を使うことを通した社会化」の 2 つがなされると主張している。「言語を使うための社会化」とは、社会文化的状況において適切な言語の使用を促すことである。これに対し、「言語を使うことを通した社会化」は、社会文化的状況に応じた言語使用を通して、モラル、価値観、言語イデオロギー等の社会文化的知識を身につけることである（クック 2014; Schieffelin and Ochs 1986）。言語社会化は、明示的社会化と暗示的社会化を通して行われる。明示的社会化とは、言語の命題的意味から社会文化的知識の学びを促すものである。一方で、暗示的社会化とは、状況のなかで統語的規則や音韻、語彙などの言語形式やその他の記号論的な形式の選択や、それらの使用方法によって状況から生じる様々な社会的意味から社会文化的知識の習得を促すことである。暗示的社会

化は、明示的社会化に比べると直接な促しではないが、言語使用や言語形式の選択により状況から生じる社会的意味に日常的にさらされるので、言語社会化の過程に強力な影響力を持つと考えられている。

　言語社会化の形成過程の特有な点として、次の二点が挙げられる。1）言語社会化の過程は流動的な社会秩序や規範そして新しい共同体への参加に対応するため生涯にわたるものである。2）双方向的プロセスである。しかしながら、言語社会化の先駆的研究のデータの性質と研究の焦点により、言語社会化の過程は誤解を生んできた（Ochs 2002）。その１つとして、例えば、先駆的研究は、親子の相互行為を焦点とするものが主だったため、しばしば言語の社会化は幼少期に限定的に生起すると考えられてきた。しかしながら近年では、分析対象を広げ、成人の言語社会化の過程を検証する研究も増え（e.g., Watson-Gegeo 2004）、これらの研究によって言語社会化の過程が幼少期以外も生起することが証明されてきている。

　また、未だ研究の多くが、熟練者がいかに新参者の社会化を促進しているかに重点をおいているため、熟練者の行為主体性に焦点を当て、新参者の行為主体性は軽視してきた。それゆえ、言語社会化の過程は熟練者から新参者への一方向的であり、新参者が熟練者の伝える言語知識と社会文化知識をそのまま全て受容する過程であるという誤解を与え、批判されてきた（Bayley and Schecter 2003）。言語社会化は、新参者の行為主体性の影響を考慮し、新参者も社会化の過程に携わっていく双方向性と考えられている。しかしながら、新参者の行為主体性を焦点にした研究は非常に少ないため、未だ新参者の行為主体性の言語社会化の過程への影響については、十分に解明されていない。

2.2　言語社会化と行為主体性

　従来の「社会化」や「文化化」では、新参者は、熟練者の社会規範や価値や言語運用の知識を従属的に踏襲する受身的存在と捉えられ、新参者の行為主体性は軽視されてきた（Ochs and Schieffelin 2012）。これらの理論的枠組みの新参者の捉え方と峻別し、言語社会理論枠組みでは、新参者は、能動的行為主体性を持つ存在であると幾度も概説の中で言及している（e.g., Ochs 1986; Ochs and Schieffelin 2012）。この項では、言語社会化理論の枠組みの中での、新参者の行

為主体性について見ていく。

　まず初期の概説で、Ochs（1986）は、言語社会化での新参者は、他者が言語の命題や形式を通して伝達してくる価値や言語行動などの社会文化情報全部を受動的に受け取るのでなく、能動的に取捨選択し取得していく存在という立場をとっている。また、相互行為には権力や知識の非対称性が存在し、一般的に知識は、知識があるものからないものへ一方向的に受け取られると考えるが、Ochs（1988）は、知識の非対称性があっても、新参者と熟練者が共同で知識を構築するという立場をとっている。つまり新参者は、自らの社会化の形成に取捨選択だけでなく、知識構築においても行為主体性を持つ。

　さらに、言語社会化では、慣習的な細かな行為でさえ、参加者の協働的な相互行為の産物で成り立っていると捉えている。慣習的な行為は、自動的に行われているように思われるが、そうではなく、むしろ参加者が、秩序に基づいた規範的言語形式を用いることで、慣習的な行為を協働的に成立させているのである。もし、参加者が規範的言語形式を用いない場合、その慣習的行為は成り立たない。この立場から、新参者も、相互行為の参加者の一員として、秩序や文化に従属的に言語形式を用いているのでなく、自ら規範的言語形式を用いるのか、拒絶や抵抗（沈黙や不参加を含む）や逸脱または、新しい戦略的な用法を使用するのか、様々な行為主体性を発揮し相互行為を構築すると考えている。つまり、従来の研究では拒絶や抵抗（沈黙や不参加を含む）や逸脱行為（e.g., Kulick and Schieffelin 2004）だけを新参者の行為主体性と捉えているが、言語社会化では秩序に基づいた行為を行うことも行為主体性と捉えている。参加者の協働行為の帰結から、文化や秩序は構築されていくので、新参者の行為主体性は、社会秩序の構成・再構成を生じる要因ともなりえる。Ochs（2012）は、新参者は、熟練者によって共同体の実践への参加を促されるが、熟練者の社会規範や価値が反映された相互行為の構造に従属的に行うことを決定付けられていないとして、新参者が文化構成だけでなく再構成に関与することを改めて強調している。

　上記のように言語社会化では、多様な新参者の行為主体性を認めている。Duff（2012）やAhearn（2001）でも、行為の主体性は、様々な形式をとり、相互行為に複合的に発現されることが示されている。つまり、言語社会化の行

為主体性は、Al Zidjaly（2009）の行為主体性の概念と同様に、認知的側面で発現されるものでなく、言語・非言語的形式で構成された行為を通して、社会的相互行為を行う中で実現されると考えている。

　言語社会化では、新参者の行為主体性は認められているが、行為主体性は無制限に自由に発揮できるものではなく制約や限界があることが認識されている（Ahearn 2001; Ochs and Schieffelin 2012）。Ochs and Schieffelin（2012）は、実践の場に普遍的に存在する知識や権力の非対称性が、新参者の主体行為性の発揮に影響を与える要因となっていると述べている。例えば、外国語学習者が、適切な自己のアイデンティティの提示のため秩序的な行為を拒絶または逸脱した場合、言語知識不足からの誤りとみなされ、適切な行為として認められないことがある。また、学校のクラス活動など、制度的に実践をコントロールされている状況では、新参者が自由に行為主体性を行使することは難しい（Ahearn 2001）。これとは反対に、行為主体性が比較的発揮しやすい状況もあることも指摘されている。例えば、Garrett and Baquedano-Lopez（2002）は、マルティリンガルの話者は、自己の役割やアイデンティティ交渉を行うことが多く、行為主体性を発揮しやすい状況下にあると示している。規範や慣習がまだ定まっていない新しい媒体（テクノロジーを媒介したコミュニケーションなど）は、新参者が行為の主体性を発揮しやすい状況にあると考えられている（Duff 2012）。つまり、言語社会化の行為主体性は、Ahearn（2001）の定義である「社会文化的に媒介された行為する能力」と同義だと考えられる。

3. 第二言語語用論習得と学習者の行為の主体性

　この節では、これまでの第二言語語用論習得の先行研究から、学習者の行為主体性と語用論的能力習得への影響について探る。今までの第二言語語用論的能力の習得研究では、(1) 相互行為への参加の機会の探求の有無および (2) 拒絶や抵抗などを学習者の行為主体性としてとらえ、これらが言語選択や習得に影響を与える要因として報告されている（e.g., Ishihara 2008, 2019; Ishihara and Tarone 2009）。

　多くの研究によって、相互行為への積極的な参加が語用論習得を促進する

ことが報告されている。例えば、Cook（2008a）は、日本のホストファミリーとの夕食時の会話への参加を通して、日本語学習者がスピーチレベルの指標をどのように習得していくかを検証した。研究結果より、積極的に参加の機会を探求する日本語学習者ほど、そうでない学習者より、「です・ます体」の多くの用法を習得し、状況に適切なアイデンティティを構築できるようになっていることが示された。また、Belz and Kinginger（2002）は、CMC のクラス活動への参加の語用論的能力への影響をフランス語学習者の二人称複数・単数（インフォーマル・フォーマル）の使い分けに焦点をあて調査した。CMC で母語話者との相互行為を多く持った学習者は、フォーマルスタイルだけでなく、インフォーマルスタイルの二人称も適切に使用できるようになった。つまり、実践の参加への積極性が、使用言語形態の機能や形態のレパートリーの習得を促進に影響する可能性が示唆された。

　抵抗とは、学習者が目標言語の語用論的規範を十分認識しているにもかかわらず、規範に反した逸脱行為を意図的に行うことである（Ishihara 2008, 2019）。従来の研究では、学習者の目標言語下の語用論的規範からの逸脱は、社会言語能力や言語能力の不足が起因と考えられてきた。しかしながら、近年の研究から語用論的規範からの逸脱行為は、必ずしも社会言語や言語知識の不足だけが原因でなく、学習者が語用論的規範を熟知していながら、意図的に行っている場合もあることが明らかになってきた。特に、以下 2 つの状況で意図的に逸脱行為をする事例が報告されている。1) 目標言語下で期待されている社会的立場や役割または、社会的アイデンティティが、学習者の期待とは、異なっている場合（e.g., Siegal 1996）。2) 自身の信念や第一言語の文化的言語使用と目標言語下の言語使用が異なる場合（Ishihara 2008）。1) の例として、西欧圏からの日本語学習者は特に女性語、男性語、敬語の使用が、男尊女卑や上下関係を表すことがあることから、使用を意図的に避けることが多く報告されている。例えば、Siegal（1996）は、日本語上級者の言語習得の民族誌的な研究で、参加者の女性日本語学習者が、日本社会における自身の女性としての社会的地位を認識しているが、自分のアイデンティティである自立したプロフェッショナルな女性とのギャップから、故意に尊敬語や謙譲語や女性語の使用を避けていたことを観察した。また、Iwasaki（2011）は、インタビューに

よって、日本語母語話が期待するアメリカ人のイメージ（率直でフレンドリー）とは異なることを、スピーチスタイルを駆使し、適切な自分のアイデンティティを投射することで抵抗していることを示した。2) の例としては、慣習的な表現、例えば形式的表現を避けることなどがあげられる。例えば、日本では形式的な謝罪が多いが、学習者の文化からは、本心からでなく不誠実だとみなされることが多いため、使用を避けることなどである。Ishihara（2008）は、学習者の抵抗が、状況次第で母語話者の言語使用にも影響を与えることを示唆している。つまり、語用論的規範は、母語話者だけでなく、学習者によっても構成されると捉えるべきである。

　上記で見たように、学習者の行為主体性は語用論的言葉遣いや語用論能力の向上に影響を及ぼすことが報告されているが、これまで行為主体性に焦点をあてた研究は少ない。また、今までの研究は一時的な学習者の行為主体性を捉えたもので、長期的に学習者の行為主体性が及ぼす語用論的言葉遣いへの影響についての研究は、未だされていない。言語社会化の枠組みは、語用論にも広く応用され（Zuengler and Cole 2005）、語用論習得過程の解明にも貢献し、新参者の行為主体性も認めている。そこで、本研究では、言語社会化の枠組みを用い学習者の行為主体性が語用論的言葉遣いに及ぼす影響を検証する。

4. データと方法論

4.1 データと研究の参加者

　データは、3ヶ月にわたりクラス活動として行われた、日本の同じ大学に在籍する日本人大学生と上級日本語学習者のグループオンライン電子掲示板ディスカッション（以下 BBS）である。日本人 28 人と様々な国から来ている 28 人の交換留学生（上級日本語学習者）が本研究に参加した。

　BBS は、CMC の種類の 1 つである。CMC では、参加者の行為主体性がより発揮できる環境とされるため、データ収集の場として選択した。

　BBS のディスカッションのため、日本語学習者 2 人と日本人大学生 2 人からなるグループを構成した。日本語学習者は、異なる国の学生同士がペアになるように分けた。日本人大学生は、無作為にペアになるように分けた。全

部で 14 グループに分けられた。なお、日本人大学生はボランティアでの参加である。本稿では 2 つのグループの分析を述べる。以下の表は、グループの参加者の情報である。

表1　参加者情報

グループ	名前	出身国
U	サラ	イギリス
	ミング	台湾
	西田	日本
	浜田	日本
S	ライ	アメリカ
	メイ	中国
	梶	日本
	川田	日本

　各グループのメッセージ交換数は、グループ S が 55 通であり、グループ U は、31 通である。BBS ディスカッションのクラス活動最終日に、英語または日本語で、約 1 時間の半構造インタビューを行った。インタビューは、日本語学習者はペアで行い、日本学生にはメールにて行った。

4.2　BBS ディスカッションの手順

　まず、円滑な BBS のディスカッションを行うために、日本人学生と学習者に自己紹介を行わせた。その後、教師がディスカッションのテーマを投稿した。ディスカッションを促すために、週に 1 回教師より、BBS を通じてディスカッションのテーマに関する質問が出された。ディスカッションのテーマは、「教育」、「宗教」、「少数グループ」で、1ヶ月に 1 つのテーマについて話し合わせた。教師の質問に対して、各学生は回答を BBS に投稿するよう指示した。毎回新しいテーマの導入時に日本語学習者がテーマに関わる語彙について理解するため、テーマの関連語彙について話し合わせた。

4.3 分析対象と分析方法

　「です・ます体」と「だ体」のスピーチスタイルを分析対象として、学習者の行為主体性を観察する。「です・ます体」と「だ体」のスピーチスタイルを分析対象とした理由としては、1）スピーチスタイルは、アイデンティティや社会的範疇の調整など行為主体性が顕著に現れる言語特徴の１つであることと、2）学習者のスピーチスタイルの使用についての研究の幾つかで（e.g.,Iwasaki 2011）、学習者がスピーチスタイルを意図的に使用していることが報告されていることの２つがあげられる。スタイルの使用の推移を観察するために、量的および質的に分析を行った。なお、この研究では文末に現れるスピーチスタイルのみを分析した。

　量的分析として、スタイルの出現数の推移を知るために、メッセージごとに使用されたスタイルの比率を算出した。比率を出すために、まず、メッセージに使用された全文数を調べた。次に「です・ます体」と「だ体」に大きく２つの種類に分けた。「でしょう」は、インフォーマルな状況でも使用されるので、本研究では「だ体」として分類した。また、「けど」や「から」で終わる文については、従属節の前のスタイルを元に分類した。各メッセージに現れた各スタイルの数を数え、各話者が産出した全文数からそれぞれのスタイル使用の百分率の割合を出した。なお、従属節で使用されたスタイルは、数にカウントしなかった。その後、各グループにおける参加者別スタイルの出現頻度の推移についてグループ内で比較し、それからグループごとの推移傾向をみた。

　質的分析として、スタイルの社会的意味を言語指標性の観点から分析した。言語指標性とは、状況によって、言語形式が生じる社会文化が反映した様々な意味（社会的意味）である。例えば、「です・ます体」は、状況ごとに丁寧やフォマリティーなどの異なる意味を生じる。質的分析では、参加者が使用したスタイルが示す言語指標推移を綿密に観察した。また、学習者のスタイル選択の要因を探るため最後のディスカッションが終わった後、アンケートと30分から45分程度のインタビューを行った。インタビューは、半構造化形式で以下の質問を中心に尋ねた。

表2　インタビューの質問

1	BBS のクラス活動で大変だったことはありましたか。
2	BBS のクラス活動で気をつけていたことはありましたか。
3	BBS のクラス活動を通して何か変化はありましたか。
4	BBS ではどのようなスピーチスタイルを使用しましたか。どうしてですか。
5	グループメンバーの言語使用で違和感を感じたことがありますか。それは何ですか。

5. 分析結果

　スピーチスタイルの使用頻度について各グループの結果を示す。その後、質的分析とインタビューデータの分析結果を述べる。

5.1 量的分析：です・ます体とだ体の使用頻度

　表3にグループ U のメッセージごとのそれぞれの参加者の基調スタイルの選択の推移を示した。グループ S の個々の参加者の基調スタイルの選択の推移は表4に提示する。基調スタイルとは、1つの談話で60パーセント以上使われたスタイルのことを指す（メイナード 1993）。横軸は、参加者が投稿した日付を、縦軸には、各参加者の基調となったスタイルの使用の割合を示す。表中の D は「です・ます体」を、P は「だ体」を表す。また、下記の表で P の使用はわかりやすいよう別の色で強調しておいた。D や P の横の数字は、基調のスタイルが使用された比率を示す。

　グループ U では、10月3日、日本語学習者のミングとサラが初回メッセージとして自己紹介を投稿した。サラは、すべての文末に、ミングは、80パーセントの文末に「です・ます体」を使用した。10月8日、日本人大学生が初めてのメッセージとして自己紹介を投稿した。西田は、100パーセント「です・ます体」を使用し、浜田は60パーセントの文末で「です・ます体」を使用した。つまり全員が「です・ます体」を基調として使用した。自己紹介後の2回目投稿以降、サラとミング両日本語学習者が「だ体」にシフトしたのを契機に、日本人大学生2人も2回目以降「だ体」にシフトした。その後、

グループの参加者全員が同じ「だ体」を基調として使用し続けた。つまりグループUでは、日本語学習者のサラのスタイルシフトを契機に、他のメンバーもシフトし、グループ内で同じスタイルを選択し使用していく過程が見られた。

　グループSは、10月24日の日本語学習者メイの「だ体」を基調としたメッセージ以外は、参加者全員が全てのメッセージで「です・ます体」を基調として使用している。メイが「です・ます体」から「だ体」にシフトした時も、他の参加者は、一度も「だ体」を基調とすることはなかった。つまり、2つのグループは同じクラス活動を行っているが、グループごとに異なるスピーチスタイルの基調が使用された。さらに興味深いことに、基調のスタイルのシフトを起こすのは、常に学習者であった。

表3　グループU D–です・ます体とP–だ体の使用

日付	10/3	10/5	10/8	10/10	10/14	10/16	10/17	10/22	10/24
サラ	D100	P88					P80		P86
ミング	D80			P86		P100	P80		
西田			D100		P100			P63	
浜田			D60		P100			P90	

日付	10/30	11/5	11/17	11/20	12/3	12/5	12/5	12/11
サラ		P100						
ミング	P100	P100		P86	P88	P100		P100
西田								
浜田			P70				P93	

表4　グループS D–です・ます体とP–だ体の使用

日付	10/3	10/6	10/8	10/10	10/12	10/16	10/17
ライ	D100						
メイ	D100		D100			D100	D100
川田		D100		D100	D96	D100	D95

梶			D100		D100	D75		

日付	10/21	10/23	10/24		10/26		10/30		
ライ									
メイ	D93	D100	D100	P100			D100	D100	D96
川田	D100				D100	D100			
梶				D100			D100	D100	D100

日付	10/31	11/1	11/4	11/6	11/7	11/10	11/13	11/20
ライ	D93				D100			
メイ				D100				D100
川田	D100	D100	D100			D100	D100	
梶			D100					

日付	11/21	11/26	11/27	11/24	11/28		
ライ				D100	D100		
メイ	D100						
川田		D80		D100	D100	D100	
梶			D100	D100			

5.2　質的分析：基調スタイルの指標の推移とインタビュー分析の結果

　表3と4で見るように、グループUはサラによって、グループSはメイによって、メッセージの基調がシフトしている。つまり、常に学習者が基調のシフトを起こしている。なぜ学習者は、他の参加者が使用するスタイルから異なるスタイルにシフトしたのであろうか。ここでは、言語の指標性の観点から、学習者のスタイルシフトによる社会的意味の変化を詳しく分析していく。さらに、インタビューによって、スタイルシフトの要因を探る。この項で使用する研究の参加者のメッセージの引用上の「です・ます体」はアンダーラインで、「だ体」は点線で示す。なお、表記や文法の間違いは、訂正せず

そのまま抜粋した。

5.2.1 グループU

　10月3日、ミングとサラは、各自最初のメッセージとして自己紹介を投稿した。両学習者とも「です・ます体」を基調スタイルとしメッセージを書いている。

(1)10月3日サラ

はじめまして。サラ<u>です</u>。ロンドン大学で勉強してい<u>ます</u>。今三年生になってきて、専門は日本語と言語学<u>です</u>。

(2)10月3日ミング

ミングと呼んでください。台湾から来た1年留学の大学生<u>です</u>。

　10月8日、日本人大学生が初めてのメッセージとして自己紹介を投稿した。西田も浜田も「です・ます体」を基調として使用した。

(3)10月8日西田

はじめまして。国際学部の一回生の西田ゆき<u>です</u>。ゆきって呼んでください。広島出身<u>です</u>。

(4)10月8日浜田

私は政策科学部の浜田順子<u>です</u>。順子って呼んでね。私は福岡出身<u>です</u>。

　多くの初対面場面でのスピーチスタイルの先行研究においても、ポライトネスや適切な距離感を示すのに初対面場面では「です・ます体」を使用することが報告されている（e.g., 三牧 2007）。今回のデータでも先行研究と同様の傾向が見られた。つまり学習者と日本人大学生の「です・ます体」の使用は、この状況では、ポライトな態度および心理的距離を示している。インタビューでは、学習者は最初のメッセージなので、丁寧さを示したほうがいいと考えたため、「です・ます体」を使用したと回答している。つまり、学習者が、

能動的に自己紹介に相応しい場を、スタイルの選択を通じて、適切に構築していることが示された。また、学生のスタイルの選択は、この状況を作り出すのに相応しいスタイルを習得していることを示している。

　自己紹介後、10月5日に教師が「です・ます体」を使用し、ディスカッションのテーマを投稿した。

(5) 10月5日教師

連想語：以下の言葉からどんなことを他に連想しましたか。
A) 教育 B) 学校 C) 学生

　教師の質問に回答するため、サラは、スピーチスタイルの基調を「です・ます体」から「だ体」にシフトし、回答した。さらに、サラは、affect key（以下、感情を調整するキー）を一切使用しなかった。感情を調整するキーとは、話し手の情緒的なムードや態度や感じを伝える資源である。日本語では、終助詞、長母音、声調、イントネーションなどが感情を調整するキーとして考えられる。

(6) 10月5日サラ

教育：現在、教育はどんどん高くなってきて、教育のシステムも非常に複雑になってきたと思う。
学校：日本の学生はイギリスやドイツの学生より一生懸命勉強している。

　Cook（2008b）によると、「感情を調整するキー」と共起しない「だ体」は、新聞やインタビューの要約などによく使用されるスタイルで、発話の情報への焦点化を表している。Cook（2008b）では、学生が先生の質問に答える場面で、感情を調整するキーと共起しない「だ体」が使用されたことも報告されている。この例も Cook（2008b）で見られるように、教師の質問に回答する場で「感情を調整するキー」と共起しない「だ体」のスタイルへシフトしている。つまり、サラは、「感情を調整するキー」の共起しない「だ体」へ変更することで、情報へ焦点を当てている状態を表し、自己紹介から課題に回答するという行為を行っていることを指示している。サラは、インタビューで、

教師からの課題に回答する場合、論文や作文のようなスタイルが適切だと考え、「感情を調整するキー」を伴わない「だ体」に変えたと答えている。つまり、サラは、回答する場面に適切と考えるスタイルを選び使用したことがわかる。その後のディスカッションでは、サラは、「だ体」を基調として使い続けた。

　10月8日に、日本人が「です・ます体」で投稿しているにもかかわらず、ミングは、サラと同じ「感情を調整するキー」の伴わない「だ体」にシフトした。インタビューで、ミングは、課題というコンテキストには、この「だ体」の種類が良いと思ったとスピーチスタイルの選択理由を明確に答えている。したがって、サラの選択からミングが、惰性的に「だ体」を選んだのでなく、自ら「だ体」が適切だと考え、それを選択したことがわかる。さらに、ミングは、「だ体」を使用した後、日本人大学生が同じ状況で、どのスタイルを使用しているかを確かめ、日本人も「だ体」を使用していたことから、ディスカッションを行う場で、「だ体」は適切なスタイルだと確信し、使用し続けたとインタビューで述べている。つまり母語話者の選択が、学習者の言葉遣いへの行為主体性の発揮に制限を与えていることが示された。

　BBSの学習者のスタイルの選択から生じる社会的意味から、学習者が状況に応じて、能動的にスタイルを選択していることが示された。またインタビューで学習者が積極的に自らの意図する場を作り出すために、スタイルを選択していることが明らかになった。しかしながら、日本人のスタイルの選択が、学習者がその後そのスタイルを使用し続ける要因となっていることも明らかになった。

5.2.2　グループS

　全てのグループメンバーが自己紹介でも、ディスカッションでも「です・ます体」を基調としていた。10月3日メイとライは各自最初のメッセージとして自己紹介を投稿した。

(7) 10月3日メイ

はじめまして、メイです。中国の山東省の出身です。北京の対外経済貿易大学の日本語科の三

年生<u>です</u>。

留学プログラムのライとお申します。アメリカのワシントン DC にある大学の三年生というこ
とで日本で留学したのは二回目<u>です</u>。

　梶と川田が自己紹介を投稿した。川田のメッセージは割愛する。

（9）10月8日梶

はじめまして☆政策科学部 2 回の梶<u>です</u>。出身は広島なので今は 1 人暮らしをしていま<u>す</u>。サー
クルはサイクリングサークルに入って<u>ます</u>♫ 趣味はおいしいものを食べることと旅行<u>です</u>。
今年の夏休みは北海道を自転車で走ってき<u>ました</u>‼

　ミングやサラの使用の仕方と同様、日本人学生そして日本語学習者は、自己
紹介で「です・ます体」を基調としたスタイルを選択した。また文末に、☆
や、♫や‼も使用している。‼などは、強調などの感情を示すことから、☆
や、♫や‼は「感情を調整するキー」と考えられる。つまり、「感情を調整す
るキー」を「です・ます体」と併用することで、丁寧な態度とともに親しみ
を示し、心理的距離を縮めようとしている。インタビューでは、メイとライ
は双方とも、丁寧な態度を示すことは大切と考え「です・ます体」を選択し
たと回答している。このインタビューの回答から、状況に応じた適切なスタ
イルを、能動的に選択したことがわかる。また、スタイルの選択から、学習
者が初対面の状況に適するスタイルを選択する能力があることが示された。
　教師の質問に答える時、メイもライも「です・ます体」を選択した。メイ
の 10 月 8 日のメッセージを例として示す。

（10）10月8日メイ

よい学生とは、勉強すべき知識と能力をちゃんと身につける学生<u>です</u>。

　Cook（2008b）は、発表で意見を述べる時、学生が「です・ます体」の使用

を通して、「発表する際の姿勢を正す態度」を間接的に指標していることを報告している。Cook（2008b）と同様に、日本語学習者は、「です・ます体」の使用を通して、「発表する際の姿勢を正す態度」を示している。しかしながら、インタビューでは、メイもライも丁寧に意見を言うために「です・ます体」を使用したと報告した。

10月23日メイは、10月8日の梶の自己紹介の投稿（例（9））に返信した。梶は、この自己紹介で、「です・ます体」を使用しているが、メイは「だ体」を基調としたスタイルを使用した。また、「だ体」にシフトしただけでなく、終助詞「ね」や顔文字などの「感情を調整するキー」が共起したスタイルも用いている。

（11）10月24日メイ

北海道を自転車で走ってきたって、ほんとに<u>すごい</u>ね。すごく感心<u>した</u>。私も旅行が大好き<u>だ</u>が、体力が弱くて、車に乗っても気持ちが悪いから、今まで行ったところがあまり<u>ない</u>。日本も<u>初めてだ</u>。だから、大阪や、東京や、北海道など行きたいところがいっぱい<u>ある</u>。今、暇な時よく友達と一緒に自転車でお寺や神社などへ見に行くから、自転車の技術も体力も少し強く<u>なっていく</u>。

Cook（2008b）は、「だ体」と「感情を調整するキー」が共起したスタイルは、カジュアルな会話などに現れることが多く、話の対象や聞き手に感情を表すインフォーマルスタイルだと指摘している。梶の自己紹介への返信でメイは、「だ体」と「感情を調整するキー」を用いることを通じて、カジュアルさや親しみをあらわし、そのメッセージが課題中心のトピックではなく、私的なメッセージであることを示したと考えられる。

梶は、10月24日に他のメンバーへ返信したのにもかかわらず、メイへのメッセージに返信しなかった。10月30日、ようやく梶がメイに返信した。以下は梶のメッセージの一部である。

（12）10月30日梶

ローメーさんも旅行が好きなん<u>ですね</u>♪知らない土地に行くとなんだかワクワクするので旅行

は大好きです!!北海道はとてもいいところでしたよ。是非行ってみてくださいね。

　梶はメイが使用した「だ体」を一切用いず、「です・ます体」を基調とした
スタイルを使用した。BBSという、参加者全員が見るメッセージなので、「発
表する際の姿勢を正す態度」を示したと考えられる。しかしながら、「感情を
調整するキー」を多用することで、親しさやメイの私的な話題のメッセージ
に対して肯定的に捉えている態度も示している。しかし、この日以降、メイ
は、他の参加者が私的なメッセージを投稿しても、私的な話題には一切参加
せず、「だ体」も使用しなくなった。インタビューで、メイは10月24日に
「だ体」を選択したことについて、「だ体」を選択し「丁寧さ」にかけたこと
から失礼と思われたかもしれないと述べている。また、そのメッセージ以降、
丁寧なメッセージを書くことを心がけたと報告した。

　学習者が選択したスタイルの社会的意味とインタビューの内省より、学習
者がコンテキストに適していると考えてスタイルを選択していることが観察
できた。しかしながら、学習者の限られた社会文化的知識により、母語話者
のスタイルの選択から生じる社会的意味を学習者が正確に解釈できていない
ことが示された。

　グループUとグループSのBBSの質的分析とインタビューの分析から、コ
ミュニティーの語用論的規範を構成していく過程もうかがえる。グループU
は、学習者が異なるスタイルを選択し、そのスタイルを日本語母語話者も選
択することで、学習者が「適切な選択」だと確信し、その後も使用し続ける
要因となり、グループの語用論的規範のようなものが構成されている。しか
し、グループSは、学習者が異なったスタイルを選択した時、日本語母語話
者が同じスタイルを選択しないことから、学習者は、選択したスタイルが不
適切と感じ、その後一切使用しなくなった。つまり、学習者は、自分が適切
と考える言語選択を通してコミュニティーの語用論的規範の構築に積極的に
関わっていることが観察できた。しかしながら、母語話者がその選択に同調
するか否かが、語用論的規範の構成に大きく影響していることが示唆された。

6. おわりに

　本稿では、学習者の主体性に焦点をあて、学習者の主体性がどのように語用論的言語使用に影響を与えているかを考察した。学習者のスタイル選択の質的分析の結果、学習者が積極的に意図する場を作り出すと考えるスタイルを選択していることが明らかになった。また、積極的にスタイルを選択することにより、学習者は、グループ内の語用論的規範構築に携わっていることがわかった。従来の語用論研究では、語用論規範は母語話者によって構成されると考えられていたが、本研究の結果から学習者もその構築過程に関わることが示された。しかしながら、母語話者の言語選択は、語用論的規範構築に大きな影響を与えることも示唆された。語用論的規範の構成の過程は暗示的に言語形式の使用を通じて行われるため、学習者の限られた社会言語学的知識が原因で、誤った解釈を生じていたことも明らかになった。その誤解が、学習者の実践への参加の積極的な探求を取りやめる原因ともなっていた。

　本研究より、学習者が言語選択や参加の機会の探求など、様々な行為主体性を行使していることが明らかになった。今後語用論習得に学習者の行為主体性を考慮することで、言語習得の過程へのより深い洞察が得られると考えられる。

参考文献

Ahearn, Laura M. (2001) Language and agency. *Annual Review of Anthropology* 30: pp.109–137. CA: Annual review inc.

Al Zidjaly, Najima (2009) Agency as an interactive achievement. *Language in Society* 38 (2): pp.177–200. London: Cambridge University Press.

Bayley, Robert., and Sandra Schecter R. (2003) Introduction: Toward a dynamic model of language socialization. in Rovert. Bayley and Sandra Schecter R (eds.) *Language Socialization in Bilingual and Multilingual Societies*, pp.1–6. UK: Multilingual Matters.

Belz, Julie A., and Celeste Kinginger (2002) The cross-linguistic development of address form use in telecollaborative language learning: Two case studies. *Canadian Modern Language Review/ Revue canadienne des langues vivantes* 59: pp.189–214. Tronto: Modern Language teachers' association.

クック峰岸治子（2014）「言語社会化理論における指標研究と第二言語習得」『第二言語としての日本語の習得研究』17: pp.80–96. 凡人社

Cook, Haruko M. (2008a) Socializing Identities through Speech Style: Learners of Japanese as a Foreign Language. Bristol: Multilingual Matters.

Cook, Haruko M. (2008b) Construction of speech styles: The case of the Japanese naked plain form. In Junko, Mori and Amy Ohta (eds.) *Japanese Applied Linguistics*, pp.80–108. Norfolk: Continuum.

Duff, Patricia (2012) Identity, agency, and second language acquisition. In Suzan, M. Grass, and Alison Mackey (ed.) *The Routledge Handbook of Second Language Acquisition*, pp.410–426. London: Routledge.

Garrett, Paul B., and Patricia Baquedano-López (2002) Language socialization: Reproduction and continuity, transformation and change', *Annual Review of Anthropology* 31: pp.339–361. CA: Annual review inc.

Ishihara, Noriko (2008) Transforming community norms: Potentials of L2 speakers' pragmatic resistance. In Mike Hood (ed.) *Proceedings of the 2008 Temple University Japan colloquium on language learning*, pp.1–10. Tokyo: Temple University Japan.

Ishihara, Noriko (2019) Identity and Agency in L2 pragmatics. In Naoko Taguchi (ed.) *The Routledge Handbook of Second Language Aquisition and Pragmatics*, pp.161-175. London: Routledge.

Ishihara, Noriko, and Elaine Tarone (2009) Subjectivity and pragmatic choice in L2 Japanese: Emulating and resisting pragmatic norms. In Naoko Taguchi (ed.) *Pragmatic competence*, pp.101–128. Berlin: Mouton de Gruyter.

Iwasaki, Noriko (2011) Learning L2 Japanese 'politeness' and impoliteness': Young American men's dilemmas during study abroad. *Japanese Language and Literature* 45 (1): pp.67–106. Boulder: Association of teachers of Japanese.

Kasper, Gabriele, and Rose Kenneth (2002) *Pragmatic Development in a Second Language*. Massachusetts: Blackwell.

Kulick, Don, and Bambi Schieffelin, B. (2004) Language socialization. In Alessandro Duranti (ed.) A *Companion to Linguistic Anthropology*, pp.349–368. Massachusetts: Blackwell.

メイナード泉子（1993）『会話分析』くろしお出版

三牧陽子（2007）「文体差と日本語教育」『日本語教育』134: pp.58–67. 日本語教育学会

Ochs, Elinor (1986) Introduction in Bambi Schieffelin and Elinor. Ochs (eds.) *Language Socialization. Across Cultures*, pp.1–13. Cambridge: Cambridge University Press.

Ochs, Elinor (1988) *Culture and language development: language acquisition and language Socialization in a Samoan village*. Cambridge: Cambridge University Press.

Ochs, Elinor (1990) Indexicality and socialization. In James, W. Stigler and Richard, Schweder, and Gilvert Herdt (eds.) *Cultural psychology: Essays on comparative human development*, pp.287–308.

Cambridge: Cambridge University Press.

Ochs, Elinor (2002) Becoming a speaker of culture. In Claire Kramsch (ed.) *Language acquisition and language socialization*, pp.99–120. London: Continuum.

Ochs, Elinor, and Bambi Schieffelin (2012) The theory of language socialization. In Alessandro, Duranti, Elinor Ochs, and Bambi Schieffelin (eds.) *The Handbook of Language Socialization*, pp.1–21. Malden, MA: Wiley-Blackwell.

Schieffelin, Bambi, and Elinor Ochs (1986) Language socialization. *Annual Review of Anthropology* 15: pp.163–246. CA: Annual review inc.

Siegal, Meryl (1996) The role of learner subjectivity in second language sociolinguistic competency: Western women learning Japanese. Applied Linguistics 17: pp.356–382. London: Oxford University Press.

Watson-Gegeo, Karen A. (2004) Mind, language, and epistemology: Toward a language socialization paradigm for SLA. *The Modern Language Journal* 88 (3): pp.331–350. Wiscon: National Federation of Modern Language Teachers Association.

Zuengler, Jane, and Kimmarie Cole (2005) Language socialization and L2 learning. In Eli Hinkel. (ed.) *Handbook of Research in Second Language Teaching and Learning*, pp.301–316. Mahwah, NJ: Lawrence Erlbaum.

第 **9** 章

新人は何も知らない：

日本の会社における「社会人」への言語社会化 [1]

クック峯岸治子

要旨

　言語社会化の研究は子どもと養育者、生徒と先生の相互行為を扱っているものが多いが、言語社会化の重要な場である職場の研究は比較的少ない。中でも、日本の職場における言語社会化の研究は2、3の論文を除いてはほとんど皆無である。本章は、東京の会社 2 社の新入社員研修をデータとして、日本の職場における新入社員研修を言語社会化的見地から考察する。特に、ノヴィス（新入社員）が学生というアイデンティティーを捨て、社会人としての言語運用能力、社会文化的知識、アイデンティティーを獲得するための明示的言語社会化が会社でどのようなプロセスで行われるのか、どのようなイデオロギーの下に言語社会化が行われているのか、新入社員には行為主体性があるのか、データを分析して精査する。

1. はじめに：職場の言語社会化

　言語社会化は、ノヴィス（新参者）が社会、組織の中で一人前の成員になるための言語、文化的知識を相互行為を通して習得していくプロセスを研究する

（Duranti, Ochs and Schieffelin 2012; Ochs 1988; Schieffelin and Ochs 1986 等）。Schieffelin と Ochs は、エキスパートがノヴィスを言語社会化するプロセスには理論的に 2 種類の過程があると述べている（Schieffelin and Ochs 1986:163）。1 つは、「ノヴィスが該当社会や場面に応じた言語を適切に使うようになること」（socialization to use language）であり、もう 1 つは、「エキスパートが言語の使用により社会化を実現させること」（socialization through the use of language）である。例えば、養育者が子どもに食事の前に「いただきます」と言わせるのは前者の例である。これは明示的言語社会化である。後者は、言語を使うことにより、言語の持つ社会的意味を理解するようになる社会化を指す。例えば、養育者が文化的に好ましくない事象は形態素「ちゃう」を使って表現し、好ましい事象は「ちゃう」を使わないで表現する場合、子どもはどのような事象が文化的に好ましくない事象であり、どのような事象が好ましいのか養育者の「ちゃう」の使用、不使用を通して学んでいく（Suzuki 1999）。これは暗示的言語社会化である。本章では、職場での明示的言語社会化、つまり「ノヴィス（新入社員）が該当社会や場面に応じた言語を適切に使えるようになる」プロセスを扱う。

　先行研究は、幼児が母語を獲得する過程で同時に文化社会的知識をも獲得する様子を分析しているものが多い（Blum-Kulka 2017; Burdelski 2012; Ochs, Pontecorvo, and Fasulo 1996; Schieffelin and Ochs 1986 等）。しかし、言語社会化は子どもだけに限った現象ではない。大人の場合も、知識と権限が平等でない人間関係では知識や権限において優るもの（エキスパート）が相互行為を通して知識の劣る者（ノヴィス）を言語社会化し得る（Ochs and Schieffelin 2012）。つまり、言語社会化は一生を通して起こりえるのである。人間は大人になってからも、新しい経験、環境に遭遇するのが常である。例えば、新しい仕事につく、外国に居住することになる等いくらも例はある。そのたびに、大人もノヴィスとして、新しい組織、グループ、環境の適切なことばの使用、社会文化的習慣をエキスパートとの相互行為を通して獲得していく必要にせまられる。中でも、職場は大人の言語社会化が常に行われる場所である。特に、新入社員は新しい環境に置かれ、職場における新しい仕事、それに付随する新しい語彙、言葉遣い、習慣などを獲得しなければならない（Roberts 2010）。

　職場は大人の言語社会化の極めて重要な現場であるにもかかわらず、職場

の言語社会化の研究は他のコンテクストに比べるとまだ比較的数が少ない（Roberts 2010 参照）。これは、企業秘密等の制限があるため、職場での相互行為をビデオに撮影するなどのデータ収集が極めて困難であるからである（Mullany 2007）。しかし、欧米の職場における言語社会化の研究では、ノヴィスが職場または職場の外（専門学校、大学院など）で職場に必要な新たな技術、コミュニケーションの仕方その他必要な知識を学習する過程に焦点をあてているものが数多くある。例えば、Mertz（2007）はアメリカのロースクールの学生が裁判所における議論の仕方を模擬裁判所のロールプレイを通して学ぶ過程を報告している。またロースクールの1年生のクラスで教授との相互行為を通して、弁護士としての新しい物の見方を獲得する様子を記述している。Jacobs-Huey（2003, 2006）はアフリカ系アメリカ人の美容学校で学生が美容師になるための勉強をロールプレイで行う様子等を記述している。美容師と客との会話のロールプレイを講師が評価し、どのような言動が美容師として大切かを学んでいく。Hobbs（2004）は、医学生が医者との相互行為の中で、医者が書いた病人の治療法の難解なレポートを解読し理解できるようになる過程を分析している。

　また、グローバル化が進む中、欧米においてはバイリンガル、マルティリンガルの職場が増えている。そのような職場での言語社会化の研究も盛んになっている（Duff et al 2000; Li 2000; Sarangi and Roberts 2002）。これらの研究のほとんどが文化的、言語的規範が異なったノヴィスが欧米の職場で特に職場に必要な言語、文化的知識に言語社会化される過程を記述している。Duff et al.（2000）は、移民の介護士が病院や老人ホームなどで、様々な患者、老人とコミュニケーションがとれるよう言語社会化される様子を観察している。Li（Li 2000）は中国からの移民である女性が職場の仲間との相互行為を通してアメリカの職場の規範を獲得していく様子を記述している。Sarangi と Roberts（2002）は英国の医学口頭試験において英国人試験官が規範とするインタビューの形式の知識が欠ける外国人は不合格になりやすいと報告している。Goldstein（1997）によると、カナダ、トロントの工場で流れ作業に従事するポルトガル人女性労働者は自分たちのアイデンティティーを主張するためにお互いにポルトガル語で話すので、英語でコミュニケーションをする部署から孤立してしまい、

さらにポルトガル以外の地域からきた外国人労働者は工場の流れ作業をしながらポルトガル語への言語社会化がみられる。

　欧米における職場の最近の傾向は、学校と職場の境界線が不明確になってきたことである（Roberts 2010）。学校を卒業してから職を得るという一律的なパターンがくずれ、一旦職を得てから辞職し、また学校に戻って勉強したり、職場でのインターン制度が大学の履修科目であったりすることは珍しいことではない。この点、近年日本でもインターン制度を導入する会社が増えてはいるものの、日本の雇用制度はまだ多くの場合、学校と職場の境界線を明確に保っている。学生と社会人という別個のアイデンティティーが境界線となって、学生と社会人の間に連続性はない。その証拠に、学生はアルバイトはするが、あくまで学生としてのアルバイトである。学生アルバイトは、学生が会社の正社員になった折、職歴に数えられないことが多い。学生は大学、または高校を卒業して、職場の正社員になると初めて社会人というアイデンティティーを獲得しなければならない。日本の職場での研究課題の１つは職場の新参者がいかに学生から社会人に言語社会化されるかであろう。

2.「美の労働」と日本の職場における言語社会化

　日本の職場における言語社会化の研究はCook 及び Dunn の論文（Cook 2018; Dunn 2011, 2013, 2018）を除き、ほとんど皆無である。Dunn は日本のビジネスマナー教室５校でクラスを観察し（このうち２校では Dunn 自身が学生として参加）、講師のインタビューと観察記録をもとに、どのような内容がビジネスマナー教室では教えられるのかを記述している。どのクラスも身だしなみ、表情、挨拶、態度、敬語を含む言葉遣いを型通り教えている。ビジネスマナー教室の学生は教えられた型を崩すことなく正確に出来るよう指導される。例えば、お辞儀にしても、お辞儀の角度、お辞儀の最中の手足の置き場、何秒頭を下げるか等細かく指示される。Cook（2018）は、小規模な IT 会社の新入社員教育がどのように社会人になるよう言語社会化が行われているか報告している。ビジネスマナーの講義の内容はやはり、身だしなみ、表情、挨拶、態度、敬語を含む言葉遣いが中心である。

会社がこと細かく社員の表情、挨拶、態度、言葉遣い等を指示することは、欧米の会社にも見られる現象である。Fairclough（Fairclough 1996）は、このような現象を「談話のテクノロジー化（technologization of discourse）」と呼んでいる。つまり、経営者が会社の経営目的に合わせて社員の話し方を一定の型にはめるのである。にこやかで礼儀正しい表情、挨拶、態度などを要求される仕事は「美の労働（aesthetic labor）」と呼ばれる（Warhurst et al. 2000; Witz et al. 2003）。日本以外の国の「美の労働」の研究は主に、電話でビジネスをするコールセンター（Callaghan and Thompson 2002; Cameron 2000）、高級な商品を扱う小売業やホテル（Otis 2007; Pettinger 2004; Warhurst and Nickson 2009）などがあげられる。これらはどれも、顧客への会社のイメージが大切なサービス業である。日本のサービス業のトレーニングに関する研究はセールス（Matsunaga 2000）、エレベーターガール（Miller 2013）がある。Dunn（2018）は、日本の会社が社員に課する「美の労働（ビジネスマナー）」は他国の会社の「美の労働」と一見似ているが、根本的に違うところがあると指摘する。つまり、他国の会社では、「美の労働」はカスタマーサービスであり、顧客を獲得することが唯一の目的である。身だしなみ、表情、挨拶、態度などは全て顧客だけに向けられている。一方日本の会社の美の労働は、カスタマーサービスだけではなく、自社の上司とのコミュニケーションにも必要であり、社会人というアイデンティティーの必須条件になっている。

　以上述べたように、日本の職場の新入社員研修、特にビジネスマナー研修という言語社会化の過程はある意味で、日本独特の側面を持っている。それは、「美の労働者」への言語社会化ではあるが、単なる技術的な顧客向けのマナーの獲得ではなく、社会人という新しいアイデンティティー獲得を目的としたものである。本章では、そのような言語社会化の例を2つの異なった職場の新入社員研修（ビジネスマナー研修）のデータを分析し、研修ではどのような明示的言語社会化が行われているのか、それはどのような言語イデオロギーに基づいているのか、新入社員には行為主体があるのかを詳しく検証する。

3. データと方法

　本研究は東京の会社 2 社の新入社員研修の様子をビデオに撮ったデータに基づいている。1 社は東京に本社を置き関西と名古屋にも支社がある経営コンサルティング会社ミドリ（仮名）、もう 1 社は小規模な東京の IT 会社フジ（仮名）である [2]。ミドリは、大卒者を採用し、毎年 4 月からの就労にそなえ、3 月に自社の新入社員研修を行う。ビデオに撮った 1 日 8 時間のビジネスマナー研修には、研修担当の女性講師 IS とそのアシスタント 2 人、男女合わせて約 80 名の新入社員が参加した。研修は講師が新入社員の前に立ち、講義をする形式をとっている。ビジネスマナー研修ということで、研修の内容は日常の立ち振る舞い、名刺の交換、ビジネスにふさわしい服装、敬語の使い方などを中心にした講師の話、ロールプレイなどである。ミドリは、新人研修プログラムを他社にも提供しているので、本稿で報告する新人研修のパターンはこの会社に限ったものではなく、他社にも多くみられるものと想定される。フジは自社の職員を他社に IT 職員として派遣する事業をしている。派遣先で立派に社会人として仕事ができるよう、新入社員を他社に派遣する前に、最初の 1 か月はできるかぎり毎日 30 分から 1 時間新人研修を行う。本研究のために 12 回の研修を録画した。データを撮った年の新入社員は大卒 4 人（男性 3 人、女性 1 人）である。研修講師は男性先輩社員 2 人 IN と HT である。フジの研修は少人数なので、テーブルを囲んで、講師 2 人と新入社員 2 または 4 人で行われた。研修の半分はビジネスマナーであり、あとの半分は作文研修である。収録したビデオは文字起こしし、これを談話分析した。

4. 分析

4.1 新人というアイデンティティーの構築

　新入社員研修では社会人になるために必要な様々な知識を教えられる。新入社員は、厳しい入社試験の選考に合格し採用された優秀な人材である。しかしながら、学生時代に得た知識、経験に更なる磨きをかけるのではなく、社会人としての新しい知識がよりよく獲得されるよう、先ず学生時代の経験、常

識を白紙に戻し、新しい知識を教える方法が取られる。学生時代の過去の経験は社会人にとって役に立たないという言語社会化が行われるのである。例えば、新入社員はほとんど学生時代にアルバイトをし、職場で働いたという経験がある。しかし、アルバイトの経験は一切経験として数えられない（Cook 2018; Dunn 2013）。これは、社会人というアイデンティティーは学生というアイデンティティーとは連続性のない異なったライフステージであることを意味している。新しいアイデンティティー獲得のために、先ずは、今までの人生で積み上げてきた知識、人生経験を否定し、何もできない何も知らない新人というアイデンティティーを獲得するような言語社会化を行う。このようなトレーニングの方法は、日本の会社に限らず、イギリスやアメリカの軍隊でも報告されている（Bousfield 2008; Culpeper 1996）。軍隊の場合、新たに入隊した兵士は今までの人生経験を全て否定され、白紙の状態にされる。これによって、新しい兵隊というアイデンティティーを獲得する下地が作られるのである。しかし、このようなトレーニング方法が欧米の企業で採用されているという報告はない。以下日本の企業では、具体的にどのようにして何も知らない新人というアイデンティティーが構築されるか検証する。

4.1.1　新人は何も知らない

　何も知らない新人というアイデンティティーはミドリの場合最初から構築される。例（1）では、ミドリの講師 IS が研修の講義が始まる 5 分前になっても会場に戻ってこなかった新入社員数名に対してそのような行動は新人にはふさわしくないと説教をしている。ここで、新人とはどのような立場なのか明確に述べることにより、新人のアイデンティティーを構築する。

例（1）ミドリ

1	IS:	新人で何も知らない人たちですよ　右も左も分からない
		(0.2)
2		全部教えてもらわなきゃいけない立場で、遅く来るのがね

　IS は、ライン 1 で、新人を「何も知らない人」とはっきり定義づけている。

また、IS は「何も知らない」を「分からない」と言い直し、それに 「右も左も」という非常に情動的な表現を加えて強調している。ライン 2 では「全部」という「extreme case formulation」（Pomerantz 1986）を使い、何も分からないことをさらに強調し、正当化している。このように新入社員は何も知らない新人というアイデンティティーを構築される。

さらには、過去のアルバイトの経験だけでなく、電話に出るというような今までの日常経験では問題にならなかった行動も問題視され、電話の応対もできない人というアイデンティティーを構築される。ミドリの研修では、電話に出る練習を講師とのロールプレイで行う。新入社員は 12 班に分かれ、各班の代表が講師とロールプレイをする。研修生のうち最初から講師によくできたと評価されたのは 2 人だけで、あとの 10 人は評価が悪かった。ロールプレイは、講師が演じる外部の人からかかってきた電話に新入社員が出て、自社名、自分の名前を名乗るだけのごく短いものである。例 (2) は講師 IS と 5班の代表 MS のロールプレイである。

例(2) ミドリ

1	IS:	はい　グループ 5　プルプル　カチャ　（（MS に電話をかける））
2	MS:	お電話ありがとうございます.
3	IS:	暗いです　暗いです　暗いです.
4	MS:	はい
5	IS:	もっと明るく.　（（受講者全員に向いて））
6		だって新人のうちは明るく元気なことしか取り柄がないんだから.

IS が演じる外部の人の電話を受けた MS の「お電話ありがとうございます」に対して、IS は MS の声の調子を「暗い」という形容詞を 3 回繰り返すことにより消極的情緒的スタンスを強調して批判している。「お電話」も「ありがとうございます」も日常よく使われる表現であり、MS はこのありきたりの表現をこのようにネガティブに評価されたことはおそらく人生初めてであろう。今まで普通にできたことができないと判断されたのである。Giddens（1991）は、現代の職場では、労働者が暗示的言語社会化により子どもの時に

習得したありきたりの行為、ふつうに日常行っている行為をエキスパートに批判されるため、自身の日常生活から疎外されると述べている。おそらく例（2）にみられるようなエキスパートの批判による日常生活からの疎外が新しいアイデンティティーの獲得に役立つのであろう。さらに IS は最後のラインで新人を「明るく元気なことしか取り柄がない」と定義づけている。つまり、社会人という新しいライフステージに入った新入社員は白紙であることを強調し、これまでの人生で獲得した知識、技能は全く認められないのである。

4.1.2 学生と社会人

　新入社員研修では、社会人というアイデンティティーと学生というアイデンティティーは相対する対になった概念として扱われる。これにより、学生と社会人が非連続的なものであるというイデオロギーが強化される。そのイデオロギーがまた新入社員研修を正当化することに動員される。つまり、社会人の属性と学生の属性は相いれないものであり（complementary distribution）、新入社員はまだ学生の属性しか持ち合わせていないと判断される。新入社員研修の講師は学生と社会人との比較を通して、早く学生の属性を捨て、社会人になるように促す。例（3）では、講師は社会人は責任のある大人であると述べている。それにより、暗に学生は責任を取らなくてもいい子どもであることを示唆している[3]。

例（3）フジ

```
1    HT:    成年未成年にかかわらず社会に出れば社会人という一人の大人として責任
2           を持たされます。これは好む好まずを問いません。
```

　また、例（4）に見られるよう、講師は早く学生の態度を捨て、社会人となるよう新入社員を促す。特に、報告発話を使って学生の話し方を「ほらなんとかでさー　なんとかだよねー」と終助詞「さ」「よ」を加え、語尾を延ばす表現をし、またその発話に伴うポケットに手を入れるというしぐさも述べている。このような話し方は学生特有の話し方であり、学生の延長線上であると指摘している。つまり、社会人は学生の延長線上にはないということであ

る。また、「社会人1年生」という表現も学生を卒業して就職すると、初めて社会人というカテゴリーを獲得することを表している。この例も、学生と社会人のアイデンティティーは非連続的なものであることを示唆している。

例(4) ミドリ

1	IS:	すぐにもう明日からもう社会人1年生として恥ずかしくないマナーを
		身に付けれられるようにしてください
2		なんかズボンのポケットに手突っ込んで ほらなんとかでさー
		なんとかだよねー みたいな (0.4)
3		学生さんの延長線上でしかないそれは

　例(5)では、フジの講師HTは「なんとかでさー」のような話し方を学生言葉と称し、そのように話さないよう喚起する。

例(5) フジ

1	HT:	言葉遣い学生言葉ではなく
		理論的で相手に分かりやすく簡潔な話し方を心がけましょう。

　例(5)では、HTは学生言葉と比べ社会人の話す言葉は理論的、分かりやすく、簡潔であるべきだと示唆している。学生言葉は非理論的、理解しにくく、煩雑であることが暗に示唆されている。更に、例(6)では講師は学生時代には要求されなかった社会的スキルを身につけるように促す。学生時代とは違い、自分が好まない人ともうまく付き合っていくことが社会人に要求されていることを述べている。

例(6) ミドリ

1	IS:	学生のときは嫌いで済んだじゃん. (0.8)
2		この決めつけで済んだわけですよ.
3		はい苦手嫌い あっこいつと付き合わない.
4		でも これから社会人はそうはいかないってことですよね.

例（3）から例（6）に見られるように、講師は学生の行動、言動をネガティブに評価し、社会人の行動、言動の対局に位置づける。社会人の資質は学生の資質にさらなる磨きをかけたものではなく、学生の資質とは相いれないものだというイデオロギーが見えてくる。新入社員研修では、このイデオロギーが新入社員にある一定の行動、言動規範を学んでもらうために動員されることがわかる。

4.2 敬語：「美の労働」の言語資源

敬語を状況に合わせて適切に使用できるようにすることはビジネスマナー研修の大切な課題の1つである（Dunn 2011, 2018）。なぜならば、敬語は「美の労働」の言語資源として位置づけられているからである[4]。「美の労働」では何を言うかも大切だが、どのように言うかがそれ以上に強調される。声の調子、顔の表情、お辞儀の角度等は「美の労働」の非言語資源であるが、敬語はどのように言うかを極めて明示的、効果的に丁寧なものにする言語資源である。例（7）では、講師 IN が新入社員に敬語について、適切な敬語使用は会社のイメージマネージメントに貢献し、またビジネスをする上での人間関係構築に欠かせない道具であると話している。

例（7）フジ

1	IN:	敬語って難しいんですけど、あの、適切に使えないと印象を下げて
2		しまうことがあるので
		((数行省略))
3		敬語は相手を不愉快にしたり、傷つけたりしないように
4		コミュニケーションをとって相手に受け入れてもらうための道具の
5		1つ (.) ですね.

「美の労働」のための言語資源をうまく使いこなせるようになることは、社会人にとって極めて重要な課題であるので、研修では新入社員は適切な敬語が使えるかテストされる。特に、尊敬語は、外の人、謙譲語は内の人に使われるので、敬語を適切に使用するには、話者にとって、誰が内で誰が外のメン

バーになるのかを察知しなければならない。内・外の関係は常に一定したものではなく、状況に応じて話者にとって誰が内で誰が外の関係になるか変化する指標である（Bachnik and Quinn 1994 参照）。例（8）は外出中の山田部長にかかってきた電話を新入社員が受けるというシナリオで、この時何と言って山田部長の不在を伝えるか講師が新入社員に質問している。この例のすぐ直前の例は、他社の人が外出中の山田部長に電話してきたというシナリオであった。他社の人からの電話の場合、山田部長は電話を受けた社員の内になるので、上司でも謙譲語を使わなければならないことを指摘される。しかし、例（8）では山田部長の家族が電話してくるという想定である。この場合、電話してくる人は外部者であるが、山田部長の家族であるため、山田部長も外のメンバーに指標される。新入社員はこの内と外の境界の指標シフトが理解できないからであろうか、敬語は使用せず、丁寧語で済ませる。

例（8）フジ　（講師 HT、IN、新入社員 KT、NS）

1	HT:	あの身内の方から電話だったらどうします？
2	KT:	山田部長は今外出しています.
3	HT:	えー　NS 君
4	NS:	山田さんは今外出中です.
5	HT:	えー　（0.2）　違います.　（0.2）
6		こちらは（.）　えー　敬語を使わないといけない.
7	IN:	社線では
8	HT:	山田部長は
9	NS:	°外出なさって［います.°
10	HT:	［なさっていますが正しいですね.
11	NS:	あー
12	HT:	相手方が（.）内ではなく外　山田部長は相-（.）身内の方からと
13		山田部ちょ-　身内-　山田部長が外で自分が内なんで
14	NS:	はい
15	HT:	外に対して敬意払わなきゃいけない
16	NS:	あー

講師 HT がライン 1 で身内から山田部長に電話があった場合どのように部長の不在を伝えるか聞く。KT がまず答える。KT は尊敬語は使用せず、丁寧語だけで済ませる。講師は KT の答えを評価せず、すぐ NS を当てる。評価されなかったということは、KT の答えは講師の考える正解でないことを示唆する。NS も丁寧語だけしか使用しない。NS の答えに、0.2 秒の間をおいて、HT は NS の答えは違うと批判する。また、0.2 秒の間をおいて、HT は敬語を使用しなければいけないことを指摘する。ライン 7 で講師 IN は敬語の使用は社線では必要と付け加える。つまり、NS の答えは私用の電話なら可能であると、NS の答えが全く間違ったものでないことを暗に示唆し、HT の直接的な批判を和らげる。ライン 8 で HT はまず文の主語を言い、モデルになる答えを言い始める。NS はライン 9 で HT の発言に続けて述語を付け加える（co-construction）。述語に「なさって」という尊敬語を使う。「なさって」と NS が言った直後に HT は「なさっています」が正しいと NS の答えを積極的に評価する。ライン 12, 13, 15 で HT は身内からの電話の場合、山田部長は外になるので、尊敬語を使用する必要があると説明する。状況により、誰が自分にとって内で誰が外であるかは指標シフトする。それに応じて、尊敬語か謙譲語か選ばねばならないのであるが、この指標シフトに応じた尊敬語、謙譲語の使い分けが新入社員には容易でないことが窺える。また、ライン 2 と 4 で KT も NS も敬語を使っていない。おそらく 2 人とも今まで、敬語使用に自信がないときは、尊敬語、謙譲語を避けて丁寧語で済ませるという方略を使ってきたのであろう。ここでも敬語の使用に自信がないので、丁寧語で代用する方略を使ったが、その方略は通用しない。Burdelski（2013）は、2 歳 5 か月の男児が母親との電話のロールプレイで、敬語の使用を間違う場面を報告している。母親が会社の人を演じ、「会社ですがお父さんかお母さんはいらしゃいますか」と子どもの親に尊敬語を使用して電話をする。電話を受けた子どもは「いらっしゃいますよ」と母親の言葉を繰り返し、尊敬語を自分の親に使う。母親はこの誤りを正すことはしない。日本語の言語社会化の文献で、子どもの敬語の誤りを親が正すという例はほとんど報告されていないので、この母親の対応は一般的なものであろう。おそらく、新入社員のほとんどは、学校で敬語の用法を習ったにもかかわらず、子どものときから日常会話で敬語の誤った使用を正されず、なるべく尊敬語、謙譲語を避け、丁

寧語で済ませてきたのだと推測される。しかし、新入社員研修ではもう丁寧語で尊敬語を代用することは許されないことが分かる。

一方、丁寧といっても、いくつも敬語を並べた二重敬語は正しくないと判断される。例 (9) では、講師 IS が二重敬語ではない、より丁寧な敬語を要求する場面がみられる。ここでは、新入社員たちはある旅行会社の上司と部下の会話の台本を読み、台本にある部下の敬語の間違いを正す練習をしている。上司が部下に他社の社員旅行の企画をたてるよう依頼し、その企画について部下が上司に質問するというシナリオである。部下の上司に対する発話「お客様はどのような社員旅行にしたいとお考えになられているのですか」は二重敬語を含んでいるので、講師 IS はこれを正すよう指示する。各班が正解を考えて発表している。

例(9) ミドリ

1	8班:	社員旅行をお考えですかに直しました.
2	IS:	やっぱりぶーだった((笑))
3		それだと丁寧語に直ってるだけで (.) 更にあの一最上級の敬語にはなってない
4		ですよね. (0.6) なのでもうちょっと丁寧にしたい. 　9班
5		(0.2)
6	9班:	一緒で　お - お考えでしょうかになってます.
7	IS:	お考えでしょうか (.) もう一歩 (.) 10班
8		(0.1)
9	10班:	考えているのでしょうか.
10	IS:	もっと悪くなった [悪くなった (もっと) 悪くなった.
11	一同:	[((笑))
12	IS:	そ - それは9班のほうが正解です. 　だとしたら11班
13		(0.7)
14	IS:	11班? 返事一
15	11班:	僕たちもお考えですかにしてしまいました.
16	IS:	うーん (.) お考えですかは悪くないんですけども - えっと　どのような
17		社員旅行にしたいと考えていらっしゃるのですか - いらっしゃるんですかって
18		聞いていただいたほうがより丁寧なニュアンスでしょう?

講師 IS はまず 8 班を当てる。8 班の代表は二重敬語を正し、「お考えですか」という尊敬語を答えとする。講師は、丁寧さが足りないと、この答えを受け入れず、9 班を当てる。9 班は「です」を「でしょう」に変えただけで、ほとんど 8 班とおなじであると言う。講師はこの答えも受け入れず、10 班をあてる。10 班は「考えているのでしょうか」と丁寧語だけで、尊敬語を使用しない。講師は、「もっと悪くなった」と「悪くなった」を 3 回繰り返す。講師のこの繰り返しは、10 班の答えは全く的を得ていないという極めて強い情動的な態度の批判である。この態度が受講生一同の笑いを誘う。講師は 10 班の答えに比べれば、9 班の答えは間違っていないと認める。11 班を当てるが、11 班も 8 班と同じ答えである。講師は「考えていらっしゃるのですか」のほうがより丁寧だとライン 17, 18 で説明する。新入社員たちはおそらく「お考えですか」と「考えていらっしゃるのですか」どちらの敬語がより敬意を表した表現かということを今まであまり考えたことがないのであろう。また二重敬語を使わないようにすることも意識していなかったのであろう。研修では、新入社員はこのように、今までなんとなく使ってきた敬語について、いわゆる「正しい」敬語の使用を意識的に考え覚えさせられる。なぜならば、敬語を適切に使用できることが社会人の資格であり、対人関係、会社のイメージが極度に大切な「美の労働」の基本であるからである。ミドリの研修では、講師 IS が敬語使用に自信のある人はいるかと研修生たちに聞くが、80 人の研修生の中で、たった 2 人しか自信があると答えた者はいなかった。二重敬語を使う習慣や尊敬語、謙譲語を丁寧語で代用する習慣を改め、今まで漠然と使ってきた敬語（尊敬語、謙譲語）を意識して、適切に使えるようになることが「美の労働者」になるために新入社員に課された課題なのだ。

4.3 新入社員と行為主体 (エージェンシー)

　以上の記述は、新入社員にとって社会人としてのアイデンティティー獲得は容易なことではないことを示唆している。新入社員は会社の新入社員研修で教えられるままに全てを受動的に受け入れるのであろうか、それとも自分の意志で選択しているのであろうか。最近の言語社会化の研究、特に第二言語の言語社会化の研究では行為主体（エージェンシー）ということが議論されて

いる。つまり、ノヴィスも行為主体であり、自分で新しい文化言語規範への社会化を受け入れるか受け入れないか選択することができる（Duff 2012; Fogle 2012; Muramatsu 2018; Ochs and Schieffelin 2012）。Duff（2012: 413）は行為主体（エージェンシー）について、次のように述べている。

社会的状況が選択肢を狭めることはあるが、学習者はただ単に受動的またはその場に居合わせた参加者というだけではなく、インフォームドな選択もでき、影響を与えることもでき、抵抗することもでき（沈黙したり、クラスをやめたり）、または教えに従うこともできる。

　日本の会社の新入社員も一見受動的に研修の内容を受け入れているように見えるが、詳細に観察してみると、彼らは研修の受動的な参加者にとどまらず、行為主体として講師の枠組み（Tannen 1993）を受け入れないこともあれば、自己の見解を主張したりすることもある。例えば、フジでは、社会人というアイデンティティーの獲得を促すため、意識向上（consciousness raising）アクティビティーを行ったり、自己反省（self-reflection）を取り入れたりしている。しかしながら、このようなアクティビティーの枠組みがかならずしも新入社員の枠組みと一致するとはかぎらないし、新入社員の同意を得ることができるとはかぎらない。例（10）では、講師 HT は意識向上アクティビティーをしているのだが、新入社員はこのアクティビティーの枠組みに気づこうとしない。

例（10）フジ　（講師 HT、新入社員 WA、SA、KA、NS）

1	HT:	で学生と社会人の大きな違いはなんでしょうか。(0.3)
2		お金に関して
3	NS:	お金に関して
4	WA:	(.) お金がもらえる ((笑))
5	HT:	((プリントを配布する))
6	KA:	お金を (.) (　　) 稼ぎに行く
7	HT:	はい
8	WA:	[((笑))
9	SA:	[((笑))

10	HT:	SAさん
11	SA:	(.) んーと
12	HT:	なんでもいいです　(0.3)
13		学校に行くか会社に行くかでもいいです
14	WA:	[((笑))]
15	SA:	[((笑))]
16	KA:	[((笑))]
17	NS:	[((笑))]
18	SA:	お金に関してですか？
19	HT:	はい　あそっか　お金に関してで縛ったんだ
20	WA:	[((笑))]
21	SA:	[((笑))]
22	KA:	[((笑))]
23	NS:	[((笑))]

　ライン1でHTは社会人と学生の違いについて質問をするが、誰もすぐには答えない。HTは質問を狭めてお金に関してどのような違いがあるのか聞く。ライン3でNSはお金に関しての質問なのか確認をする。ライン4のWAの笑いながらの答えはあまりにも易しい質問にたいするWAの少し嘲笑的な態度、同時に、自分の答えがあまりにも当たり前すぎることへの自嘲的態度を表している。KAはWAの答えを言い直すが、WAとSAは笑いでこの答えも自明であることを表現する。ライン10で、HTはSAを当てるが、SAは「んーと」といってから0.3秒の間をおく。ライン12, 13では、HTはSAが答えられないのだとみて、助け船を出し、答えの例を提供する。そのすぐ後に4人の新入社員が一斉に笑い、HTの答えが自明だという態度を再度表明している。ライン12のHTの「なんでもいいです」という発言はライン2のお金に関してと矛盾しているので、SAは聞き返す。ライン19でHTはお金に関しての質問であったことを思い出す。新入社員4人はHTの忘れっぽさを笑う。HTが最初の質問をすぐ直後に正確に思い出せないということはこの質問の目的が新入社員が本当に社会人と学生の違いを知らないのかどうか試すためではなく、社会人と学生の立場の違いについて少し意識向上をはかろうというものであることが想像できる。しかし、自明の答えを求める質

問を笑った新入社員たちは、恐らくこの質問が意識向上を目的としたアクティビティーであることが理解できなかったのであろう。笑いでこのような易しい質問に答えることに抵抗を示している。例 (10) の新入社員の抵抗は、相互行為の目的について講師の枠組みと新入社員の枠組みが違ったことに起因している。

例 (11) は、講師 IN が社会人にふさわしい服装についての講義をした直後、講師 HT はだらしない服装が不信用を指標するということを理解できたかどうか確認の質問をするが、新入社員は抵抗を示す。

例(11)フジ　　（講師 IN、HT、新入社員 WA、SA）

1	IN:	ま　学生のときは許されると思うんだけど　社会人になってからはなかなか
2		そのちょっと話したと思うんですけど
3		いろんな世代に好かれる格好　髪型とかも含めてあの意識してもらえたらなと
4	HT:	はい (.) 信用されない (.) っていうのは
5		服装がすごいだらしない人信用しますか？しませんか？ (.)
6		あんまり意識してない？ (0.3)
7	WA:	°あんまり信用しない (.) 　はい° (0.4)
8	SA:	°意識してないです° (.)
9	HT:	自分は社会人になってから (.) 気になるようになりまして

　HT の服装がだらしない人を信用するかという質問にライン 7 で新入社員WA は、0.3 秒のポーズをおいて小さな声で信用しないと答える。一方ライン8 で SA は 0.4 秒の間をおいてそのようなことは意識していないと小声で答える。質問にポーズを置いて答えたり、小声で答えたりするという行為は非選好の答え（dispreferred response, Pomerantz 1984）である。それに対し、講師 HT は、自分も社会人になってからだらしない服装は信用されないことが分かった旨述べる。これは、SA の立場を無下に否定することはしていない一方、社会人ならそのようなことが理解できるべきだという警告にもなっている。

　例 (10)、(11) に見られるように、ノヴィスである新入社員は行為主体を示すことが出来たり、またエキスパートである研修の講師の言うことを全て受動的に受け入れていたりするわけではない。

5. まとめ

　本章では、新入社員研修における社会人への明示的言語社会化のプロセス、そのプロセスを支えるイデオロギーをいくつかの事例で検討した。まず、新入社員研修における顕著なイデオロギーは社会人は学生の資質にさらなる磨きをかけたものではなく、学生と社会人というアイデンティティーは繋がっていないということである。この非連続性のために、新入社員は何も知らない人というアイデンティティーを構築される。研修では、学生と社会人を比較して、学生の習慣、態度、言葉遣い等はネガティブなものとみなされる。社会人への言語社会化の過程は、このネガティブな学生の習慣、態度、言葉遣い等を捨て、白紙にしたところに新しい社会人としての習慣、態度、言葉遣いを獲得するように促される。電話に出るというような、今まで普通にできたことも出来ないと判断され、社会人にふさわしい態度、言葉遣い等こと細かく指導される。特に、敬語は「美の労働」の顕著な言語資源であるので、敬語が適切に使えるよう求められる。今まで、敬語を丁寧語で置き換えたり、二重敬語を使ったりしてきた新入社員にとって、初めて、意識的にどのような形の敬語がより丁寧とされているか等を学ぶ機会になる。お辞儀の角度、適切な敬語使用、電話の受け方、名刺の渡し方等をこと細かに指導される新入社員に行為主体はあるのかという疑問が起こる。少なくとも、新入社員はただ指示された行為をそのまま遂行しているだけではなく、自分の考えを何かの形で表明している。それが、笑いというような動作であっても、新入社員自身の態度を表明し、抵抗する姿勢が見られた。

　以上述べたように、日本企業の新入社員研修における際立った特徴は、学生と社会人のアイデンティティーの非連続性と「美の労働」が顧客サービスの目的だけでなく、社会人のアイデンティティーの一部であることだ。近年、日本でも外国人労働者を受け入れる企業が増えているが、日本企業に特徴的な明示的言語社会化を目的とした新入社員研修は、外国人労働者にどのように受け止められるのであろうか等、様々な疑問が投げかけられる。これらの疑問は、今後の研究課題である。

注

1──── 本研究は、科研費（課題番号 24652088、研究代表者：村田和代）による。

2──── フジのデータは Cook(2018) でも使用した。

3──── この例では、社会人と対比する対象をはっきり学生と明示はしていないが、新入社員研修というコンテクストでは、社会人と対比する対象は学生と解釈するのが妥当であろう。

4──── ここでいう「敬語」は特に尊敬語、謙譲語である。例文の中で、講師が「敬語」という場合、敬語は尊敬語、謙譲語のみを指す。

参考文献

Bachnik, Jane, and Charles Quinn (eds.) (1994) *Situated Meaning: Inside and Outside in Japanese Self, Society, and Language.* NJ: Princeton University Press.

Blum-Kulka, Shoshana (2017) *Language socialization* and family dinnertime discourse. In Patricia. A. Duff and Stephen May (eds.) *Language Socialization*, pp.65–78. New York: Springer.

Bousfield, Derek (2008) Impoliteness in the struggle for power. In Derek Bousfield, and Miriam A. Locker (eds.) *Impoliteness in Language*, pp.127–153. De Gruytar, ProQuest Ebook Central.

Burdelski, Matthew (2012) Language socialization and politeness routines. In Alessandro Duranti, Elinor Ochs, and Bambi B. Schieffelin (eds.) *The Handbook of Language Socialization*, pp.275–295. Malden, MA: Blackwell.

Burdelski, Matthew (2013) Socializing children to honorifics in Japanese: Identity and stance in interaction. *Multilingua* 32 (2): pp.247–273.

Callaghan, George, and Paul Thompson (2002) We recruit attitude: The selection and shaping of routine call center labour. *Journal of Management Studies* 39 (2): pp.233–254.

Cameron, Deborah (2000) Styling the worker: Gender and the commodification of language in the globalized service economy. *Journal of Sociolinguistics* 4 (3): pp.323–347.

Cook, Haruko M. (2018) Socialization to acting, feeling, and thinking as *shakaijin*: New employee orientations in a Japanese company. In Haruko M. Cook and Janet S. Shibamoto-Smith (eds.) *Japanese at Work: Politeness, Power, and Personae in Japanese Workplace Discourse*, pp.37–64. Cham, Switzerland: Palgrave Macmillan.

Culpeper, Jonathan (1996) Towards an anatomy of impoliteness. *Journal of Pragmatics* 25: pp.349–367.

Duff, Patricia, Ping Wong, and Margaret Early (2000) Learning language for work and life: The linguistic socialization of immigrant Canadians seeking çareers in healthcare. *The Canadian Modern Language Review* 57 (1): pp.9–57.

Duff, Patricia A. (2012) Identity, agency, and second language acquisition. In Suan. M. Gass, and Alison Mackey (eds.) *The Routledge Handbook of Second Language Acquisition*. London: Routledge.

Dunn, Cynthia (2011) Formal forms or verbal strategy? Politeness theory and Japanese business etiquette training. *Journal of Pragmatics* 43: pp.3643–3654.

Dunn, Cynthia (2013) Speaking politely, kindly, and beautifully: Ideologies of politeness in Japanese etiquette training. *Multilingua* 23 (2): pp.225–245.

Dunn, Cynthia (2018) Bowing correctly: Aesthetic labor and expert knowledge in Japanese business etiquette training. In Haruko M. Cook, and Janet S. Shibamoto-Smith (eds.) *Japanese at Work: Politeness, Power, and Personae in Japanese Workplace Discourse*, pp.15–36. Cham, Switzerland: Palgrave Macmillan.

Duranti, Alessandro, Elinor Ochs, and Bambi B. Schieffelin (eds.) (2012) *The Handbook of Language Socialization*. Malden, MA: Blackwell.

Fairclough, Norman (1996) Technologisation of Discourse. In Carmen Rosa Caldas-Coulthard and Malcolm Coulthard (eds.) *Texts and Practices: Readings in Critical Discourse Analysis*, pp.71–83. New York: Routledge.

Fogle, Wright (2012) *Second Language Socialization and Learner Agency*. Clevedon: Multilingual Matters.

Giddens, Anthony (1991) *Modernity and Self-identity: Self and Society in the Late Modern Age*. CA Stanford University Press.

Goldstein, Tara (1997) *Two Languages at Work: Bilingual life on the Production Floor*. Berlin: Mouton de Gruyter.

Hobbs, Pamela (2004) The Role of progress notes in the professional socialization of medical residents. *Journal of Pragmatics* 36: pp.1579–1607.

Jacobs-Huey, Louise (2003) Ladies are seen, not heard: Language socialization in a southern, African American cosmetology school. *Anthropology and Education Quarterly* 34 (3): pp.277–299.

Jacobs-Huey, Louise (2006) *From the Kitchen to the Parlor: Language and African American Women's Hair Care*. Oxford: Oxford University Press.

Li, Duanduan (2000) The pragmatics of making requests in the L2 workplace: A case study of language socialization. *The Canadian Modern Language Review* 57 (1): pp.58–87.

Matsunaga, Louella (2000) *The Changing Face of Japanese Retail: Working in a Chain Store*. London: Routledge.

Mertz, Elizabeth (2007) *The Language of Law: Learning to Think like a Lawyer*. Oxford, UK: Oxford University Press.

Miller, Laura (2013) Elevator girls moving in and out of the box. In Alisa Freedman, Laura Miller and Christine R. Yano (eds.) *Modern Girls on the Go: Gender, Mobility, and Labor in Japan*, pp.41–67. CA: Stanford University Press.

Mullany, Louise (2007) *Gendered Discourse in the Professional Workplace*. Hampshire, UK: Palgrave Macmillan.

Muramatsu, Chie (2018) *Portraits of Second Language Learners: An L2 Learner Agency Perspective*.

Bristol: Multilingual Matters.

Ochs, Elinor (1988) *Culture and Language Development: Language Acquisition and Language Socialization in a Samoan Village.* Cambridge: Cambridge University Press.

Ochs, Elinor, Clotilde Pontecorvo, and Alessandra Fasulo (1996) Socializing taste. *Ethnos* 61(1/2): pp.7–46.

Otis, Eileen M. (2007) Virtual personalism in Beijing: learning deference and femininity at a global luxury hotel. In Ching K. Lee (ed.) *Working in China: Ethnographies of Labor and Workplace Transformation*, pp.101–123. London: Routledge.

Pettinger, Lynne (2004) Brand culture and branded workers: Service work and aesthetic labour in fashion retail. *Consumption, Markets and Culture* 7 (2): pp.165–184.

Pomerantz, Anita (1984) Agreeing and disagreeing with assessments: Some features of preferred/dispreferred turn shapes. In J. Maxwell Atkinson, and John Heritage (eds.) *Structures of Social Action: Studies in Conversation Analysis*, pp.57–101. Cambridge: Cambridge University Press.

Pomerantz, Anita (1986) Extreme case formulations: A way of legitimizing claims. *Human Studies* 9: pp.219–230.

Roberts, Celia (2010) Language socialization in the workplace. *Annual Review of Applied Linguistics* 30: pp.211–227.

Sarangi, Srikant, and Celia Roberts (2002) Discoursal (mis) alignments in professional gatekeeping encounters. In Claire Kramsch (ed.) *Language Acquisition and Language Socialization: Ecological Perspectives*, pp.197–127. New York: Continuum.

Schieffelin, Bambi B., and Elinor Ochs (eds.) (1986) *Language Socialization across Cultures.* Cambridge: Cambridge University Press.

Suzuki, Ryoko (1999) Language socialization through morphology: The affective suffix–CHAU in Japanese. *Journal of Pragmatics* 31: pp.1423–1441.

Tannen, Deborah (ed.) (1993) *Framing in Discourse.* Oxford: Oxford University Press.

Warhurst, Chris, and Dennis Nickson (2009) Who's got the look? Emotional, aesthetic and sexualized labour in interactive services. *Gender Work and Organization* 16 (3): pp.385–404.

Warhurst, Chris, Dennis Nickson, Anne Witz, and Anne Marie Cullen (2000) Aesthetic labour in interactive service work: Some case study evidence from the 'New' Glasgow. *Service Industries Journal* 20 (3): pp.1–18.

Witz, Anne, Chris Warhurst, and Dennis Nickson (2003) The Labour of aesthetics and the aesthetics of organization. *Organization* 10 (1): pp.33–54.

第 **10** 章

国内企業と
外国人留学生の採用：

就職のための「キャリア教育」に見える言語社会化

池田佳子

要旨

　本研究では、昨今注目される外国人材の国内雇用につながる、外国人留学生のための「キャリア教育」の実践を対象に、留学生というノヴィスに対しどのような言語社会化の現象が展開しているのかを考察した。従来のキャリア教育では、既存の日本企業文化概念・価値観や商習慣を学びそのコミュニティに適応することを志向する流れが主流であったが、国内の社会の多様化、そして企業の国際化の進展が少しずつ進む中、多様なキャリア教育の場が設けられるようになってきた。本稿では、教室内学習の場と、アクティヴなディスカッションをもとめるフォーカス・グループの場といった 2 つの異なるコミュニケーション形態をとるキャリア教育シーンに焦点を当て、その中で展開する異なる言語社会化のプロセスについて考察を行った。

1. はじめに：日本国内の外国人留学生の
就職にかかわる現状

　本稿は、日本国内企業に就職しようとする外国人留学生、つまり「社会人

の卵」と、国内で外国人材を採用しようと尽力する日本企業の接触がテーマである。日本社会は、今までに遭遇しなかった労働人口不足の事態に直面している。少子化、高齢化、地方の過疎化の超先進国となった日本。経済の低迷期は過ぎ、むしろ産業界の生産性を上げて世界と競う必要がますます高まる中で、肝心の労務の担い手がいない。この担い手をかき集めようと AI（人工知能）を駆使した作業工程の無人化や結婚・出産で退職してしまう女性層が、そうならず社会でフルに活動し、経済・産業の発展に貢献できるように女性の活躍を推進するといった、多様な既存の人材の活用施策に国を挙げて取り組み始めている。この動きの中で、来日して語学を学び、日本文化と社会に順応している国内の外国人留学生は、企業にとっても魅力のある人材層となる。

　留学生を受け入れる高等教育機関にとっても、卒業後の留学生の「出口保証」のルートが築かれることは、喜ばしいことである。2020 年までに、「30万人の受入れ達成」は見えてきている中、今度は「ポスト留学生 30 万人計画」を見据えた留学生施策について、昨年度から国内では様々な議論が交わされている。その中で、留学生の 9 割以上がアジア出身であることや、高等教育機関が受け入れる留学生数の伸びは、日本語学校等で受け入れている留学生層の伸びの著しさに比べて芳しいとは言えないことなど、多様な課題の認識も高まっている。大学などの教育機関のさらなる国際化、受入れ環境の整備などを進めるとともに留学生を獲得し、近隣諸国に負けない「主要受入れ国」としての位置づけを確立することが求められている。その背景の 1 つとして、高度外国人材としての卒業後の就職・定着への期待の高まりがあげられる。

　2016 年 6 月に発行された「日本再興戦略 [1]」において、留学生の日本国内の就職率を現状 3 割から 5 割に向上させることを目指しているが、実際は平成 29 年度私費外国人留学生生活実態調査によると、2019 年の現在でも 4 割弱にとどまっている（2018 年卒の外国人留学生は 24,636 人で、国内に就職した者はその内の 8,623 人である）。そんな中、2019 年 5 月 30 日に、留学生の就職にかかわる支援策が国家施策として盛り込まれたばかりでもあり [2]、ますます外国人留学生の就職促進は追い風が吹いている。この流れの中で、昨今特に着目さ

れ始めたのが、外国人留学生に「特化した」就職支援とキャリア教育である。筆者も、2015 年来、留学生の就職促進のための事業の推進代表者を務めている（文部科学省委託事業「留学生の住環境・就職支援事業」2015–2019、「留学生の就職促進プログラム」2017–2021[3]）。

2. 社会言語化の観点でみたキャリア教育

　本稿では、この留学生のために提供する「キャリア教育」の実践において展開する多様な活動を考察の対象とする。特に、実際に採用を考えている国内企業の人事担当などの企業人と就職を希望している外国人留学生がグループワークなどを通してコミュニケーションをとる「フォーカス・グループ」に焦点をあてる。本稿では、言語社会化理論の中でも、接触する文化やコミュニティ間の言語社会化のプロセスは「双方向性」を伴うという点が重要な示唆となっている。国内の日本企業への就職がいわば「ゴール」となるキャリア教育では、一般的にノヴィス（新参者）として位置づけされるのは外国人留学生側であり、その新参者が社会化されて適応すべきはエキスパート（熟練者）である日本企業とその文化・社会であると理解できる。座学のキャリア教育研修などの多くは、この例から外れることは稀である。しかし、本稿で取り扱うような、双方が「（外国）人材の最大限の活躍」をテーマに議論するような場においては、この一方向になりがちな現象が、Ochs（2002）が指摘するような双方向への影響へと転じることがある。この双方向性が醸成する上で、フォーカス・グループに参加している企業人、外国人留学生、そしてファシリテーターのやり取りの中に観察できる「言語の指標性」がその社会的再構築のリソースとなっている。この現象を、詳しく考察していきたい。

2.1 キャリア教育

　「キャリア教育」は、カリキュラムに何を含み、従来の専攻カリキュラムとどう異なるのだろうか。一般的には、大別して 2 つの観点があると定義されている。1 つ目は、「一人一人の社会的・職業的自立に向け、<u>必要な基盤となる能力や態度を育成する</u>」という汎用的能力養成の観点である。2 つ目は、

「一定又は特定の職業に従事するために必要な知識、技能、能力や態度を育てる教育」といった、職業教育の観点である。この定義は、日本人学生を主に対象と見据えて形作られているものだが、外国人留学生のキャリア教育にもこの概念を当てはめることができる。

　留学生のキャリア教育の場合、1つ目の観点に、「日本で働く」ことへの意識と自覚や態度の育成といった要素が加わってくる。2つ目の観点は、専門的な知識や技能の習得がその目的であるため、それぞれが望むキャリアごとに異なる内容となる。この2つ目の観点の必要性は、留学生も日本人学生もなんら変わることはないだろう。汎用的技能といわれる、コミュニケーション・スキル、数量的スキル、情報リテラシー、論理的思考力、問題解決力などは、1つ目の観点の範疇である。これらの能力も、外国人留学生にとっても、もちろんこれらの能力は不可欠要素となる。

　留学生に特化したキャリア教育で着目されるのは、1つ目の観点としての汎用的能力を発揮する際に、意思疎通の基盤となる「日本語能力の育成」である。表1は、METI（経済産業省）が行った企業への調査結果であるが、企業規模、文系理系にかかわらず、外国人材にまず期待されているのは「日本語能力」と「コミュニケーション能力」であることがわかる。

表1 外国人留学生に期待する能力（製造業 vs. 非製造業）

Skill/Trait (%)	Manufacturing industry (%)	Nonmanufacturing industry (%)
Japanese language skills	64.8	75.7
Communication skills	55.2	65.4
Vitality	41.9	33.6
Enthusiasm	28.6	29.0
Specialization	26.7	22.4
English language skills	19.0	11.2
Imagination	14.3	14.0
Leadership	9.5	7.5
Where the applicant attended university	4.8	3.7
University academic record	1.9	1.9

（DISCO社「外国人留学生／高度外国人材の採用に関する調査」(2021)から筆者が一部修正）

　この状況を踏まえて、外国人留学生のためのキャリア教育として、日々具

体的にどのようなことが行われているのか、そしてその中で展開する言語社会化の現象がどのようなものであるのかという問いに答える形で、本稿では一考察を投じてみたい。

2.2 留学生のために行う座学型「キャリア教育」科目

　国内で行う外国人留学生のためのキャリア教育は、多くの場合、日本語で、そして講義形式の「座学」で行われる。多様な国々・多種多様な母語を持つ留学生が分母であること、また、国内就職を考える高等教育機関に所属する外国人留学生層の日本語レベルは、全国的な調査によると日本語能力試験 N2 以上が約 8 割といわれている（DISCO 社調べ 2016）ことからも、授業の使用言語が日本語となることは自然な選択となる。いわゆる「座学」として提供される各科目授業（「日本事情」や「キャリアデザイン」といった科目）では、日本の企業文化や就職活動、日本社会で一般的常識として理解されている社会秩序や規範といった内容がテーマとなる。外国人留学生に限定してキャリア教育科目を設置する大学は、国内で近年増えつつある。表 2 は、筆者の所属大学の事例であるが、全学対象の日本人学生対象に行うキャリア教育と別設定で科目を開講している。

表2 留学生のためのキャリアデザイン科目の事例

科目	履修年次	目的
キャリアデザイン科目 1 （日本企業を知る）	2 年次	「日本の産業・企業の仕組み」の理解
キャリアデザイン科目 2 （日本の就職活動を理解する）	2 年次	日本特有とされる「採用選考」「就職活動」の流れと、school-to-work transition（学校から職場への移行）に関する理解と研修
キャリアデザイン科目 3 （自己理解と人材需要理解）	3 年次	実質的な就活に必須となる「自己分析」や「高度外国人材」の日本社会での位置づけに対する理解

（関西大学国際部2021年シラバスより）

　学部生後半の 3 年次ごろに展開する「インターンシップ活動」も、キャリア教育の一環である。大学機関が企業とのマッチングを提供し、活動終了までの一連の支援を行う。企業現場で活動する前のインターンシップ事前研修や、研修中や後の面談なども、キャリア教育の座学の一部である。

「キャリア教育」の現象で社会学の概念に、「組織社会化（organizational socialization）」というものがある。組織社会化とは、組織の外にいる新参者が、組織に入り、その一員となる過程を意味する（Van Maanen and Schein 1979）。組織社会化は、ある組織の一員となるために、一定の知識、態度、行動、役割、技能、規範、価値、文化などを学習し、獲得することで組織へ適応していく過程だと定義されている。この概念は、留学生教育の分野においても、徐々に応用され始めてきている。特に、元留学生が国内企業に就職し、その企業組織に順応していくプロセスを定性的に分析する際に、この概念が応用できる。

今1つ、国内就職を視野にいれたキャリア教育の過程に密接に関係してくるのが「anticipatory socialization（予期的社会化）」という概念である。予期的社会化は、組織参入前の段階での社会化プロセスであり、組織社会化の第1段階として位置づけられる。組織社会化プロセスにおいて、技能面や文化面における事前のシミュレーションを提供することで、組織参入時の「リアリティ・ショック」を抑制し、組織適合の段階を促進するのが、「予期的社会化」である。

留学生のキャリア教育を、この2つの概念を当てはめて考えてみた場合、大学などの高等教育機関でいわば「座学」として行うキャリア教育は、「予期的社会化」を担うものであり、インターンシップやフォーカス・グループなどの正課外で行うキャリア教育活動は、「組織社会化」のエントリーレベルのものと位置づけることができる（竹内・竹内 2009）。

多様なキャリア教育実践があるが、それぞれの活動の中で、そこにいる参与者が、それぞれの立場からどのような発言をし、その発言がどのように他者によって受け止められ対話・活動が進行していくのか精査すると、「キャリア教育」の座学をとおして、教育の提供者が「外国人留学生に理解させよう」「会得させよう」としているものは一体なんなのかが明らかになってくる。外国人留学生に対して学ばせたい「暗黙知」が、担当講師の言動の中に多く潜んでいる。詳細な談話の考察を言語社会化の理論に基づいて考察することで、その暗黙知を可視化することができるだろう。本稿の主軸となるのは、上記のような座学型のキャリア教育の科目の中での言語社会化の実践で

はなく、次章以降で解説する、企業人を招いたフォーカス・グループや勉強会といった、教室ではない状況における、より非公式かつ相互行為的なキャリア教育の活動である（図1参照）。しかし、後者を取り扱う前に、国内のキャリア教育としてはより一般的な形式の教育実践についても、しっかりと把握しておくべきだろう。

図1 フォーカス・グループ形式のキャリア教育

　本稿では、キャリアデザイン科目のような、「座学による教育」が引き出す言語社会化の現象と、後者の、非公式かつ実際の産業界の企業人たちとのフォーカス・グループ形式のコミュニケーションの中で展開する言語社会化の現象を比較する。この比較検証の中で、「外国人留学生のためのキャリア教育」は、かならずしも単純な見取り図の教育ではないことを実証する。エキスパートである座学講義の担当者が、ノヴィスの立場である外国人留学生に、日本企業文化や慣習・価値観を一方的に提供し、それを留学生が習得するといった理解だけでは到底完結しないのが、近年の日本社会である。国内企業のグローバル化の兆しを示唆するような、個々の企業人の意識変化などが垣間見える、複雑なダイナミズムが、現在の日本社会の新しい変化である。キャリア教育は、こういった変化を指標する社会的活動であることを企業人の実際の語りから感じ取ることができる。

　まず、キャリアデザイン科目の授業の一部（断片1）の考察を行う。断片1は、講師が「国内企業の人事担当者が、採用選考において重視する点」を示

している。あるアンケート調査結果を学生と共有し、履修生である外国人留
学生にコミュニケーション能力の重要性、その他に期待されるコンピテンス
がどのようなものかを解説する。ここでは、担当講師が就職面接についての
研修を提供している。

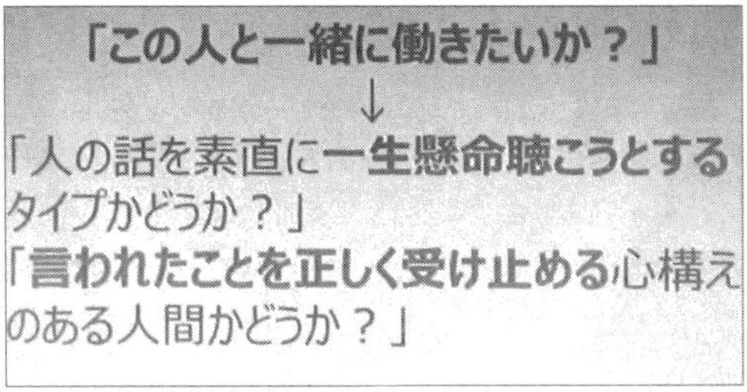

「この人と一緒に働きたいか？」
↓
「人の話を素直に一生懸命聴こうとする
タイプかどうか？」
「言われたことを正しく受け止める心構え
のある人間かどうか？」

図2 キャリア教育科目の授業のスライド

断片1　キャリア教育科目の講義

01	T:	え：皆さんが気を付けてもらいたいのは , <採用面接です .>
02		(1.2) ↑面接って：もうその時しかチャンスないでしょ .
03		(0.5) その時に , 第一印象悪くて (.) もう不合格に
04		なったら , .hh 次のチャンスはないんですね . (1.0) .hhh
05		ですから , >あの別に <友達とかクラスメートだったら ,
06		あ：第一印象悪かったけど：ね！
07		三週目四週目ぐらいになって .hh な - なんかいい人じゃない
08		か °とか° そこから親友になったりとか？
09		時間をかけてだんだん：ってのはもちろんあるんだけれど
10		も . みなさんが気を付けないといけないのは ,
11		結局日本で就職 (.) を考えた場合に , とくに面接ですよね .
12		うん . その時！一番最初の数秒？ (1.0)
13		で決まるともいわれています . (0.5) だから：
14		この人と一緒に働きたいか , っていう印象を：
15		いまからどんどん：よくしていく必要があるってこと
16		だね：, (2.0) はい＝で一緒に働きたいかってところを：
17		>特に< 日本の企業は！どういう風に
18		考えるかなんですけれ [ども：,

19	[((PPT スライドを変える))
20	.hhh（.）↑人の話をね，素直に一生懸命聞こうとするタイプか
21	どうか：.これ結構大切です。（0.5）
22	あと：，言われたことを正しく受け止める心構え
23	のある人間かどうか.［(7.0)
24	［((学生がノートを取っている))
25	もちろんね，自分のことをアピールできるような：＞こう＜
26	発信力のある人間？発信力っていうものも：，＞あの＜必要な
27	んですけれども：お：それ以上に！
28	日本人って：その文化の中で，あのあまり主張しないと
29	か：，傾聴：ね，＞あの＜人のことを聞く力っていうのは
30	前回から-あの社会人きーき s-基礎力で？あの
31	やってますけれども：↑そういうところを重視：するんです
32	よね！（2.0）.hh

　この事例では、Tは最初の数秒に与える印象が、日本の就職面接では大きな決定要素となることを伝える（11 行目）。その後、17 行目から、「特に日本の企業は」と切り出す。ここでスライドを図2に切り替え、「人の話を素直に一生懸命聞こうとする」という印象が大事だと述べる。21 行目でも「これ結構大切です」と明示的に履修している留学生たちに強調する。「素直」「一生懸命」といった特性を指標するキーワードを重ね、さらに 22 行目において「言われたことを正しく受け止める」人間であることが大事だと加える。

　この特性に対して、Tは 26 行目で「発信力のある人間」という特性のカテゴリーを取り上げる。Sacks（1974）やエスノメソドロジーにおけるメンバーシップ・カテゴリー分析（MCA）を応用すると、「他者の意見を受け入れる人間」と、「自分をアピールする発信力のある人間」を対照化してここで比較している。この対照化に続いて、28–31 行目で「日本人って：」と切り出し、29 行目のように「人のことを聞く力っていうのは」「そういうところを重視する」と続けている。つまり、対照化したうちの前者が、より日本において社会人としてより望まれる特性であるとして、座学の講義というコミュニケーションを通して留学生に提示している。

キャリア教育科目のこの事例にみられるように、講義型で展開する研修の場合、断片１のように講師の提供する「日本企業とは」「日本人はこう考える」といったカテゴリー化が、一方向的に行われる傾向がある。履修学生は講義の聴衆であり、指標されたカテゴリーに対し言語的反応を提示する発話権限を得ることが困難な状況にある。Ｔが提示した二極の特性のカテゴリー以外の可能性は、この一方向化した談話の形成の中では提供されずじまいとなってしまう。したがって、座学型のキャリア教育では、その中で展開する言語コミュニケーションを通して、社風や社内の慣習に合わせることが、日本における就職面接において成功につながるのだというメッセージが伝わり、そして婉曲的に日本企業で働く上で、留学生たちが習得すべき個々の特性なのだという、社会的意味の指標のリンク付けが形成されることになる。

2.3 座学を越えた「キャリア教育」：社会的意義を再形成する「フォーカス・グループ」

　前節で紹介した座学型の教育活動は、一般的なキャリア教育の実践で最も主流な手法であるが、本章では、これとは異なる、新たなキャリア教育の実践を活用し、外国人留学生および参加する企業人に座学ではアクセスできない学びと体験を提供しようとする活動についても分析を行う。キャンパスに招待し、企業人と留学生の勉強会（「フォーカス・グループ」）や課題解決型プロジェクトを行うなど、いわゆる座学に終わらない「キャリア教育」をとりあげる。これらのそれぞれの活動において展開する言語（日本語）コミュニケーションが、その活動の社会的意義を新たに創生する様子がうかがえる。前節で扱った談話の中で指標されるような、日本企業の志向になじむ特性といった社会的意味は、以下で取り扱うフォーカス・グループにおいては前出されてこない。その代わり、新しい「社会的活動の意義の再形成」が、実際の企業人が参加し、相互に交流がなされる実践活動では展開していることがわかる。以下、実際の談話場面からその過程を考察していく。

　フォーカス・グループは、筆者の関与する留学生の就職促進プログラムの活動の１つで、企業人と外国人留学生の接点をより増やすことを目的にスタートした。原則毎月開催しており、参加企業は毎回上限を 20 名、できるだ

け新しい参加企業を優先的に誘致し、毎回テーマを焦点化して実施している。本稿で取り上げる事例は、2019年の5月に実施したフォーカス・グループである。この回では、ミーティングの冒頭において外国人材を企業内で活用している中堅企業およびスタートアップ企業の事例紹介が行われた。その後、参加している企業と、国内就職を希望している留学生からなる5名程度の小グループにわかれた。グループワークとしては、まず、参加している留学生のプロフィールを聞き込み、どのような人間なのかを理解する。そして、企業人サイドからその留学生をインターンシップ生として受け入れるとしたら、どのような活動をしてもらうかを判断し、それを会場で共有してもらう、という活動を行った。次節以降、このフォーカス・グループで展開する会話を考察し、参加者の言語行動から指標され、またその場の参加者間で再定義される「日本での就職」「国内企業の理解」などの社会的概念について考察を行う。

2.4 「外国人材」を活かす：国内企業内での外国人雇用の位置づけ

　断片2は、15分の各テーブルでのディスカッションの後、ファシリテーターが、会場のテーブル（3名の企業人と1名の留学生で構成）毎にマイクを渡し、どのような話し合いがなされたのかを会場に共有してもらえるように依頼した場面である。この断片は、ある広告業の企業においてプロダクト開発部署のリーダーを務める男性社員（M1）と、それを聞き取るMC（司会）のやり取りとなっている。このやり取りは、会場にいる合計6名の外国人留学生と、20名程度の企業人を聴衆として展開した。図3が、フォーカス・グループで共有する場面のイメージである。MCは、会場全体に対して立ったまま、各テーブルからの発言を受けている。断片2のM1のように、テーブルからの発言は、着席した状態で、マイクを握り、話者の「ディスカッショングループ」として同席しているメンバー（同僚、他企業の社員、そして外国人留学生）らが見守る中行われる。

断片2　ディスカッションの結果報告①

01　　**M1:**　　　ジョンさんが今日テーブルには参加してくださったんですけれども，ま彼はコ

		ツコツと
02		日本語を勉強しだして（はい）N1 まで行って（.）独学でされた方で
03	MC:	はい
04	M1:	ま日本が好きっていうところで，ま話を聞いていると，まネオブリッジ人材ですかね
05	MC:	°はい°
06	M1:	て，企業？の中で活躍できるんじゃないかなっていうのは（.）思いました．
07		ま弊社：の場合は（.）トータルデザイン会社として海外にもいろいろ出展したりですとか
08	MC:	°はい°
09		あとインターンシップ事業とかもあるので，そういったところで彼がアドバイ
10		ザーなどで活躍できるんじゃないかっいうのは =
11	MC:	= はい
12	M1:	はい．
13	MC:	インターンだけどアドバイザー．Heha
14	M1:	he そうですね：いろいろなインターンシップをしようと思ったら，企業もそうですし（0.2）
15		学生もそうですし，双方で：>なにか<不安なところとかわからない部分とかが
16		たくさんあるので =
17	MC:	= はい
18	M1:	ここは実際やってこられた方，っていうところで今（.）現在で，
19		まアドバイザー（.）かっこ [いい
20	MC:	[かっこいいですね：よかったね：
		（（留学生の方を見ながら））
		（（ジョン：笑顔をうかべうなずく））
21	M1:	はいできるのでは，と思いました =
22	MC:	= ありがとうございます

　M1 の発話の中に、国内の企業における外国人材の社会的アイデンティティの構築が垣間見える点をいくつか観察することができる。まず、04 行目で「ネオブリッジ人材ですかね」、06 行目で「企業の中で活躍できるんじゃないか」という発言がある。「ブリッジ人材」とは、海外展開（海外法人や工場経営等）を行っている企業が、現地の人材を採用しビジネスを動かす上で、日本

図3 フォーカス・グループの共有場面

で留学経験がある人間や現地での生活が長い日本人に管理職もしくは管理職の補佐的な要員となってもらい、日本（親会社）の経営方針や指示を、異文化間コミュニケーションの問題なども克服しながら現地法人就労者へ意思疎通し会社経営に貢献するという状況を意味している。ここでM1が言及している「ネオブリッジ人材」は、国内の企業の中で、海外の現地法人同様、今後増えていくであろうミドルスキルを担う外国人材を束ね、日本人経営者らと外国人材層の架け橋になる人材のことを指している。ジョンという留学生に、日本人社員と同様の活動や役割を配当するのではなく、冒頭から「ブリッジ人材」としての異文化対応担当という特別な貢献を期待しているということである。

　M1の発言の後半にも、外国人材としてジョンを捉える視点が、いわゆる新入社員を取り込むルーティン型のそれとは大きく異なる点が観察できる。09行目で、M1はジョンに海外での（製品の）出展や、自社で行っているインターンシップ事業の「アドバイザー」として活躍してもらいたいと述べている。これを受けて、13行目で、MCは「インターンだけどアドバイザー」と、このM1のジョンの立場の抜擢が、一般的な国内のインターンシップの相場としては大変奇抜であることを強調する。この13行目を受けて、M1は、この大胆な決断の補足説明を14–16行目で返答発話として提供する。15行目では、「企業もそうですし（0.2）学生もそうですし、［…］不安なところとかわからない部分とかがたくさんあるので」と、企業がかかえる問題にたいして、ジョンのような人材が解決策（アドバイザー）として貢献できるのだという点を述べ

ている。

　M1 のジョンという外国人留学生を問題解決の貢献者とする評価は、M1 自身の 19 行目の言い換え「アドバイザー、かっこいい」と如実に表現されている。外国人材を貴重なリソースと捉えたこの社会的アイデンティティが、M1 の発言に指標されている。これをすかさず拾い上げ、MC も 20 行目で「かっこいいですね:」と M1 と同じ表現を用いて評価の合意を示す。そして、ジョンの方を見ながら「よかったね:」とジョンの肯定的な反応（笑顔とうなずき）と連動して発言する。この断片 2 では、M1 の提示した国内企業の外国人留学生を評価し、強みを生かすという社会的意義が、MC そして留学生自身によっても肯定的に受入れられ、さらには相互でその意義を再構築するという活動が展開した。

2.5　「メンバーシップ型」人事採用

　次の断片 3 においても、同じフォーカス・グループの際の断片 2 の後で、また別のテーブル（企業人 2 名、留学生 1 名で構成）で話されたことを発表してもらっている場面である。この断片 3 においても、断片 2 でも垣間見た「外国人留学生の希望を活かす仕事（インターンシップ）を優先する」という意思を表明する企業人の発話が出てくる。しかし、断片 3 では、この人材の希望を叶えるだけでは達成できない、国内企業の文化・慣習の特色でもある「人材育成」としてのキャリア教育の概念も話題に上がった。以下、ある大手のメーカー会社の人事担当者の M2 が、ディスカッションの報告を行っている場面である。

断片3　ディスカッションの結果報告②

01	M2:	私は SK 工業の M2 ですけれども、トさんと話をさせていただ
02		いて
03		トさんの希望では商社という形で、ま親御さんの:え:も会社
04		をやっているんで,その橋渡しをしたい
05	MC:	はい
06	M2:	まそういったところがあって:弊社中国とのえ:取引もありま

07		すので、
08	MC:	はい
09	M2:	そのようなところの橋渡しみたいな =
10	MC:	= うん
11	M2:	ものも！やったらおもしろいのかな、というものと！(.)
12	MC:	はい
13	M2:	まだ、経験ていうものも (.) まだないと思うんで、そこでもう方
14		向を決めてることもないのかなあと =
15	MC:	= はい =
16	M2:	= うん
17		まうちの会社もいろいろ教育システムもあるんで：いろんなと
18		ころ (.) うち工場もありますし．工場に行って (.) こんな仕事．
19		営業をやって、こんな仕事．まそういったもの、ジョブローテ
20		ーション的なものを経験した上で！
21		判断してもらうというのも (.)
22		ひとつやり方としてはあるのかなと
23		思っております =
24	MC:	= はい．とてもあの：ありがたい視点
25		(0.5) インターンならではこその =
26	M2:	= そうです =
27	MC:	= いろいろな経験をするという．=
28	M2:	= ミスマッチじゃこ [まるので
29	MC:	[そうですね．本当に：
30	M2:	今決めることもないのかな：[と
31	MC:	[おっしゃるとおりだと思います．
32	M2:	そういう風に思っています．

　M2 は、回答の冒頭でトという外国人留学生の意思を尊重し、海外（中国）との取引の経験をインターンシップで経験できる、と述べる（01–11 行目）。その一方で、13 行目からの発言にみられるように、トのような学部生の段階で、すでに固定した活動内容にのみ興味を持つのではなく、「まだ、経験ていうものもまだないと思うんで、そこでもう方向を決めてることもないのかなあと」と、見識を広げる意味で活動範囲を広げることを提案する。17–20 行

目では、M2 の所属する企業は幅広い業種を経験できることを説明し、「ジョブ・ローテーション的なものを経験した上で判断してもらうというのも 1 つのやり方としてある」と発言する。日本の企業の就職事情でよく取り上げられる特色として、国内の人事採用の手法は、仕事の職務内容に特化した「ジョブ型採用」ではなく、その企業を共に成長させ事業を行う構成員としての採用（「メンバーシップ型採用」）が主流であるとされる（経済産業省 2016）。「就社」の視点ともいわれる。例えば、IT 技術を取り扱うインフラサービスの企業に就職するとなると、例え採用された者が人文専攻であったとしても、システム・エンジニアとしての研修を受け、開発部署に一時期配置され、経験を積む。一定の時期になれば、今度は人事担当になったり、企業の財務を担うような部署などにも再配置されたりすることもある。このようにローテーションを経験し、「会社」の運営を総括的に理解する人材に「育てる」ことに主眼が置かれている。

　M2 の発言を受けて、MC は 24 行目で「とてもありがたい視点」と応対し、M2 の提案を肯定的に評価する。また、「インターンならではこその」と発話を続け、M2 と相互に肯定的な評価を提示している。留学生トの本来の希望である「商社（貿易）に関係することだけをインターンシップで経験したい」という限定的な希望に対し、ここでは、熟達者（企業人と司会）が国内の企業文化・慣習の一端としての「メンバーシップ型採用」志向をより前出した会話を会場で行うことで、新参者である外国人留学生に学びの場を提供する形となっている。

2.6　スタートアップ企業の人材活用：規範からの逸脱

　フォーカス・グループのテーブルの 1 つに、スタートアップ企業で現在成長期を迎えている人材育成企業が参加していた。この企業（CEO、COO、CTO[4] の 3 名がテーブルに参加）と外国人留学生 1 名のディスカッションの結果の報告である断片 4 では、上記断片 2 や 3 とはまた異なる、日本国内企業の一般理解では枠にはまらない「留学生活用」のアイデアが展開した。MC とのやり取りを検証すると、「一般的な企業文化」から、この企業がとらえる外国人材のとらえ方がどのように逸脱しているのか、という点が映し出されている。

断片4　ディスカッションの結果報告③

01	M3:	B&B という人材育成の会社をやっている者です。ここ 3 名そうなんですが、
02		徐さんはですね、中国の出身なんですが：
03		ご本人はずっとこう金融の
04		[勉強をしていて、°ということですね°
		[(((徐がうなずく))
05		していらっしゃって：とはいえかつ：えーと：建築がすごい好
06		きで．(.) でお話を聞いていると (.) 非常にこう：実行力という
07		か．>自分でも言ってたんですけど< CEO になりたいんではなくて >
		COO になりたい．
08	MC:	ほお．はあ：
09	M3:	すでにそういう ＝
10	MC:	＝意識が
11	M3:	はい．たかー高くて．(.) で 40 代では、人生エグジットして、その
12		後農業をして暮らしたい [と．
13	MC:	[え：：そんな考えてるの．
		((留学生に向かって))
14		すご：い
15	M3:	その前に何をしたいですかって言ったら、あの：建築の勉強と
16		建築の仕事をしながら，すごしてたいと．(.) じゃ　その前は何
17		してたいですか、って言ったら、>やっぱり<建築の勉強をし
18		たいって言ってたので：(.5)
		非常にこう：[ビジネス．ビジネスをしたい．
18	MC:	[わ (h) かりました
		((留学生を見てうなずきながら))
19	M3:	でその：知財を築いて，自分の好きなことをしたい．(.)
20		かつ、結構美学をもってらっしゃると思ったので．>なんか<そ
21		ういう未来につながるように．うちにしたら，たんに日本語学
22		習ですとか．これからグローバル人材育成としてこれからまあ
23		中国ルートを開拓していくのに，中国ブランチを
24		作るときの最初からプランニングなんかをやってもらう．
25	MC:	オフィスデザインなんかをやったりして？

26	M3:	そうですね.hehehe　たしかにそうすると建築の勉強になるかも
27		しれないですね.(1)
28		みたいなことを:お題を与えてあげて.(1) ま CEO じゃないって
29		言ってたので:お題を与えてあげて、その中のエクセキューシ
30		ョンみないなのを全部やってもらうっていうのが、
31		もしかしたら将来につながるし、勉強にも?(.)
32		なるし:[僕らも -
33	MC:	[インターンでそこまでやらせてもらえるんですか
34		(笑) すごいですね =
35	M3:	= うちなら やらせます hahahehehe
36	MC:	なかなかないチャレンジですね.正社員でも:おそらく大企業
37		なんかに就職すると、何年待ってこれが来るかなぐらいの:チ
38		ャンスかもしれないですよね.
39		それをインターン (h) シップでできちゃうなんて.
40		スタートアップならではの =
41	M3:	= はい.
42	MC:	はい.ありがとうございます.聞いててわくわくするような
43		感じがしました.ありがとうございます.

　この断片の話者 M3 の口調は、非常にテンポ良く、30 代前半の若手であり
ながら COO という立場から権限をもって発言をしていた。M3 はまず外国人
留学生徐の「実行力」を評価する。06–07 行目で、CEO ではなく、戦略を決
めて行動する COO になりたいと自身をアピールした徐の意見を共有し、「意
識が高い」(11 行目) とコメントする。また、15–18 行目においても、美学を
持っている、知財を築きたいといった徐の志向を前出し、留学生の期待に応
えるインターンシップの任務を提案する。23–24 行目では、中国出身である
徐に、中国ブランチ (支社) 立ち上げのプランニングを最初から全部 (23 行目)
任せるという提案を行う。M3 の徐の志向と特性の活用に準じ、MC も 25 行
目で「オフィスデザインなんかをやったりして?」と建築好きな徐の特性をさ
らに強調する案を M3 に投げる。M3 はこれをすかさず受け止め、26–27 行目
で「そうすると建築の勉強にもなるかもしれない」と肯定的に評価を述べる。
　こまでの一連のやり取りで、例えば、キャリア教育科目の中で強調されて

いた「自分のアピール以上に、会社に順応する特性が重要」だとする価値観とは、真逆の展開として、個性の突出した外国人留学生をポジティブにとらえた言動が展開した。これを受け、MC は 33 行目で「インターンでそこまでやらせてもらえるんですか」「すごいですね」という質問型の応答を M3 に投げかけている。この発言は、M3 の企業の姿勢が、一般的な企業の習性から逸脱していることを示唆するものでもある。この発言に、M3 はすぐさま「うちならやらせます」と、笑い声を含みつつ返答する。「うちなら」と、自社の特異性・限定性を示す表現で応じたことで、M3 の企業の習慣が必ずしも一般の日本企業のそれとは違うことが双方で再定式化されている。次の 36 行目から、MC はさらにこの特異性を前出する。「大企業なんかに就職すると」37–38 行目「何年待ってこれが来るかなぐらいのチャンスかもしれないですよね」と述べ、スタートアップ企業と大企業、一般企業の違いを会場の参加している者（外国人留学生を含む）を前にして明示化している。この「規範からの逸脱」も、外国人留学生にとっては 1 つの学びのポイントとなっているだろう。言語社会化の視点から言えば、「企業人」、つまりある文化・コミュニティの熟達者である者の間で様々な慣習の理解の再定義が、MC とのやり取りという態を取り展開する。また、この「再定式」の過程において、外国人留学生らが企業人（熟練者）と交流したその情報と経験知の存在が不可欠となっていることも、このフォーカス・グループのインタラクションを多様化・多層化しているといえるだろう。

3. 留学生のためのキャリア教育の中の言語社会化

3.1 言語社会化のプロセス

　本稿では、キャリアデザイン科目という座学の中のキャリア教育、そしてフォーカス・グループといった非公式なキャリア教育の場で、熟練者（企業人またはキャリア教育の担当講師）が展開する言語行動を焦点として考察を進めた。ここで、これらの現象を言語社会化理論に基づき再度位置づけをしておきたい。Schieffelin and Ochs（1986）は、言語社会化の過程は大きく 2 つの現象としてとらえることができると述べている。1 つは、そのコミュニティへ参入

する新参者が、当該社会や場面に応じた言語を適切に使用し行動し、一員となる過程・現象である（socialization to use language）。そして今1つは、そのコミュニティの、熟練した構成員が、言語使用を通して、社会化を実現させるプロセスである（socialization through the use of language）。本稿において考察したキャリアデザイン科目（座学のキャリア教育）では、前者の言語社会化の現象が観察できる。ここでいうノヴィス（新参者）は外国人留学生であり、科目担当講師T（エキスパート）が企業社会で通用する社会的意味を講義を通して提供しようとしている。一方で、フォーカス・グループ場面では、ファシリテーター（MC）と企業人という熟練者間の対話が、外国人留学生（ノヴィス）の立ち合う中、共有される。断片1・3では、留学生たちにMCが反応を求める場面もあり、彼らの周辺的な参加者（そして話題の当事者）のステータスは、会場の参加者らを十分意識した上で対話が進んでいることがわかる。こういった座学以外の状況で学ぶ経験は、座学で前出された社会観とは、また異なるキャリア教育として、留学生たちの大きな糧となるだろう。

3.2 相互行為の形と言語社会化プロセス

　本稿で取り上げた2つのキャリア教育場面（座学とフォーカス・グループ）は、先に考察したように、同じ留学生が国内企業で就職するためのキャリア教育でありながら、その発話の中で指標される社会的意味が異なってくる。言語社会化理論の視点からこの現象を考える上で、コミュニケーションの形式の異なりという要因は大きく関係しているといえるだろう。講義型の発話、フォーカス・グループの意見発表の場面の発話、どちらにおいても、その場における主となる話者に対し、多数の聞き手が存在し、発話権限を持つ話者は、比較的時間の制限を伴うことなく発話ができる状況にある。しかし、この2つの場面は、違いも多く存在する。

　座学場面は、教室がその空間を形作っている。教師と授業を履修する学生という社会的役割が参加者に課せられている。同時に、彼らは日本の企業社会という「コミュニティ」の「熟練者／エキスパート」「ノヴィス」という社会的な立場としてもそこにいる。この2層のアイデンティティによってTは履修学生に一方向的な「語り」を行い、履修学生である留学生たちは主体的

な「聞き手」としてこの語りを受け止めるコミュニケーションの形式となった。日本国内の大学では一般的である 90 分間を通して、主な発話は熟練者側のみで活動が行われた。外国人留学生側は、自発的な発話のタイミングは設けられておらず、教師が提示した社会的価値観や企業文化の暗黙知の定式化が聞き手によって再確認もしくは挑戦されることはなかった。

　一方、フォーカス・グループ場面では、司会と、参加した企業人との間で、発話交代が時折展開している。発言を進める側である M1（断片 2）、M2（断片 3）、M3（断片 4）のいずれも、MC の聞き手反応としての発話を要求するように、複数の TCU（Turn Construction Unit／ターン構成ユニット）によって話を進めている。この TCU を見定め、MC も最小限の相槌表現を提示するだけではなく、「オフィスデザインなんかもやったりして?」（断片 3, 25 行目）というような、話者の語りをさらに広げるような発話を行うなど、聞き手ではなくアクティブな話し相手の役割を担っている。座学のキャリア教育が、いわゆる「一方向性」の高いコミュニケーション形式だとすれば、こちらは「双方向性・多方向性」がより高いスタイルである。

　この双方向（・多方向性）の相互行為を担う話者が、どちらも「日本の企業文化」に一定精通したコミュニティのエキスパートであることが、今回のフォーカス・グループ場面を特徴付けている。

　断片 2–4 では、言語社会化プロセスとして、企業側が「外国人材（留学生）」をどう扱うかが、再定義されている。最も理想的な活かし方を前向きに検討し、変化を否まない国内企業の姿勢が、彼らのやり取りの中で描かれた。座学のキャリア教育では、外国人留学生（新参者）に、ともすれば否が応なく「日本企業はこういったものである」と示すものになってしまうのとは、非常に対照的な言語社会化の現象である。このフォーカス・グループが担った社会化は、留学生が、日本企業の文化・慣習を学び、順応して社会人になるといった伝統的な視点とは一線を画した展開となった。言語社会化理論では、指標する社会的意味は、コミュニケーションが展開するコンテクストの変化に応じて再構成されるのが常であると捉える。この 2 つの相互行為性の特徴付けが、キャリア教育としての社会的意味付けの異なりを生み出したことは、この理論に基づいた説明が可能である。

司会者やフォーカス・グループの主催者側は、企業側や学生に強制してこのような結果に導いたのではない。フォーカス・グループは、企業側が、留学生と直接接触し、個々の志向や希望を聞き取る機会となっている。冒頭で言及したように、国内の労働人口の不足問題は深刻な状況を迎えつつある。この流れの中で、外国人材の活用に着手することが近い将来のミッションであることは、ほとんどの企業が認識している。しかし、大企業やグローバルマーケットを当初から取り扱っている中堅企業以外は、外国人材の取り込み方、のノウハウを持たず、活用の仕方に悩んでいる。多くの企業が、この機会が、じっくりと外国人留学生と話すのは「初めて」であるのが、日本の大半の企業の現実である。こういった状況下であるが故に、フォーカス・グループのような機会は、「外国人材の活用」という社会化がまさに相互作用で構築され、また、国内企業の在り方も、新しい理解を求めて再定式化が流動的に繰り返されるのではないだろうか。

4. おわりに

　「文化」や「社会」は、決して静的なものではなく、動的に、発話者間で新たな価値観が化学反応を起こし、そして形成される（Scollon and Wong-Scollon 2001）。「社会的活動の再形成」は、社会構築主義の観点において重要な鍵となる概念である。言語社会化理論では、個々の対話によって個々の社会的アイデンティティや活動が、流動的、その場での生成により築かれるとされる（Ochs 1993）。そのため、それぞれの場において、参加者間の双方向からの「調整」が常に生じるものである（北出 2011）。本稿で考察した企業人と留学生の接触の現場では、この双方向からの「調整」が観察できた。こういった、動的な価値観の共創や社会化のプロセスを何度も経験することで、国内企業はその視点をよりオープンなものへと転換し、企業自体が、今後のグローバル化した社会や価値観、そして働き方に対して変化を遂げるきっかけとなっていくのではないだろうか。また、日本国内でのキャリアに関心を持つ外国人留学生も、単にすでにある型に押し込まれるのではなく、彼らの存在、彼らが提供する特性や強みが、国内企業によい変化をもたらすという貴重な役割を

期待されていることを認識すれば、また今とは異なるやりがいを感じてくれるかもしれない。すべての「変化」は、フォーカス・グループのような、国内企業と留学生の接触、そしてそこで展開する言語社会化から始まる。今後もこのダイナミックな変遷時期において、しっかりと着目していきたい現象である。

注

1　2016 年度日本再興戦略
　　https://www.kantei.go.jp/jp/singi/keizaisaisei/pdf/2016_zentaihombun.pdf
2　2019 年 5 月 30 日に、外国人留学生の就職先を拡大すべく新制度・特定活動（46 号／本邦大学卒業者）が公布決定された。新制度は、日本企業にとって外国人雇用の選択肢が拡大するとともに、次世代を担う幹部候補・後継者候補の採用戦略としても期待がかかっている。
3　SUCCESS-Osaka プログラム
　　http://www.kansai-u.ac.jp/Kokusai/SUCCESS-Osaka/
4　CEO=Chief Executive Officer / COO=Chief Operating Officer/ CTO=Chief Technology Officer

引用文献

Ochs, Elinor (1993) Constructing social identity: A language socialization perspective. *Research on Language and Social Interaction*, 26 (3): pp.287–306.

Ochs, Elinor (2002) Becoming a speaker of culture. In C. Kramsch (ed.) *Language acquisition and language socialization* (pp.99–120). London: Continuum.

北出慶子（2011）「構築主義的観点からの接触場面における相互行為プロセスの分析—接触場面の新たな分析観点と意義の提案—」『言語科学研究』pp.191–221.

Schieffelin, Bambi B., and Elinor Ochs (1986) Language socialization. *Annual Review of Anthropology* 15: pp.163–246.

Scollon, Ronald, and Suzanne W. Scollon (2001) *Intercultural communication: A discourse approach (2nd edition)*. Oxford: Blackwell.

Sacks, Harvey, Schegloff A. Emanuel, and Gail Jefferson (1974) *A simplest systematic for the organization of turn-taking in conversation. Language*, 50, pp.696–735.

竹内倫和・竹内規彦（2009）「新規参入者の組織社会化メカニズムに関する実証的検討—入社前・入社後の組織適応要因—」『日本経営学会誌』第 23 号 pp.37–49.

Van Maanen, J., and Edgar H. Schein (1979) Toward of Theory of Organizational Socialization. *Research in Organizational Behavior*, 1, pp.209–264.

横須賀柳子（2015）「元留学生外国人社員の就業の現状と課題―2014 年調査中間報告を中心に―」『留学交流』, 3 月号, pp.8–21.

索引

原著者・執筆者・訳者紹介 （＊は編者。初掲のみに印す）

序章

クック峯岸治子 （くっくみねぎしはるこ）＊
ハワイ大学マノア校東アジア言語文学科教授

Cook, Haruko M. (2021) Referential and non-referential (im)politeness: The trainer's speech in a new employee orientation in a Japanese company. *East Asian Pragmatics* 6(1): pp.109-134. https://doi.org/10.1558/eap.18239

Language socialization and stance-taking practices. In A. Duranti, E. Ochs, and B. B. Schieffelin (eds.), *The Handbook of Language Socialization*. (2012) Malden, MA: Wiley-Blackwell, pp.296–321.

高田明 （たかだあきら）＊
京都大学大学院アジア・アフリカ地域研究研究科教授
『相互行為の人類学―「心」と「文化」が出会う場所』（新曜社 2019）
『子育ての会話分析―おとなと子どもの「責任」はどう育つか』（共編 昭和堂 2016）

第1章

Elinor Ochs
カルフォルニア大学ロスアンジェルス校人類学部名誉教授
The Handbook of Language Socialization. (共編 2011) Malden, MA: Wiley-Blackwell.
Living Narrative: Creating Lives in Everyday Storytelling. (共著 2001) Cambridge, MA: Harvard University Press.

Bambi Schieffelin
ニューヨーク大学人類学部名誉教授
The theory of language socialization. In A, Duranti, E. Ochs, and B. B. Schieffelin (eds.), *The Handbook of Language Socialization.* (共著 2012) Malden, MA: Wiley-Blackwell, pp 1–21.
The Handbook of Language Socialization. (共編 2011) Malden, MA: Wiley-Blackwell.

訳

園田浩司 （そのだこうじ）

新潟大学人文社会科学系（人文学部）准教授

『教示の不在—カメルーン狩猟採集社会における「教えない教育」』（明石書店 2021）
「バカ語話者にみられる発話の借用—「発話の権利」は普遍なのか」定延利之編『発話の権利』
（共著 ひつじ書房 2020）

第2章

Patricia M. Clancy

カルフォルニア大学サンタバーバラ校言語学部名誉准教授

Referential choice in English and Japanese narrative discourse. In W. L. Chafe (ed.), *The Pear Stories: Cognitive, Cultural, and Linguistic Aspects of Narrative Production.* (1980) Norwood, NJ: Ablex, pp.127–202.

The acquisition of Japanese. In D. I. Slobin (ed.), *The Crosslinguistic Study of Language Acquisition.* (1986) Hillsdale, N J: Erlbaum, pp.373–524.

訳

本間邦彦 （ほんまくにひこ）

カルフォルニア大学サンディエゴ校　日本研究プログラム言語学科講師

第3章

Bambi Schieffelin

訳

金子亜美 （かねこあみ）

立教大学異文化コミュニケーション学部准教授

「キリスト教化と言語—南米チキトス地方のイエズス会布教区におけるジェンダー指標の用法から」（2020）『文化人類学』84（4）: pp.503–521.
『宣教と改宗—南米先住民とイエズス会の交流史』（風響社 2018）

第4章

Celia Roberts

キングス・カレッジ・ロンドン名誉教授

Talk, Work and Institutional Order. （共編 1999） Berlin, Germany: Mouton de Gruyter.

Linguistic Penalties and the Job Interview. (2021) Sheffield, United Kingdom: Equinox.

訳

中野隆基 （なかのりゅうき）

明星大学教育学部准教授

「制度的場をめぐる多言語社会研究に向けて」（2016）『社会言語科学』19（1）: pp.21–37.

「第二外国語としてのスペイン語教育に関する理論的基盤の検討―異文化理解に向けた包括的・分野横断的な語学教育の体制構築と実践に向けて」（2022）『明星大学全学共通教育研究紀要』第4巻　pp.15–27.

第5章

高田明

第6章

砂川千穂 （すなかわちほ）

Research consultant / Senior linguist

『言語人類学への招待―ディスコースから文化を読む』（共著 ひつじ書房 2019）

Familial bonding: The establishment of co-presence in webcam-mediated interactions. In R. Ide, and K. Hata (eds.) *Bonding through Context: Language and Interactional Alignment in Japanese Situated Discourse.* (2020) Amsterdam, Netherlands: John Benjamins.

第7章

武井紀子 （たけいのりこ）

桃山学院大学非常勤講師

Japanese migrants in Australia and the problems of language maintenance: An examination of the differing views of war brides and later migrant women. (2017)『人間文化研究』第6号: pp.153–188.

Shifting of "expert" and "novice" roles between/within two languages: Language socialization, identity, and epistemics in family dinnertime conversations. (共著 2018) *Multilingua* 37(1): pp.83–117.

バーデルスキー・マシュー

大阪大学大学院人文学研究科教授

『日本語教育の新しい地図―専門知識を書き換える』（共編 ひつじ書房 2021）

Language Socialization in Classrooms: Culture, Interaction and Language Development. (共編 2020) Cambridge: Cambridge University Press.

第8章

池田麻衣子 （いけだまいこ）

The materialization of language in tourism networks. (共著 2019) *Applied Linguistics Review.* 12 (1): pp.123–152.

「多様な生物との共生を目指す日本語教育」(2022)The 28th Princeton Japanese Pedagogy Forum Proceedings.

第9章

クック峯岸治子

第10章

池田佳子 （いけだけいこ）

関西大学国際部教授

「コロナ禍が後押しする「教育実践」軸の大学の横展開─オンライン型国際教育と JPN-COIL 協議会」(2022)『IDE ─現代の高等教育』Vol. 638: pp.25–29.

『ポスト・コロナ禍時代のグローバル人材育成─大学の国際教育のパラダイムシフト』（共著 関西大学出版部 2023）

日本における
言語社会化ハンドブック

Japanese Handbook of Language Socialization
Edited by Haruko Minegishi Cook and Akira Takada

発　行 ⋯⋯⋯⋯⋯ 2023 年 10 月 5 日　初版 1 刷
定　価 ⋯⋯⋯⋯⋯ 3000 円＋税
編　者 ⋯⋯⋯⋯⋯ ©クック峯岸治子・高田明
発行者 ⋯⋯⋯⋯⋯ 松本功
ブックデザイン ⋯⋯⋯ 三好誠（ジャンボスペシャル）
アートワーク ⋯⋯⋯⋯ qp
印刷・製本所 ⋯⋯⋯ 株式会社 シナノ
発行所 ⋯⋯⋯⋯⋯ 株式会社 ひつじ書房
　　　　　　　　 〒 112-0011 東京都文京区千石 2-1-2 大和ビル 2 階
　　　　　　　　 Tel. 03-5319-4916　　Fax. 03-5319-4917
　　　　　　　　 郵便振替 00120-8-142852
　　　　　　　　 toiawase@hituzi.co.jp　　https://www.hituzi.co.jp/

ISBN978-4-8234-1049-9

ひつじ書房　刊行書籍のご案内

発話の権利

定延利之 編
定価 2,900 円+税

発話者がもつ「特権」とは？　いままでの伝統的なコミュニケーション観の
ほころびから、語用論、会話分析、人類学、動物行動学の第一線の研究者が
考える。

指さしと相互行為

安井永子・杉浦秀行・高梨克也 編
定価 3,800 円+税

人間が日常的にもっとも頻繁に用いるジェスチャーの一つ、「指さし」に焦点
を当て、会話分析の手法から多様な相互行為上の役割を解明することを試み
た国内外初の論文集。

言語人類学への招待　ディスコースから文化を読む

井出里咲子・砂川千穂・山口征孝 著
定価 2,400 円+税

アメリカ合衆国を発祥の地とし発展してきた言語人類学の概説書。ことばの
使用実践から多様な言語観・世界観を明らかにし、変わりゆく文化社会を捉
えるための視座を提供する。